基础会计

主　编　刘　倩
副主编　张秀杰　黄雅平
参　编　陈　震

北京理工大学出版社
BEIJING INSTITUTE OF TECHNOLOGY PRESS

内 容 提 要

本书由4个项目组成：项目一为会计职业认知，主要内容包括认知会计的含义、特征、基本职能、目标、对象与会计的方法；项目二为会计凭证处理，主要内容包括会计要素，会计科目，会计等式，借贷记账法的原理及应用，会计凭证的识别、填制和审核；项目三为登记会计账簿，主要内容包括登记日记账、总账、明细账，对账和结账，更正错账，财产清查及账务处理；项目四为编制会计报表，主要内容包括账务处理程序、编制资产负债表和利润表。本书实用性强，既凸显了高等教育加强技能实训的要求，又兼顾了会计从业资格考试对会计理论知识点的要求。

本书可作为高等院校经济管理类相关专业的教材，也可作为会计从业资格考试的辅导用书。

图书在版编目(CIP)数据

基础会计／刘倩主编.—北京：北京理工大学出版社，2017.6

ISBN 978-7-5682-3632-4

Ⅰ.①基…　Ⅱ.①刘…　Ⅲ.①会计学–高等学校–教材　Ⅳ.①F230

中国版本图书馆CIP数据核字(2017)第019091号

出版发行／北京理工大学出版社有限责任公司

社　　址／北京市海淀区中关村南大街5号

邮　　编／100081

电　　话／(010)68914775(总编室)

(010)82562903(教材售后服务热线)

(010)68948351(其他图书服务热线)

网　　址／http://www.bitpress.com.cn

经　　销／全国各地新华书店

印　　刷／北京紫瑞利印刷有限公司

开　　本／787毫米×1092毫米　1/16

印　　张／15

字　　数／364千字

版　　次／2017年6月第1版　2017年6月第1次印刷

定　　价／58.00元

责任编辑／施胜娟

文案编辑／施胜娟

责任校对／周瑞红

责任印制／边心超

图书出现印装质量问题，请拨打售后服务热线，本社负责调换

前　言

本书根据高等院校会计教学和考取会计从业资格证书的需要，依据财政部2006年2月15日颁布的《企业会计准则》及《企业会计准则——应用指南》（2006），同时参考会计从业资格考试《会计基础考试大纲》（财政部2009年10月修订），结合高等院校教育会计教学的实际进行编写。

本书根据高等院校在校学生的特点，以会计实务核心技能为主线，以大量实例、情境设计为载体，以任务驱动，对会计的基本理论、基本知识和基本操作技术进行阐述，使学习者对会计基本工作的全过程有个完整的了解和把握。全书在每个任务中都安排了理论复习和技能实训，充分体现了理论与实践一体化的特点。

本书编写过程中，着力使本书突出以下特色：

第一，针对性强。本书针对高等院校人才培养目标编写，以情境、任务驱动，每个项目都以能力为核心，理论以够用为度，着重培养学生的实际操作能力。

第二，实用性强。本书突出职业技能训练，使学生能够真正做到学以致用，适应企业与社会的需求。

第三，兼顾了会计从业资格考试对会计理论知识点的要求。为了体现会计从业资格考试对会计理论内容的要求，本书不仅在每章都安排了理论复习，而且在本书最后以附录的形式增添了会计从业资格考试会计基础科目中会计核算基础的补充资料，以便于报考会计从业资格考试人员系统复习。

第四，注重反映教学改革的成果，体裁新颖。教材的编写应该不断创新和与时俱进，同时，也是教学改革的一个重要方面。本书在组织编写过程中，对《基础会计》的内容和体系进行了大胆的整合与创新，以会计工作过程为主线，将企业发生的实际业务作为本书中的素材，围绕就业需要进行知识整合，将内容分为会计职业认知、会计凭证处理、登记会计账簿、编制会计报表四个大的项目。同时，为便于学习，力求先易后难、循序渐进，将会计核算基础等难理解的抽象理论问题放在了后面进行介绍。

本书由刘倩担任主编，张秀杰、黄雅平担任副主编，陈震参与了本书部分章节的编写工作。全书由刘倩承担编写大纲、总体撰写、任务分工和指导修改工作，具体编写分工为：项目一、附录由张秀杰编写；项目二、项目三由刘倩编写；项目四由黄雅平编写，陈震负责全书图片与文字整理工作。

本书在编写过程中，参阅了同行专家及同类院校的相关教材、成果和案例，吸取了一些新的研究成果，在此一并表示感谢！

由于编者水平有限，书中难免有疏漏之处，敬请广大读者批评指正。如读者在使用本书过程中有其他意见或建议，恳请向编者提出宝贵意见。

编　者

目录

项目一　会计职业认知…………………………1

任务一　认知会计的含义与特征　1

一、会计的含义…………………………1

二、会计的特征…………………………2

任务二　认知会计的基本职能和目标　2

一、会计的基本职能…………………………2

二、会计的目标…………………………3

任务三　认知会计的对象　3

任务四　认知会计的方法　4

理论复习…………………………6

技能练习…………………………7

项目二　会计凭证处理…………………………8

任务一　识别原始凭证　8

一、原始凭证的含义…………………………8

二、原始凭证的种类…………………………8

理论复习…………………………11

技能练习…………………………12

任务二　填制和审核原始凭证　15

一、原始凭证的基本内容…………………………15

二、原始凭证的填制要求…………………………15

三、填制常用原始凭证…………………………16

四、原始凭证的审核…………………………21

理论复习…………………………22

技能练习…………………………24

任务三　认知会计要素　28

一、会计要素的概念…………………………28

二、会计要素的内容…………………………28

理论复习…………………………34

技能练习…………………………36

任务四　运用会计恒等式　37

一、静态会计等式…………………………37

二、动态会计等式…………………………37

三、会计基本等式的转化形式…………………………38

四、经济业务的发生对会计等式各个要素的影响…………………………38

理论复习…………………………42

技能练习…………………………43

任务五　设置会计科目和账户　44

一、认知会计科目…………………………44

二、认知账户…………………………47

理论复习…………………………51

技能练习…………………………53

任务六　掌握借贷记账法的原理和编制会计分录　55

一、认知复式记账法…………………………55

二、掌握借贷记账法…………………………56

三、编制会计分录…………………………59

四、账户的对应关系…………………………62

理论复习…………………………62

技能练习…………………………65

任务七　编制记账凭证　67

一、认知记账凭证…………………………67

二、填制记账凭证…………………………68

理论复习…………………………73

技能练习…………………………75

任务八　审核记账凭证和编制试算平衡表　84

一、审核记账凭证…………………………84

二、编制试算平衡表…………………………85

理论复习…………………………88

技能练习…………………………89

任务九　应用借贷记账法　89

一、认知企业会计的处理基础……90
二、资金筹集业务事项的账务处理……91
三、供应过程业务事项……96
四、生产过程业务事项……102
五、销售过程业务事项……109
六、财务成果形成与分配业务事项……114
理论复习……120
技能练习……123

项目三　登记会计账簿……129
任务一　认知会计账簿……129
一、设置和登记会计账簿的意义……129
二、设置会计账簿的原则……130
三、会计账簿的种类……130
四、会计账簿的基本内容……137
五、会计账簿与账户的关系……137
六、认知会计账簿的使用规则……137
七、更换与保管会计账簿……138
理论复习……139
任务二　登记日记账……141
一、库存现金日记账的账页格式及登记方法……141
二、银行存款日记账的账页格式及登记方法……143
三、普通日记账的格式和登记方法……143
理论复习……144
技能练习……145
任务三　登记总账和明细账……147
一、总分类账簿的账页格式及登记方法……147
二、明细分类账簿的账页格式及登记方法……148
三、总分类账与明细分类账的关系和平行登记……152
理论复习……155
技能练习……156
任务四　对账与结账……160
一、对账……160
二、结账……161
理论复习……163
技能练习……165
任务五　更正错账……168
一、查找错账的方法……168
二、更正错账的方法……169
理论复习……171
技能练习……172
任务六　财产清查及账务处理……173
一、认知财产清查……173
二、掌握财产清查的方法……176
三、财产清查结果的处理……180
理论复习……186
技能练习……189

项目四　编制会计报表……191
任务一　认知会计报表……191
一、财务会计报告的概念与作用……191
二、财务会计报告的种类与构成……192
三、财务会计报告的编制要求……193
理论复习……194
任务二　认知账务处理程序……195
一、账务处理程序的概念……195
二、账务处理程序的种类……195
三、认知记账凭证账务处理程序……195
四、认知汇总记账凭证账务处理程序……196
五、认知科目汇总表账务处理程序……199
理论复习……201
技能练习……203
任务三　编制资产负债表……205
一、资产负债表的概念与作用……205
二、资产负债表的格式……206
三、编制资产负债表的方法……207
理论复习……211
技能练习……213
任务四　编制利润表……215
一、利润表的概念与作用……215
二、利润表的格式……215
三、利润表的编制方法……216
理论复习……219
技能练习……220

附录　会计核算基础知识……222
参考文献……234

项目一　会计职业认知

假设你是大海有限责任公司新聘的员工，需要协助财务负责人做该公司有关经济业务的基本会计处理工作，财务负责人希望你通过一段时间的熟悉和训练后能够取得会计证，并能独立处理该公司从凭证、账簿到报表的整个流程的基本会计工作，以便于把财务负责人从一些基础工作中脱手出来处理企业其他重大理财业务。

会计职业是适应生产活动发展的需要而产生的，并随着生产的发展而发展。项目一是本书的开篇，学习本项目的目的是了解会计的产生，理解会计的含义、特征和会计的基本职能，明确会计的对象，能够根据凭证、账簿、报表资料来理解会计职业的基本工作。在学习中，应从会计的含义理解出会计的核算(反映)、监督两个基本职能和会计的目标，从会计核算和监督的内容引导出会计对象，从会计的目标引导出会计的方法，从而达到对会计职业有个初步认知的学习目标。

任务一　认知会计的含义与特征

一、会计的含义

随着人类社会的发展，“会计”的含义也有一个不断发展和完善的过程。物质资料的生产是人类社会存在和发展的基础，而人类社会生产物质资料的能力，即生产力是由低级向高级逐步发展的。

在原始社会，对生产活动的计算和计量仅凭部落首领的头脑记忆即可。当生产力发展到一定水平时，生产活动频繁，劳动产品增加，剩余产品出现，单凭头脑计算和记忆已远远不够，于是产生了“结绳记事”“刻竹作书”等记录和计算方法，这是会计的萌芽。到了西周时期，西周朝廷还设置了会计官职——司会和单独的会计部门，掌管周王朝的钱粮和财务收支，定期对周王朝的收入和支出进行“月计”“岁会”，并实施会计监督。唐朝时期出现了“四柱结算法”，使中国的会计技术提高到一个新水平。其中，“四柱”是指旧管、新收、开除、实在，相当于当代会计中的期初结存、本期收入、本期支出、期末结存。四柱之间存在数量上的平衡关系，即遵循“旧管＋新收＝开除＋实在”这一会计恒等式，按此会计恒等式编制的报告，称为“四柱清册”。明清时期，我国商业、手工业有了较大发展，并且产生了资本主义萌芽。为适应当时生产管理的需要，会计工作者又在“四柱结算法”原理的启发下，设计出了“龙门账”，这种记账方法中已经具备了复式簿记的雏形，说明我国的会计技术取得了较大的发展。其中，“龙门账”把全部经济活动内容划分为“进、缴、存、该”四类会计账项。“进”是指全部收入；“缴”是指全部支出；“存”是指全部资产；“该”是指全部负债。此四者之间的关系为“进－缴＝存－该”。运用此平衡公式计算盈亏，分别编制“进缴表”(相当于现在的损益表)和“存该表”(相当于现今的资产负债表)，两表所算的盈亏数额应当相等，叫作“合龙门”。

随着社会经济的发展，生产力水平的不断提高，会计的核算内容、核算方法等也得到了巨大的发展，逐步由简单的计量与记录行为，发展成为以货币单位综合地反映和监督经济活动过程中的一种专门经济管理工作。发展到今天，传统会计已分化为财务会计和管理会计两大分支；并且已将计算机应用于会计领域，实现了会计电算化。那么，究竟什么是会计呢？会计就是以货币为主要计量单位，核算和监督企业、政府与非营利组织等单位经济活动，促使人们讲求经济效益的一种经济管理工作，同时，又是一个以提供财务信息为主的经济信息系统。

二、会计的特征

(1)以货币为主要计量单位。会计是关于经济单位的经济活动的数量反映。而经济活动的数量信息可以用实物、货币和劳动三种衡量尺度(如千克、件、米、吨、元、小时等)来度量，但各种不同的衡量尺度之间缺乏可比性，相互之间无法相加汇总。只有充当一般等价物的货币，才能将经济活动的数量变化转化为统一的价值标准。这是因为在商品经济条件下，货币作为一切物资资产的共同衡量标准，可以作为对经济活动进行综合核算和监督的统一尺度。在我国，会计核算以货币为记账本位币，这里所说的货币是指人民币。业务收支以人民币以外的货币为主的企业，也可选定其中一种货币作为记账本位币，但编制的会计报表应当折算为人民币反映。

(2)对经济活动进行综合、连续、系统、完整的核算和监督。会计作为一种经济管理工作，通过确认、计量、记录、报告等环节，对特定主体的经济活动进行记账、算账、报账，客观上为各有关方面提供了会计信息，发挥了反映经济活动的核算功能。同时，会计通过调节、指导、控制等方式，对特定主体经济活动的合理性和合法性进行考核与评价，并采取措施，施加一定的影响，保证预期目标的实现，起到了监督经济活动的作用。

(3)会计拥有一系列专门方法。在长期的会计实践活动中，为适应生产发展与经济管理的需要，会计形成了一系列专门方法。

(4)会计的本质就是管理经济活动。会计是通过专门的方法收集、加工和利用以一定货币单位计量标准来表现的经济信息，对经济活动进行预测、决策、考核、分析、控制，促使人们比较得失、权衡利弊、讲求经济效益的一种管理活动。

任务二　认知会计的基本职能和目标

一、会计的基本职能

会计的职能是会计在经济管理中所具有的功能或能够发挥的作用。会计的职能主要包括会计核算、会计监督、预测经济前景、参与经济决策、评价经营业绩等。其中，会计核算与会计监督是会计的两大基本职能。

对比其他经济管理活动可以看出，这种内在功能只有会计具有，其他的核算诸如统计核算、业务核算，则不具有或者不全面。

1. 会计的核算职能

会计的核算职能是指以货币为主要计量单位，通过确认、计量、记录、报告等环节，对特定主体的经济活动进行记账、算账、报账，为各有关方面提供会计信息的功能。会计核算贯穿于经济活动的整个过程，是会计首要的、最基本的职能，又称为反映职能。会计的核算职能具有以下三个方面的特点：

(1)会计核算主要是利用货币计量单位为经济活动的数量方面进行核算。

(2)会计核算具有完整性、连续性和系统性。

(3)会计核算主要是反映过去已经发生的经济活动。

2. 会计的监督职能

会计的监督职能是指会计人员在进行会计核算的同时，对特定主体经济活动的合法性、合理性进行审查。对不合法的经济业务，会计人员有权提出意见、不予办理或事后提出报告。会计的监督职能主要有以下三个方面的特点：

(1)会计监督主要是通过价值指标进行的。

(2)会计监督要对单位经济活动的全过程进行监督，可分为事前监督、事中监督和事后监督。

(3)会计监督的目的是保证经济活动的合法性和合理性。

3. 会计的核算职能与监督职能的关系

会计核算与会计监督两项基本会计职能是相辅相成、辩证统一的关系。会计核算是会计监督的基础，没有核算所提供的各种信息，会计监督就失去了依据；而会计监督又是会计核算质量的保障，只有会计核算，没有会计监督，就难以保证核算所提供信息的真实性和可靠性。

二、会计的目标

会计的目标是会计工作所要达到的终极目的。会计应当把提高经济效益作为终极目标。会计的具体目标是满足会计信息使用者的需要。其使用者包括企业管理者、投资者和潜在投资者、政府各职能部门、债权人、企业职工。

任务三　认知会计的对象

会计的对象是指会计核算和监督的内容。可概括为社会再生产过程中的价值运动或资金运动。不同性质的单位，其经济活动的特点是不同的，从而引起的资金运动过程也是不同的。其中，工业企业的资金运动最具有代表性。下面以工业企业为例说明会计的具体对象。

工业企业的资金运动通常表现为资金投入(也可表述为资金筹集)、资金运用和资金退出(也可表述为资金分配)三个过程。其中，资金运用包括供应过程、生产过程、销售过程三个阶段。所以，工业企业就其经济活动过程来说，可以划分为资金筹集(也可表述为资金投入)、供应过程、生产过程、销售过程和资金分配(也可表述为资金退出)五个基本环节。资金筹集是指企业在设立时或生产经营时，依法吸收投资者或债权人资金形成生产能力的经济活动；供应过程是指以货币资金购买生产用原材料，使资金由货币资金形态转换材料资金(也可称为储备资金)形态的过程；生产过程是指从材料投入生产到产品完工并验收入库的过程。在这个过程中，企业将材料投入生产，同时支付职工薪酬，负担生产设备等固定资产折旧费，从而形成在产品，即生产资金，在产品加工完成并验收入库形成成品资金；销售过程是指企业将生产出来的产品销售给购买者，实现销售收入，从而又收回货币资金的过程；资金分配是指企业对取得收入的分配。收入包括生产经营垫支的成本和利润两部分。分配的过程是，前者由企业用来继续投入再生产；后者用于上缴所得税、向投资者分配投资报酬和留存企业投入扩大再生产。把资金从货币资金形态开始，顺序经过材料资金、生产资金、成品资金，最后又回到货币资金形态的过程称为资金循环。资金循环周而复始地不断进行，即为资金周转。具体如图 1-1 所示。

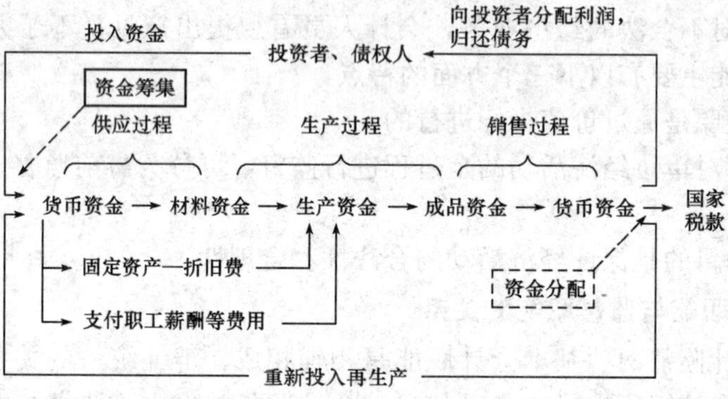

图 1-1　资金循环周转

任务四　认知会计的方法

会计的方法是反映和监督会计对象，完成会计任务的手段，是从事会计工作所使用的各种技术方法。在长期的会计实践活动中，为适应生产发展与经济管理的需要，会计形成了一系列专门方法，一般包括会计核算方法、会计分析方法和会计检查方法。其中，会计核算方法是会计方法中最基本的方法。概括地说，在单位组织的经济业务发生时：①经济业务发生后，先要取得合法凭证；②根据设置的账户，按复式记账方法登记账簿；③根据账簿记录进行成本计算、财产清查，在账实相符的基础上编制财务报告。具体应用程序如图 1-2 所示。

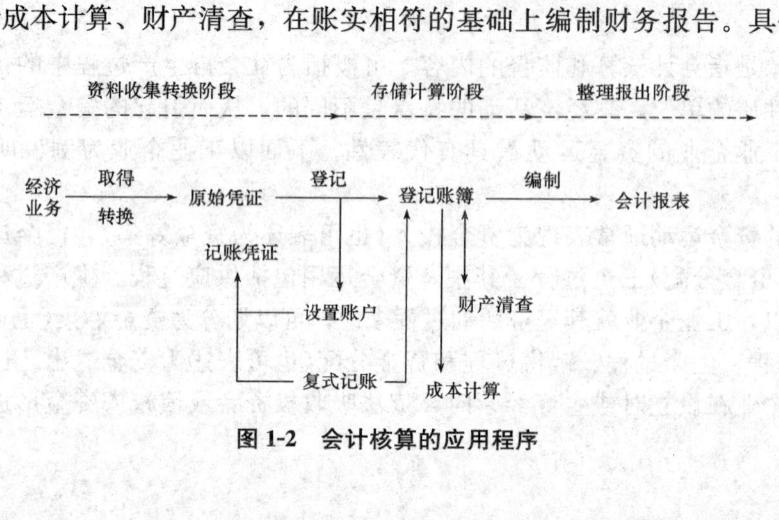

图 1-2　会计核算的应用程序

因此，会计核算方法主要包括设置会计科目和账户、复式记账、填制和审核会计凭证、登记账簿、成本计算、财产清查和编制会计报表。这七种方法相互配合、相互依存，构成了互相联系、相互配合、缺一不可，但又各具有特色的方法体系。

1. 设置会计科目和账户

设置会计科目和账户是对会计对象的具体内容进行分类、核算和监督的一种专门方法。会计对象是企业的资金运动，这是一个内容十分繁杂的笼统说法，无法据此进行清晰的会计核算。因此，可将会计对象划分为资产、负债、所有者权益、收入、费用、利润六大会计要素，但会计要素仍然不够明晰，也不能据此进行合理的会计核算。因此，在会计要素的基础上进一步对会计对象进行细分，即将每一个会计要素均划分为相应的会计科目体系，如将资产要素划分为资产类的会计科目体系。然而，会计科目是一个抽象的概念，无法作为会计核算的工具和载体，所以，需要依据会计科目设置相应的会计账户，会计账户设计有具体的格式和结构，可以充当会计核算的工具。通过账户可以分类、连续记录各项经济业务，为经营管理提供各种不同性质的核算指标。

2. 复式记账

复式记账是一种专门的记账方法，是指对每一项经济业务均以相等的金额在两个或两个以上的相关账户中同时登记的一种记账方法。应用这种方法，对于每一项经济业务的发生，都要以相等的金额，在两个或两个相互联系的账户中进行登记，表明它们的对应关系。通过复式记账，可以了解每笔经济业务的来龙去脉及其相互联系。

3. 填制和审核会计凭证

记账必须有根有据，这种根据就是凭证。凭证是会计凭证的简称，是用来记录经济业务，明确经济责任的书面证明，是登记账簿的依据。会计凭证可分为原始凭证和记账凭证。任何单位，对于已经完成或发生的经济业务，都应该由经办人或有关部门填制凭证，并签名盖章，而且所有凭证都必须经过会计机构或有关部门审核。经审核无误后的原始凭证才能作为编制记账凭证和登记账簿的依据。其是保证核算质量的必要手段，也是实行会计监督的重要方面。

4. 登记账簿

登记账簿就是在账簿上连续、完整、科学地记录和反映经济业务的一种方法。登记账簿必须以凭证为依据，利用账户和复式记账的方法，把经济业务分门别类地登记到账簿中，并定期进行结账和对账，以便编制会计报表，提供完整而又系统的会计数据。

5. 成本计算

成本计算主要应用于工业部门，是按照一定对象归集和分配生产经营各阶段中所发生的各项费用，且确定该对象的总成本和单位成本的一种专门方法。准确计算成本可以掌握成本构成情况，考核成本计划的完成情况，并且对于挖掘生产经营潜力、促进企业降低成本、提高经济效益等，都具有重要的意义。随着经营管理的需要，成本计算范围也从工业生产部门扩大到非工业生产部门。

6. 财产清查

财产清查是通过盘点实物、核实账面数额，保持账实相符的一种方法。通过财产清查，可以查明各项财产物资、债权债务、所有者权益等情况，不仅能保证账实相符，还能防止各种物资积压和毁损，避免应收应付款项拖欠等情况发生，有利于加强物资管理，提高资金利用率，促进企业经济效益的提高，并保证会计信息的质量。

7. 编制会计报表

编制会计报表是定期总括地反映经济活动和财务收支情况，考核计划、预算执行结果的一种专门方法。通过编制会计报表，能对分散在账簿中的日常核算资料进行综合、分类、加工整理，以提供会计信息使用者所需的总括性会计信息。编制会计报表是会计核算的一种专门方法，是企业对外提供会计信息的主要形式。

在上述七种方法中，主要是填制和审核会计凭证、登记账簿、编制会计报表。这三项活动周而复始、循环往复，人们一般称之为会计循环。

课外学习：会计核算的基本假设与一般原则、会计工作组织。

理论复习

一、单项选择题

1. 会计是以(　　)为主要计量单位，反映和监督一个单位经济活动的一种经济管理工作。

A. 实物　　B. 商品
C. 货币　　D. 劳动

2. 下列各项中不属于会计核算内容的是(　　)。

A. 将盈余公积转增实收资本　　B. 制定下年度财务费用开支计划
C. 将现金存入银行　　D. 赊销商品

3. 下列各项中属于会计基本职能的是(　　)。

A. 会计核算与会计预测　　B. 会计决策与会计控制
C. 会计分析与会计监督　　D. 会计核算与会计监督

4. 会计对经济活动过程的管理属于(　　)。

A. 实物管理　　B. 价值管理　　C. 劳动管理　　D. 生产管理

5. 资金运动中，资金形态也相应发生变化，经历了①生产资金，②货币资金，③储备资金，④成品资金，⑤结算资金等过程，下列各项中，能正确反映资金形态变化顺序的是(　　)。

A. ①②③④⑤②　　B. ⑤②③①④⑤　　C. ②③①④⑤②　　D. ③②①④⑤②

6. 下列各项中属于会计在其核算中对特定主体经济活动的合法性和合理性进行审查的是(　　)。

A. 会计核算　　B. 会计控制　　C. 会计监督　　D. 会计分析

7. 会计日常核算工作的起点是(　　)。

A. 设置会计科目和账户　　B. 财产清查
C. 编制和审核会计凭证　　D. 登记日记账

8. 下列各项中属于会计工作基础的是(　　)。

A. 会计预测　　B. 会计核算　　C. 会计决策　　D. 会计监督

9. 下列工作不属于会计核算三项工作的是(　　)。

A. 记账　　B. 算账　　C. 报账　　D. 查账

10. 会计的本质是一种(　　)。

A. 经济管理目标　　B. 货币资产管理工作

C. 经济管理工作　　D. 技术工作

二、多项选择题

1. 企业财务会计报告的使用者包括(　　)。

A. 投资者　　B. 债权人

C. 政府及相关机构　　D. 社会公众

E. 本单位管理人员和职工

2. 下列业务中，属于资金循环过程的有(　　)。

A. 购买原材料　　B. 将原材料投入产品生产

C. 销售商品　　D. 向投资者分配净利润

3. 会计的两项基本职能是相辅相成、辩证统一的关系，下列说法正确的是(　　)。

A. 会计监督是会计核算的基础

B. 会计核算是会计监督的基础

C. 会计监督是会计核算质量的保证

D. 没有核算所提供的信息，监督就失去依据

三、判断题

1. 会计只能用货币量度进行反映和监督。(　　)

2. 会计对象是指会计所核算和监督的内容。(　　)

3. 会计只有核算和监督两个职能。(　　)

4. 会计监督是会计核算的基础，两者是不可分割、辩证统一的。(　　)

5. 会计核算以人民币为记账本位币。业务收支以人民币以外的货币为主的企业，也可选定其中一种货币作为记账本位币，但编制的会计报表应当折算为人民币反映。(　　)

6. 会计核算是会计工作的基础，会计监督是会计工作质量的保证。(　　)

7. 会计监督不仅体现在过去的经济业务，还体现在业务发生过程之中和尚未发生之前，包括事前、事中和事后监督。(　　)

8. 不同的单位，其资金的循环和周转是不同的。(　　)

9. 在我国境内设立的企业，会计核算可以不以人民币作为记账本位币。(　　)

10. 会计核算的各种方法是互相独立的，一般按会计部门的分工，由不同的会计人员米独立处理。(　　)

技能练习

你作为公司新聘的会计人员，走进公司的财务室，第一件事是做什么？面对负责人给你的一堆会计资料你如何下手？(科室里有如下资料：公司简章、员工名单、财务制度、会计凭证、账簿、报表、生产流程、产品介绍。)请绘制出公司的组织结构图、会计工作流程图。

项目二　会计凭证处理

会计核算和监督的内容是企事业单位的经济活动，而企事业单位发生的经济活动是如何记录的呢？是如何保证其记录的真实性、正确性的呢？答案是通过识别、填制和审核会计凭证来完成的。本项目主要包括会计凭证的含义、种类、识别和填制技能、审核方法；借贷记账法原理、会计分录、试算平衡表编制方法等。学习本项目的目的是理解会计凭证的含义、种类及填制要求，认识常用的原始凭证，明确不同原始凭证各联的作用；掌握会计凭证的填制技能；了解会计凭证的审核内容；掌握借贷记账法的记账符号、账户结构、记账规则和会计分录的编制方法及试算平衡方法。学习的重点是明确各种原始凭证各联的作用，掌握各种会计凭证的填制方法。在学习中，应紧密结合技能实训，通过经济业务及原始资料做好会计凭证的识别、编制和审核工作，强化原始凭证和记账凭证的填制技能及会计分录和试算平衡表的编制技能。在学习过程中，应以实践会计科目与账户设置、复式记账和会计凭证等会计核算方法为主线，强化对原始凭证的认识和运用，将企业主要经营过程的几个阶段联系起来，从一个总体上把握其主要经济业务事项的账务处理，重点弄清楚各业务环节相互衔接的核算及账户之间相互结转业务的账务处理。

任务一　识别原始凭证

办公桌上放着一大沓大海公司 2014 年 12 月份的部分票据，你如何确认哪些属于原始凭证，哪些不属于原始凭证呢？

一、原始凭证的含义

会计凭证按其编制程序和用途，可分为原始凭证和记账凭证两大类。原始凭证又称单据，是在经济业务发生时取得或填制的，用以记录和证明经济业务的发生或完成情况的原始依据。其是进行会计核算的原始资料和重要依据，如支票、发货票、领料单等。

二、原始凭证的种类

(1)按照原始凭证来源不同分类，可分为外来原始凭证和自制原始凭证两类。外来原始凭证是指在经济业务发生或完成时，从其他单位或个人直接取得的原始凭证。如供货单位开来的发票、运输单位开来的运费收据、货款单位或个人开具的各种收据、银行送来的各种收款通知等，见表 2-1～表 2-3；自制原始凭证是指由本单位内部经办业务的部门和人员，在执行或完成某项经济业务时填制的、仅供本单位内部使用的原始凭证，见表 2-4～表 2-6。

表 2-1　辽宁增值税专用发票

开票日期：2014 年 12 月 2 日　　　　**发　票　联**　　　　№：000001

购货单位	名　　称	大海公司	纳 税 登 记 号	200111004722000
	地址、电话	辽阳市　　0419－2312040	开户银行及账号	中国工商银行文圣支行 004722

货物或应税劳务名　称	规格型号	计量单位	数量	单价	金　额	税率/%	税额
花布	宽 1.2	米	5 000	6.14	30 700.00	17	5 219.00
白布	宽 1.3	米	4 000	3.26	13 040.00	17	2 216.80
合　计					43 740.00	17	7 435.80
价　税　合　计	×佰×拾伍万壹仟壹佰柒拾伍元捌角零分						¥51 175.80
备　　注							

销货单位	名　　称	辽阳纺织厂	纳 税 登 记 号	311004568803678
	地址、电话	辽阳　　0419－2312040	开户银行及账号	铁西支行　　500715

销货单位(章)：辽阳纺织厂财务专用章　　收款人：李艳　　复核：　　开票人：刘艳

第二联　报销凭证

表 2-2　辽宁省辽阳市商业零售统一发票

购货单位：大海公司　　2014 年 12 月 5 日　　№.0000001

货号及品名	规　格	数　量	单　位	单　价	金　额
速印机		1	台	1 120.00	1 120.00
金额(大写)人民币壹仟壹佰贰拾元整					
结算方式	转账支票	开户银行及账号		白塔支行 66543	

单位盖章：辽阳第一百货商店发票专用章　　主管　　复核　　制单

第二联

表 2-3　专用收款收据

2014 年 12 月 6 日　　№.

付款单位　A 公司　　　　收款方式　现　金

人民币(大写)　人民币贰佰元整　　　　¥200

收款事由　包括押金

收款单位(盖章)　　审核　　经手人　　出纳

第二联

表 2-4　收　　据

2014 年 12 月 21 日　　№.0000012

付款单位　李明　　　　收款方式　现　金

人民币(大写)　人民币贰拾捌元捌角整　　　　¥28.80

收款事由　交回出差剩余款

收款单位(盖章)　大海公司财务专用章　　审核　　经手人　　出纳

第二联

表 2-5　验收单(收料单)

供应单位：辽阳纺织厂　　　　　　　　　　　　　　　　收料仓库：1号仓库

发票号码：0000101　　　　　　2014 年 12 月 2 日　　　　　　第 0068 号

材料编号	材料名称	规格	单位	数量		金额	
				应收	实收	单位成本	总成本
001	花布	宽 1.2	米	5 000	5 000	6.18	30 900.00
002	白布	宽 1.3	米	4 000	4 000	3.30	13 200.00
合　计							44 100.00

仓库负责人：于智慧　　　　　　经办人：张小伟　　　　　　收料人：段龙

表 2-6　领 料 单

领料单位：生产车间　　　　　　　　　　　　　　　　凭证编号：0001

用　　途：生产双人床罩　　　　2014 年 12 月 6 日　　　　发料仓库：1号仓库

材料类别	材料编号	材料名称	规格	计量单位	数量		单价	金额
					请领	实领		
	001	花布	宽 1.2	米	4 000	4 000	6.18	24 720.00
	002	白布	宽 1.3	米	4 000	4 000	3.30	13 200.00
备注				合计				37 920.00

发料人：孙静　　　　　　领料人：高凡　　　　　　记账：向阳

(2)按照原始凭证的填制手续及内容不同分类，可分为一次凭证、累计凭证和汇总凭证。一次凭证是指一次填制完成、只记录一笔经济业务的原始凭证。一次凭证是一次有效的凭证；累计凭证是指在一定时期内多次记录发生的同类型经济业务的原始凭证。其特点是在一张凭证内可以连续登记相同性质的经济业务，随时结出累计数及结余数，并按照费用限额进行费用控制，期末按实际发生额记账，如"限额领料单"就是一种累计凭证。累计凭证是多次有效的原始凭证；汇总凭证是指对一定时期内反映经济业务内容相同的若干张原始凭证，按照一定标准综合填制的原始凭证，如"发料凭证汇总表"等。具体见表 2-7、表 2-8。

表 2-7　限额领料单

领料部门：一车间　　　　　　　　　　　　　　　　凭证编号：×××

用　　途：电动机　　　　　　2014 年 12 月份　　　　　　发料仓库：×××

材料类别	材料编号	材料名称及规格	计量单位	领用限额	实际领用	单　价	金　额	备　注
××	××	A 种钢材	吨	10	8	500	4 000	

供应部门负责人：　　　　　　　　　　　　　　　　生产计划部门负责人：

日期	数量		领料人签章	发料人签　章	扣除代用数量	退　料			限额结余
	请领	实发				数　量	收料人	发料人	
2	1	1	×××	×××					9
5	2	2	×××	×××		1	×	×	8
20	6	6	×××	×××					2
合计	9	9				1			2

表 2-8　发料凭证汇总表

2014 年 12 月 5 日

会计科目	领料部门	领料单张数	原材料	燃　料	×　×	合　计
生产成本	一车间	20	35 000			
	二车间	10	15 000			
	小　计	30	50 000			
制造费用	一车间	10	20 000			
	二车间	10	15 000			
	小　计	20	35 000			
合　　计		50	85 000			85 000

(3)原始凭证按照格式不同分类，可分为通用凭证和专用凭证。通用凭证是指由有关部门统一印制，在一定范围内使用的具有统一格式和使用方法的原始凭证，如全国统一的银行承兑汇票；专用凭证是指由单位自行印制，仅在本单位内部使用的原始凭证，如差旅费报销单。

理论复习

一、单项选择题

1. 领料汇总表属于会计凭证中的(　　)。

A. 一次凭证　　B. 累计凭证　　C. 单式凭证　　D. 汇总原始凭证

2. 外来原始凭证一般都是(　　)。

A. 一次凭证　　B. 累计凭证　　C. 汇总原始凭证　　D. 记账凭证

3. 下列凭证中属于原始凭证的是(　　)。

A. 收款凭证　　B. 付款通知单　　C. 试算平衡表　　D. 科目汇总表

4. 下列各项中，属于一次凭证和累计凭证的主要区别的是(　　)。

A. 一次凭证是通用凭证，累计凭证是专用凭证

B. 累计凭证是自制凭证，一次凭证是外来凭证

C. 累计凭证填制的手续是多次完成的，一次凭证填制手续是一次完成的

D. 累计凭证是汇总凭证，一次凭证是单式凭证

5. 下列原始凭证中，属于累计原始凭证的是(　　)。

A. 收料单　　B. 领料单

C. 发货票　　D. 限额领料单

6. 下列属于外来原始凭证的是(　　)。

A. 转账支票存根　　B. 发出材料汇总表

C. 银行收款通知单　　D. 领料单

二、多项选择题

1. 下列凭证中，属于自制原始凭证的有(　　)。

A. 领料单　　B. 购货发票

C. 折旧计算表　　D. 银行转账的结算凭证

2. 下列项目中不属于原始凭证的有(　　)。

A. 经济合同　　B. 转账凭证

C. 银行对账单　　D. 借款单

3. 限额领料单属于(　　)。

A. 累计原始凭证　　B. 外来原始凭证

C. 自制原始凭证　　D. 一次原始凭证

三、判断题

1. 每项经济业务的发生都必须从外部取得原始凭证。(　　)

2. 原始凭证对于发生和完成的经济业务具有证明效力。(　　)

3. 自制原始凭证必须由单位会计人员自行填制。(　　)

4. 从外单位取得的原始凭证，可以没有公章，但必须有经办人员的签名和盖章。(　　)

5. 一次凭证是指只反映一项经济业务的凭证，如领料单。(　　)

技能练习

办公桌上放着一大沓大海公司2014年12月份的部分票据(表2-9～表2-19)，请你确认哪些属于原始凭证，哪些不属于原始凭证，并进行分类。

表2-9　现金支票存根

中国工商银行

现金支票存根

ⅦⅡ010188890

科　　目

对方科目

出票日期 2014年12月1日

收款人：大海公司

金　额：600.00

用　途：零用

单位主管：　　会计

表2-10　转账支票存根

中国工商银行

转账支票存根

ⅦⅡ010188850

科　　目

对方科目

出票日期 2014年12月2日

收款人：辽阳纺织厂

金　额：51 175.80

用　途：购货款

单位主管：　　会计

表2-11　领　料　单

领料单位：生产车间　　凭证编号：0002

用　　途：生产单人床罩　　2014年12月6日　　发料仓库：1号仓库

材料类别	材料编号	材料名称	规格	计量单位	数量		单价	金额
					请领	实领		
	001	花布	宽1.2	米	2 000	2 000	6.18	12 360.00
	002	白布	宽1.3	米	2 000	2 000	3.30	6 600.00
备注				合计				18 960.00

发料人：孙静　　领料人：高凡　　记账：向阳

购销合同

表 2-12　辽宁省辽阳市电能销售统一专用发票

供电单位：辽阳电业局　　　　2014 年 12 月 20 日　　　　金额单位：元

用电单位	大海公司	地址	民主路	类别	生产
用电量(千瓦)	3 000				
单　价	0.80				
金　额	人民币(大写)贰仟肆佰元整				¥2 400.00
备　注					

供电单位(盖章)：辽阳电业局　　　　收款人：刘菊　　　　填表：马红

表 2-13　工资结算单

2014 年 12 月 28 日

编号	月份	姓名	……	应发工资	各种扣款	实发工资	签字
001	12	李艳		886.00		886.00	李艳
……	12	……		……	……	……	……
合计	12			29 654.00		29 654.00	

制单：高凡

表 2-14　中国工商银行进账单(回单或收账通知)　①

2014 年 12 月 7 日　　　　第 01 号

付款人	全　称	鞍山西关百货商店	收款人	全　称	大海公司
	账　号	018168		账　号	560718
	开户银行	立山办事处		开户银行	中国工商银行白塔支行

人民币(大写)	贰万贰仟捌佰元整	千	百	十	万	千	百	十	元	角	分
				¥	2	8	8	0	0	0	0

票据种类	汇票 6688#
票据张数	壹

单位主管：　　　会计　　　复核

中国工商银行白塔分行 2014.12.07 业务专用章

收款人开户行盖章

表 2-15　购料申请单

部门：采购科　　　　2014 年 12 月 11 日　　　　金额单位：元

产品名称	规格	单位	数量	单价	金额							
					十	万	千	百	十	元	角	分
花布	宽 1.2	米	5 000	6.18		3	0	9	0	0	0	0
合　计						3	0	9	0	0	0	0

制表：

表 2-16　借　款　单

2014 年 12 月 14 日

部　门	技术科		借款事由	参加技术交流会议	
借款金额	金额(大写)捌佰元整　　¥800.00				
批准金额	金额(大写)捌佰元整　　¥800.00				
领　导	于志红	财务主管	张平	借款人	于志广

表 2-17　产成品入库单

第 13 号

交库部门：生产车间　　　　2014 年 12 月 31 日　　　　金额单位：元

产品名称	规格	单位	数量	单价	金额							
					十	万	千	百	十	元	角	分
单人床罩	2×1.5	个	700	62.17		4	3	5	1	9	0	0
合　计						4	3	5	1	9	0	0

会计主管：张平　　　　验收人：陈彤　　　　制表：刘霞

表 2-18　中国工商银行信汇凭证(回单)　①

委托日期 2014 年 12 月 29 日　　　　第 02110 号

汇款人	全　称	大海公司			收款人	全　称	梁山纺织厂		
	账号或地址	560718				账号或地址	669983		
	汇出地点	辽宁省辽阳市	汇出行名称	白塔支行		汇入地点	辽宁省新民	汇入行名称	铁东支行

金额	人民币(大写)	肆万叁仟玖佰玖拾贰元整	千	百	十	万	千	百	十	元	角	分
					¥	4	3	9	9	2	0	0

汇款用途：　购货款(前欠)

上列款项已根据委托办理，如需查询，请持此联来面洽。

中国工商银行白塔分行 2014.12.29 业务专用章

单位主管：刘丹　　会计　　复核　　记账　　　　汇出行盖章

表 2-19　差旅费报销单

部门：技术科　　　　　　2014 年 12 月 21 日

<table>
<tr><td colspan="2">姓名</td><td colspan="3">于志广</td><td colspan="3">出差事由</td><td colspan="3">参加技术交流会议</td><td colspan="4">出差自 2014 年 12 月 14 日
至 2014 年 12 月 21 日</td><td colspan="2">共 8 天</td><td rowspan="7">附单据共伍张</td></tr>
<tr><td colspan="6">起讫时间及地点</td><td colspan="2">车船票</td><td colspan="3">夜间乘车补助费</td><td colspan="3">出差乘补费</td><td>住宿费</td><td colspan="2">其他</td></tr>
<tr><td>月</td><td>日</td><td>起</td><td>月</td><td>日</td><td>讫</td><td>类别</td><td>金额</td><td>时间</td><td>标准</td><td>金额</td><td>日数</td><td>标准</td><td>金额</td><td>金额</td><td>摘要</td><td>金额</td></tr>
<tr><td>12</td><td>14</td><td>辽阳</td><td>12</td><td>15</td><td>上海</td><td>火车</td><td>81.60</td><td></td><td></td><td>12.00</td><td></td><td></td><td></td><td></td><td></td><td></td></tr>
<tr><td>12</td><td>20</td><td>上海</td><td>12</td><td>21</td><td>辽阳</td><td>火车</td><td>81.60</td><td></td><td></td><td>12.00</td><td>8</td><td>20.00</td><td>160.00</td><td>400.00</td><td>市内</td><td>24.00</td></tr>
<tr><td colspan="7">小　计</td><td>163.20</td><td></td><td></td><td>24.00</td><td></td><td></td><td>160.00</td><td>400.00</td><td></td><td>24.00</td></tr>
<tr><td colspan="17">合计金额(大写)：柒佰柒拾壹元贰角整</td></tr>
<tr><td colspan="17">备注：预借 800.00　　　核销 771.20　　　退补 28.80</td></tr>
</table>

单位领导：于志红　　　　财务主管：张平　　　　审核：　　　　填报人：于志广

任务二　填制和审核原始凭证

公司今天业务繁忙，有各类空白原始凭证需要你去帮着填制，也有填制好的原始凭证需要你去帮着审核。你发现很多原始凭证填写得并不规范，应该怎么处理？

一、原始凭证的基本内容

原始凭证所包括的基本内容通常称为凭证要素。其主要包括以下几项：

(1)原始凭证名称；

(2)填制凭证的日期；

(3)凭证的编号；

(4)接受凭证单位名称(抬头人)；

(5)经济业务内容(含数量、单价、金额等)；

(6)填制单位签章；

(7)有关人员(部门负责人、经办人员)签章；

(8)填制凭证单位名称或者填制人姓名；

(9)凭证附件。

二、原始凭证的填制要求

原始凭证的种类较多，但无论哪种原始凭证，其填制或取得的基本要求都是一致的。正确填制原始凭证必须遵循以下要求：

(1)记录要真实。原始凭证填写的经济业务内容和数字，必须真实、可靠，符合实际情况。

(2)内容要完整。原始凭证所要求填写的项目必须逐项填写齐全，不得遗漏和省略。

(3)手续要完备。单位自制的原始凭证必须有经办单位领导人或者其他指定的人员签名盖章；对外开出的原始凭证必须加盖本单位公章；从外部取得的原始凭证，必须盖有填制单位的公章；从个人取得的原始凭证，必须有填制人员的签名盖章。

(4)书写要清楚、规范。原始凭证要按规定填写，文字要简要，字迹要清楚，易于辨认，不得使用未经国务院公布的简化汉字。大小写金额必须相符且填写规范，小写金额用阿拉伯数字逐个书写，不得写连笔字。在金额前要填写人民币符号“¥”，人民币符号“¥”与阿拉伯数字之间不得留有空白。金额数字一律填写到角、分，无角、分的，写“00”或符号“—”；有角无分的，分位写“0”，不得用符号“—”。大写金额用汉字壹、贰、叁、肆、伍、陆、柒、捌、玖、拾、佰、仟、万、亿、元、角、分、零、整等，一律用正楷或行书字书写。大写金额前未印有“人民币”字样的，应加写“人民币”三个字，“人民币”字样和大写金额之间不得留有空白。大写金额到元或角为止的，后面要写“整”或“正”字；有分的，不写“整”或“正”字。如小写金额为¥1 009.00，大写金额应写成“壹仟零玖元整”。

(5)编号要连续。如果原始凭证已预先印定编号，在写坏作废时，应加盖“作废”戳记，妥善保管，不得撕毁。

(6)不得涂改、刮擦、挖补。原始凭证有错误的，应当由出具单位重开或更正，更正处应当加盖出具单位印章。原始凭证金额有错误的，应当由出具单位重开，不得在原始凭证上更正。

(7)填制要及时。各种原始凭证一定要及时填写，并按规定的程序及时送交会计机构、会计人员进行审核。

三、填制常用原始凭证

(一)填制支票与进账单

支票是出票人签发的，委托办理支票存款业务的银行在见票时无条件支付确定金额给收款人或持票人的票据。常用的支票有“现金支票”和“转账支票”两种。

1. 填制“现金支票”

(1)“现金支票”的格式及填制方法。

【训练 2-1】 大海公司(开户银行：中国工商银行白塔支行，账号：560718)于 2014 年 12 月 1 日填制“现金支票”向银行提取现金 600 元零用。其“现金支票”的格式及填制方法见表 2-20。

表 2-20　现金支票格式及填制方法

<table>
<tr><td rowspan="4">中国工商银行
现金支票存根
ⅦⅡ010188890
科　目______
对方科目______
出票日期 2014 年 12 月 1 日
收款人：大海公司
金　额：600.00
用　途：零用
单位主管　　会计</td><td colspan="2">中国工商银行　　现金支票　　ⅦⅡ010188890
出票日期：贰零壹肆年拾贰月零壹日　　付款行名称：白塔支行
收款人：大海公司　　出票人账号：560718</td></tr>
<tr><td colspan="2">人民币（大写）：陆佰元整
千 百 十 万 千 百 十 元 角 分
　 　 　 　 ¥ 6 0 0 0 0</td></tr>
<tr><td rowspan="2">用途 零用
上列款项请从
我账户内支付
出票人签章　大海公司财务专用章</td><td>科目(借)
对方科目(贷)
付讫日期　　年　月　日
出纳　　复核　　记账</td></tr>
<tr><td>贴对号单处　Ⅱ010188890</td></tr>
</table>

(2)“现金支票”正联与存根联的作用。“现金支票”正联由提款单位填制并加盖印章后交给银行用于提取现金。银行付款后将其作为付款的原始凭证。“现金支票”的存根联由提款

单位在提款后作为借记“库存现金”、贷记“银行存款”账户的原始凭证。

2. 填制“转账支票”

(1)“转账支票”的格式及填制方法。

【训练 2-2】 大海公司(开户银行：中国工商银行白塔支行，账号：560718)于 2014 年 12 月 2 日向辽阳纺织厂采购材料(开户银行：中国工商银行铁西支行；账号：500715；纳税登记号：311004568803678；收款人：李艳；开票人：刘艳)购买宽 1.2 米花布 5 000 米，每米 6.14 元，宽 1.3 米白布 4 000 米，每米 3.26 元，增值税 7 435.80 元，共计51 175.80 元，用“转账支票”付讫。其“转账支票”的格式及填制方法见表 2-21。

表 2-21 转账支票的格式及填制方法

中国工商银行 转账支票存根 Ⅶ Ⅱ 010188850 科　目______ 对方科目______ 出票日期 2014 年 12 月 2 日 收款人：辽阳纺织厂 金　额：51 175.80 用　途：购货款 单位主管　　会计	中国工商银行　转账支票　Ⅶ Ⅱ 010188850 出票日期：贰零壹肆年拾贰月零贰日　付款行名称： 收款人：辽阳纺织厂　出票人账号： 人民币(大写)　伍万壹仟壹佰柒拾伍元捌角整 千 百 十 万 千 百 十 元 角 分 　 　 ¥ 5 1 1 7 5 8 0 用途 购货款 上列款项请从 我账户内支付　［大海公司 财务专用章］ 出票人签章 科目(借) 对方科目(贷) 转账日期　年　月　日 出纳　复核　记账 贴对号单处　Ⅱ 010188850

(2)“转账支票”正联与存根联的作用。“转账支票”正联由付款单位填制并加盖印章后交给收款单位，由收款单位据以填制“进账单”后一并送存其开户银行，银行转账后作为转账的原始凭证。“转账支票”的存根联由付款单位作为贷记“银行存款”账户的原始凭证。

3. 填制“进账单”

(1)“进账单”的格式及填制方法。

【训练 2-3】 大海公司(开户银行：中国工商银行白塔支行，账号：560718；纳税登记号：200111004722000)于 2014 年 12 月 7 日收到鞍山西关百货商店(开户银行：中国工商银行立山办事处；账号：018168)上月销货款 28 800 元，财会根据“汇票”填制“进账单”一并送存银行，其“进账单”的格式及填制方法见表 2-22。

表 2-22 中国工商银行进账单(回单或收账通知) ①

2014 年 12 月 7 日　　第 01 号

付款人	全　称	鞍山西关百货商店	收款人	全　称	大海公司
	账　号	018168		账　号	560718
	开户银行	立山办事处		开户银行	中国工商银行白塔支行
人民币(大写)	贰万捌仟捌佰元整				千 百 十 万 千 百 十 元 角 分 　 　 ¥ 2 8 8 0 0 0 0
票据种类	汇票 6688＃				［中国工商银行白塔分行 2014.12.07 业务专用章］
票据张数	壹				
单位主管：	会计	复核			收款人开户行盖章

(2)“进账单”各联的作用。“进账单”一般一式三联：第一联为“回单”联，此联是出票人开户银行交给出票人的回单，说明银行已经受理了该项业务，企业不能将其作为记账的依据；第二联为“贷方凭证”联，此联由收款人开户银行作为增加收款人银行存款的贷方凭证；第三联为“收账通知”联，此联是收款人开户银行交给收款人的收款通知，收款人将其作为借记“银行存款”账户的原始凭证。

(二)填制汇兑结算凭证

汇兑是汇款人委托银行将款项汇给外地收款人的结算方式。单位和个人的各种款项的结算，均可以使用汇兑结算方式。汇兑可分为信汇和电汇两种。信汇凭证和电汇凭证的格式、填制方法及其各联的作用基本一致。本书只介绍信汇凭证的格式、填制方法及其各联的作用。

(1)信汇凭证的格式及填制方法。

【训练 2-4】 大海公司(开户银行：中国工商银行白塔支行，账号：560718)于 2014 年 12 月 29 日向梁山纺织厂(开户银行：中国工商银行铁东支行，账号：669983)支付前欠购货款 43 992 元。采用信汇结算方式汇款，其信汇凭证的格式及填制方法见表 2-23。

表 2-23　中国工商银行信汇凭证(回单)　①

委托日期 2014 年 12 月 29 日　　　　第 02110 号

<table>
<tr><td rowspan="3">汇款人</td><td>全　称</td><td colspan="3">大海公司</td><td rowspan="3">收款人</td><td>全　称</td><td colspan="13">梁山纺织厂</td></tr>
<tr><td>账号或地址</td><td colspan="3">560718</td><td>账号或地址</td><td colspan="13">669983</td></tr>
<tr><td>汇出地点</td><td>辽宁省辽阳市</td><td>汇出行名　称</td><td>白塔支行</td><td>汇入地点</td><td>辽宁省新民</td><td>汇入行名　称</td><td colspan="11">铁东支行</td></tr>
<tr><td rowspan="2">金额</td><td rowspan="2">人民币(大写)</td><td colspan="8" rowspan="2">肆万叁仟玖佰玖拾贰元整</td><td>千</td><td>百</td><td>十</td><td>万</td><td>千</td><td>百</td><td>十</td><td>元</td><td>角</td><td>分</td></tr>
<tr><td></td><td></td><td>¥</td><td>4</td><td>3</td><td>9</td><td>9</td><td>2</td><td>0</td><td>0</td></tr>
<tr><td colspan="8">汇款用途：　购货款(前欠)
上列款项已根据委托办理，如需查询，请持此联来面洽。

单位主管：　会计　复核　记账</td><td colspan="12">中国工商银行白塔分行
2014.12.29
业务专用章
汇出行盖章</td></tr>
</table>

(2)信汇凭证各联的作用。信汇凭证一般一式四联：第一联为“回单”联，此联是汇出银行给汇款人的回单，汇款人将其作为贷记银行存款账户的原始凭证；第二联为“借方凭证”联，此联汇出银行作为减少汇款人存款的借方凭证；第三联为“贷方凭证”联，此联是汇入银行增加收款人存款的贷方凭证；第四联为“收账通知”联，此联是给收款人的收账通知，收款人将其作为借记“银行存款”账户的原始凭证。

(三)填制托收承付凭证

托收承付是根据购销合同由收款单位发货后委托银行向异地付款人收取款项，由付款人向银行承认付款的结算方式。

(1)托收承付凭证的格式及填制方法。

【训练 2-5】 业务内容见训练 2-4，改信汇结算方式为托收承付结算方式，其托收承付凭证的格式及填制方法见表 2-24。

表 2-24 **托收承付**凭证(回单) ①

邮 委托日期 2014 年 12 月 29 日 第 0056 号

托收号码：412

<table>
<tr><td rowspan="3">付款人</td><td>全　称</td><td colspan="3">大海公司</td><td rowspan="3">收款人</td><td>全　称</td><td colspan="10">梁山纺织厂</td></tr>
<tr><td>账号或地址</td><td colspan="3">560718</td><td>账　号</td><td colspan="10">669983</td></tr>
<tr><td>开户银行</td><td>白塔支行</td><td>行号</td><td></td><td>开户银行</td><td>铁东支行</td><td colspan="4">行号</td><td colspan="5"></td></tr>
<tr><td rowspan="2">托收金额</td><td rowspan="2">人民币（大写）</td><td colspan="5" rowspan="2">肆万叁仟玖佰玖拾贰元整</td><td>千</td><td>百</td><td>十</td><td>万</td><td>千</td><td>百</td><td>十</td><td>元</td><td>角</td><td>分</td></tr>
<tr><td></td><td></td><td>¥</td><td>4</td><td>3</td><td>9</td><td>9</td><td>2</td><td>0</td><td>0</td></tr>
<tr><td colspan="2">附　件</td><td>商品发运情况</td><td colspan="14">合同名称号码</td></tr>
<tr><td>附件单证张数</td><td>壹张</td><td>铁路发运</td><td colspan="14">562328</td></tr>
<tr><td colspan="3">备注：</td><td colspan="4">款项收妥日期
20　年　月　日</td><td colspan="10">中国工商银行铁东支行
2014.12.29
财务专用章
收款人开户银行盖章</td></tr>
</table>

(2)托收承付凭证各联的作用。托收承付凭证一般一式五联：第一联为“回单”联，此联是收款人开户银行给收款人的回单，说明银行已经受理了该项业务，收款企业不能将其作为记账的依据；第二联为“贷方凭证”联，此联是收款人开户银行作为贷方凭证；第三联为“借方凭证”联，此联是付款人开户银行作为借方凭证；第四联为“收账通知”联，此联是收款人开户银行在款项收妥后给收款人的收账通知，收款人将其作为借记银行存款账户的原始凭证；第五联为“承付(支款)通知”联，此联是付款人开户银行通知付款人按期承付货款的承付(支款)通知，付款人承付货款后作为贷记“银行存款”账户的原始凭证。

(四)填制“发货票”

1. 普通发票

(1)普通发票的格式及填制方法。

【训练 2-6】 大海公司向辽阳第一百货商店购买速印机 1 台，辽阳第一百货商店填制普通发票给大海公司，其填制的“普通发票”见表 2-25。

表 2-25 辽宁省辽阳市商业零售统一发票

发 票 联

№：0000100

客户名称：大海公司　　2014 年 12 月 5 日　　辽市国税(96)第 2 版(2)

<table>
<tr><td rowspan="2">货号</td><td rowspan="2">品名及规格</td><td rowspan="2">单位</td><td rowspan="2">数量</td><td rowspan="2">单价</td><td rowspan="6">超万元无效</td><td colspan="7">金　额</td><td rowspan="8">②
报销凭证</td></tr>
<tr><td>万</td><td>千</td><td>百</td><td>十</td><td>元</td><td>角</td><td>分</td></tr>
<tr><td></td><td>速印机</td><td>台</td><td>1</td><td>1 120.00</td><td></td><td>1</td><td>1</td><td>2</td><td>0</td><td>0</td><td>0</td></tr>
<tr><td></td><td></td><td></td><td></td><td></td><td></td><td></td><td></td><td></td><td></td><td></td><td></td></tr>
<tr><td></td><td></td><td></td><td></td><td></td><td></td><td></td><td></td><td></td><td></td><td></td><td></td></tr>
<tr><td></td><td></td><td></td><td></td><td></td><td></td><td></td><td></td><td></td><td></td><td></td><td></td></tr>
<tr><td>合计金额（大写）</td><td colspan="5">壹仟壹佰贰拾元整</td><td>¥</td><td>1</td><td>1</td><td>2</td><td>0</td><td>0</td><td>0</td></tr>
<tr><td>结算方式</td><td colspan="2">转账支票结算</td><td colspan="3">开户银行及账号</td><td colspan="7">白塔支行 66543</td></tr>
</table>

收款企业(盖章有效) 辽阳第一百货商店财务专用章　　收款人：李明　　开票人：苏臣

(2)普通发票各联的作用。普通发票的联数可根据需要增减，但基本联数有三联：第一联为“存根”联，在发货票本上留存备查；第二联为“发票”联，销货单位填制后给购货单位作为报销凭证，购货单位将其作为借记“物资采购”“固定资产”等账户的原始凭证；第三联为“记账”联，销货单位将其作为贷记“主营业务收入”等账户的原始凭证。

2. 增值税专用发票

(1)增值税专用发票的格式及填制方法。

【训练 2-7】 业务内容见训练 2-2，辽阳纺织厂填制增值税专用发票给大海公司，其“增值税专用发票”格式及填制方法见表 2-26。

表 2-26 辽宁增值税专用发票

开票日期：2014 年 12 月 2 日　　　　**发 票 联**　　　　№：000001

购货单位	名称	大海公司			纳税登记号	200111004722000		
	地址、电话	辽阳市 0419－2312040			开户银行及账号	中国工商银行白塔支行 560718		
货物或应税劳务名称		规格型号	计量单位	数量	单价	金额	税率/%	税额
花布		宽 1.2	米	5 000	6.14	30 700.00	17	5 219.00
白布		宽 1.3	米	4 000	3.26	13 040.00	17	2 216.80
合计						43 740.00	17	7 435.80
价税合计		×佰×拾伍万壹仟壹佰柒拾伍元捌角零分						￥51 175.80
备注								
销货单位	名称	辽阳纺织厂			纳税登记号	311004568803678		
	地址、电话	辽阳 0419－2312040			开户银行及账号	铁西支行 500715		

第二联 报销凭证

销货单位(章)：辽宁纺织厂 财务专用章　　收款人：李红　　复核：　　开票人：刘艳

(2)增值税专用发票各联的作用。增值税专用发票的联数可根据需要增减，但基本联数有四联：第一联为“存根”联，在发货票本上留存备查；第二联为“发票”联，销货单位填制后给购货单位作为报销凭证，购货单位将其作为借记“物资采购”“应交税费”“固定资产”等账户的原始凭证；第三联为“抵扣”联，销货单位填制后给购货单位作为抵扣税金的凭证，不作为购货单位的记账依据；第四联为“记账”联，销货单位将其作为贷记“主营业务收入”“应交税费”等账户的原始凭证。

(五)验收单(收料单)的填制

(1)验收单(收料单)的格式及填制方法。

【训练 2-8】 大海公司于 2014 年 12 月 2 日向辽阳纺织厂购买宽 1.2 米花布 5 000 米，宽 1.3 米白布 4 000 米，已经由 1 号仓库验收，经办人：张小伟；仓库负责人：于智慧；收料人：段龙。验收单(收料单)的格式及填制方法见表 2-27。

表 2-27　验收单(收料单)

供应单位：辽阳纺织厂　　　　　　　　　　　　　　　　收料仓库：1号仓库

发票号码：0000101　　　　　　2014年12月2日　　　　　　第0068号

材料编号	材料名称	规格	单位	数量		金额	
				应收	实收	单位成本	总成本
001	花布	宽1.2	米	5 000	5 000	6.18	30 900.00
002	白布	宽1.3	米	4 000	4 000	3.30	13 200.00
合　计							44 100.00

仓库负责人：于智慧　　　　　　经办人：张小伟　　　　　　收料人：段龙

(2)验收单(收料单)各联的作用。验收单(收料单)一般有三联：第一联为“存根”联，在验收单(收料单)本上留存备查；第二联为“财会记账”联，收料人填制后给财会部门作为借“原材料”“固定资产”等账户的原始凭证；第三联为“保管记账”联，收料人将其作为登记保管账的原始凭证。

(六)领料单的填制

(1)领料单的格式及填制方法。

【训练2-9】 大海公司生产车间于2014年12月6日从1号仓库领用花布4 000米，单价6.18元，白布4 000米，单价3.30元，用于双人床罩生产。领料人：高凡；发料人：孙静；记账人：向阳。其领料单的格式及填制方法见表2-28。

表 2-28　领　料　单

领料单位：生产车间　　　　　　　　　　　　　　　　凭证编号：0001

用　　途：生产双人床罩　　　　2014年12月6日　　　　发料仓库：1号仓库

材料类别	材料编号	材料名称	规格	计量单位	数量		单价	金额
					请领	实领		
	001	花布	宽1.2	米	4 000	4 000	6.18	24 720.00
	002	白布	宽1.3	米	4 000	4 000	3.30	13 200.00
备注				合计				37 920.00

发料人：孙静　　　　　　领料人：高凡　　　　　　记账：向阳

(2)领料单各联的作用。领料单的联数可根据需要增减，但基本联数有三联：第一联为“存根”联，由领料部门留存备查；第二联为“财会记账”联，财会部门将其作为贷记“原材料”等账户的原始凭证；第三联为“保管记账”联，发料人将其作为登记保管账的原始凭证。

四、原始凭证的审核

1. 原始凭证的审核内容

为了正确地反映经济业务的发生或完成情况，防止不符合填制要求的原始凭证影响会计信息的质量，充分发挥会计的监督职能，保证原始凭证的真实性、合法性、合理性，会计部门必须认真地、严格地审核原始凭证。在会计核算中，只有审核无误的原始凭证才能作为编制记账凭证的依据。原始凭证的审核内容主要包括原始凭证的真实性、合法性、合理性、完整性、正确性和及时性。

(1)从内容上，审核原始凭证反映经济业务的真实性、合法性和合理性。其主要是审核日期、业务内容和数据是否真实，注意有无涂改或“大头小尾”，伪造、编造原始凭证的情况；审核原始凭证上所记载的经济业务是否符合国家有关的法令、政策、制度等；审核原始凭证上记录的经济业务是否符合本企业计划、预算的要求和经济效益最大化原则等。

(2)从形式上，审核原始凭证的完整性、正确性和及时性。主要审核其原始凭证上的项目是否填写齐全，手续是否完备；审核原始凭证的摘要和数字是否填写清楚、正确，数量、单价、金额计算有无差错，大小写金额是否一致；审核原始凭证填制的日期是否和经济业务发生日期一致或接近等。会计人员在审核原始凭证时，认真履行职责。《中华人民共和国会计法》(以下简称《会计法》)第十四条规定，会计机构、会计人员必须按照国家统一的会计制度的规定对原始凭证进行审核，对不真实、不合法的原始凭证有权不予接受，并向单位负责人报告；对记载不准确、不完整的原始凭证予以退回，并要求按国家统一的会计制度的规定更正、补充。

2. 审核后原始凭证的处理

经审核的原始凭证应根据以下不同情况处理：

(1)对于完全符合要求的原始凭证，应及时据以编制记账凭证入账。

(2)对于真实、合法、合理但内容不够完整、填写有错误的原始凭证，应退回给有关经办人员，由其负责将有关凭证补充完整、更正错误或重开后，再办理正式会计手续。

(3)对于不真实、不合法的原始凭证，会计机构和会计人员有权不予接受，并向单位负责人报告。

理论复习

一、单项选择题

1. 出纳人员收到货币资金的依据是(　　)。

A. 原始凭证　　B. 付款凭证

C. 收款凭证　　D. 转账凭证

2. 关于原始凭证的叙述，下列说法正确的是(　　)。

A. 金额填写完毕后，必须写“正”或“整”结束

B. 金额数字一律填写到角、分

C. 原始凭证小写金额可以连笔

D. 原始凭证有错误，可以涂改和挖补

3. 会计人员对真实合法但小写金额错误的原始凭证应(　　)。

A. 直接据以编制记账凭证　　B. 将金额更正后据以编制记账凭证

C. 退回出具单位重新开具　　D. 不予受理

4. 下列各项中，不属于原始凭证审核内容的是(　　)。

A. 凭证反映的内容是否真实

B. 凭证各项基本要素是否齐全

C. 会计科目的使用是否正确

D. 凭证是否有填制单位的公章和填制人员的签章

5. 票据的出票日期必须使用中文大写，例如出票日期为10月2日，应写成(　　)。

A. 壹拾月零贰日　　B. 零壹拾月贰日

C. 壹拾月贰日　　D. 零壹拾月零贰日

6. 填制原始凭证时，“人民币捌仟元零伍角整”的小写金额规范的是(　　)。

A. 8 000.50　　B. ￥8 000.5

C. ￥8 000.50　　D. ￥8 000.5 元

7. 原始凭证不得外借，其他单位如有特殊原因需要使用时，经本单位领导批准后方可(　　)。

A. 外借　　B. 赠阅　　C. 购买　　D. 复制

8. 采购员王珂为报销差旅费填制的“差旅费报销单”属于(　　)。

A. 原始凭证　　B. 记账凭证　　C. 收款凭证　　D. 付款凭证

二、多项选择题

1. 在原始凭证上书写阿拉伯数字，下列选项正确的是(　　)。

A. 金额数字一律填写到角、分

B. 无角分的，角位和分位可写“00”或者符号“—”

C. 有角无分的，分位应当写“0”

D. 有角无分的，分位也可以用符号“—”代替

2. 会计凭证的保管是指会计凭证记账后的(　　)。

A. 整理　　B. 装订

C. 归档　　D. 存查

E. 销毁

3. 原始凭证的填制要求包括(　　)。

A. 记录真实　　B. 内容完整

C. 填制及时　　D. 书写清楚

4. 各种原始凭证须具备的基本内容包括(　　)。

A. 凭证的名称　　B. 填制凭证的日期

C. 填制凭证单位的名称　　D. 账户的名称和方向

E. 经济业务的金额　　F. 经济业务的具体内容

三、判断题

1. 对于金额有错误的原始凭证，应由出具单位在凭证上更正并加盖出具单位印章。(　　)

2. 在特定情况下，原始凭证经批准可以涂改、挖补。(　　)

3. 会计人员对不真实、不合法的原始凭证有权不予接受，并向单位负责人报告。(　　)

4. 未结清的债权债务原始凭证和涉及其他未了事项的原始凭证，应由档案部门保管到未了事项完结后才能销毁。(　　)

5. 原始凭证发生的错误，正确的更正方法是由出具单位在原始凭证上更正。(　　)

6. 会计凭证的传递是指会计凭证从取得或填制时起至归档保管时止，在单位内部会计部门和人员之间的传递手续。(　　)

技能练习

实训 2.1

【实训目的】 实训原始凭证的填制技能。

【实训任务】 根据资料填制原始凭证(表 2-29～表 2-36)。

【实训资料】 大海公司(开户银行：中国工商银行白塔支行，账号：560718，税务登记号：311001687904258)2014 年 12 月份发生的部分经济业务如下：

1.16 日，填制“现金支票”(表 2-29)向银行提取现金 1 030 700.50 元，用于发放职工工资。

表 2-29 现金支票

<table>
<tr><td rowspan="6">中国工商银行
现金支票存根
Ⅶ Ⅱ 01018889
科　目
对方科目
出票日期
收款人：
金　额：
用　途：
单位主管　　会计</td><td colspan="12">中国工商银行　现金支票　Ⅶ Ⅱ 01018889
出票日期　年　月　日　　付款行名称：
收款人：　　出票人账号：</td></tr>
<tr><td rowspan="2">人民币
(大写)</td><td rowspan="2"></td><td>千</td><td>百</td><td>十</td><td>万</td><td>千</td><td>百</td><td>十</td><td>元</td><td>角</td><td>分</td></tr>
<tr><td></td><td></td><td></td><td></td><td></td><td></td><td></td><td></td><td></td><td></td></tr>
<tr><td colspan="2" rowspan="3">用途
上列款项请从
我账户内支付
出票人签章</td><td colspan="10">科目(借)
对方科目(贷)
付讫日期　年　月　日
出纳　复核　记账</td></tr>
<tr><td colspan="4">贴对号单处</td><td colspan="6">Ⅱ 01018889</td></tr>
</table>

2.10 日，收到沈阳第一百货商店(开户银行：沈阳市商业银行铁西支行，账号：80562005123)的“转账支票”(表 2-30)1 张，转账归还前欠货款 100 806.05 元，财会根据“转账支票”填制“进账单”(表 2-31)一并送存银行。

表 2-30 转账支票

<table>
<tr><td rowspan="6">中国工商银行
转账支票存根
Ⅶ Ⅱ 01018885
科　目
对方科目
出票日期
收款人：
金　额：
用　途：
单位主管　　会计</td><td colspan="12">中国工商银行　转账支票　Ⅶ Ⅱ 01018885
出票日期　年　月　日　　付款行名称：
收款人：　　出票人账号：</td></tr>
<tr><td rowspan="2">人民币
(大写)</td><td rowspan="2"></td><td>千</td><td>百</td><td>十</td><td>万</td><td>千</td><td>百</td><td>十</td><td>元</td><td>角</td><td>分</td></tr>
<tr><td></td><td></td><td></td><td></td><td></td><td></td><td></td><td></td><td></td><td></td></tr>
<tr><td colspan="2" rowspan="3">用途
上列款项请从
我账户内支付
出票人签章</td><td colspan="10">科目(借)
对方科目(贷)
转账日期　年　月　日
出纳　复核　记账</td></tr>
<tr><td colspan="4">贴对号单处</td><td colspan="6">Ⅱ 01018885</td></tr>
</table>

表 2-31　中国工商银行进账单(回单或收账通知)　①

年　月　日　　　　　　　　　　第　号

<table>
<tr><td rowspan="3">付款人</td><td>全　　称</td><td></td><td rowspan="3">收款人</td><td>全　　称</td><td colspan="10"></td></tr>
<tr><td>账　　号</td><td></td><td>账　　号</td><td colspan="10"></td></tr>
<tr><td>开户银行</td><td></td><td>开户银行</td><td colspan="10"></td></tr>
<tr><td rowspan="2" colspan="2">人民币
(大写)</td><td rowspan="2" colspan="3"></td><td>千</td><td>百</td><td>十</td><td>万</td><td>千</td><td>百</td><td>十</td><td>元</td><td>角</td><td>分</td></tr>
<tr><td></td><td></td><td></td><td></td><td></td><td></td><td></td><td></td><td></td><td></td></tr>
<tr><td colspan="2">票据种类</td><td></td><td rowspan="3" colspan="12">收款人开户行盖章</td></tr>
<tr><td colspan="2">票据张数</td><td></td></tr>
<tr><td colspan="3">单位主管　　　会计　　　复核</td></tr>
</table>

3.12 日，向辽阳钢铁厂(开户银行：辽阳商业银行白塔支行；账号：6005566；纳税登记号：201120055880066；收款人：李明；开票人：苏臣)购买 ϕ10 mm 圆钢 10 000 千克，每千克 15.00 元，增值税税率为 17%。款项采用“托收承付”(表 2-32)结算，收到“增值税专用发票”(表 2-33)，材料由 1 号仓库验收入库(仓库负责人：周丽；收料人：高凡)，并填制“验收单”(表 2-34)。

4.25 日，向辽阳第一百货商店(开户银行：辽阳商业银行白塔支行，账号：5356205)购买电脑 80 台，每台 5 050.00 元，共计 404 000 元，增值税为 68 680 元，价税合计 472 680 元。采用“信汇”(表 2-35)结算方式汇款。

5.26 日，填制“领料单”(表 2-36)从 1 号仓库领用 ϕ10 mm 圆钢 500 千克，单价 1.50 元，用于水泵生产，领料人：于红；发料人：段龙。

表 2-32　托收承付凭证(承付/支款通知)　⑤

第　号

委托日期　　年　月　日　　　　　　托收号码：

<table>
<tr><td rowspan="3">付款人</td><td>全　　称</td><td></td><td rowspan="3">收款人</td><td>全　　称</td><td colspan="10"></td><td rowspan="8">此联是收款人开户银行通知</td><td rowspan="8">付款人按期承付货款承付通知</td></tr>
<tr><td>账号或地址</td><td></td><td>账　　号</td><td colspan="10"></td></tr>
<tr><td>开户银行</td><td></td><td>开户银行</td><td colspan="10"></td></tr>
<tr><td rowspan="2">托收金额</td><td rowspan="2" colspan="4">人民币
(大写)</td><td>千</td><td>百</td><td>十</td><td>万</td><td>千</td><td>百</td><td>十</td><td>元</td><td>角</td><td>分</td></tr>
<tr><td></td><td></td><td></td><td></td><td></td><td></td><td></td><td></td><td></td><td></td></tr>
<tr><td>附　件</td><td colspan="2">商品发运情况</td><td colspan="12">合同名称号码</td></tr>
<tr><td>附件单证张数</td><td colspan="2"></td><td colspan="12"></td></tr>
<tr><td colspan="3">备注：</td><td colspan="12">付款人注意：
1.……
2.……</td></tr>
</table>

单位主管　　　会计　　　复核　　　记账　　　付款人开户银行盖章　月　日

表 2-33　辽宁增值税专用发票

开票日期：　　年　月　日　　　　**发　票　联**　　　　№：000002

购货单位	名　称		纳税登记号				
	地址、电话		开户银行及账号				
货物或应税劳务名称	规格型号	计量单位	数量	单价	金　额	税率/%	税额
合　计							
价税合计	佰　拾　万　仟　佰　拾　元　角　分					￥	
备　注							
销货单位	名　称		纳税登记号				
	地址、电话		开户银行及账号				

第二联　报销凭证

销货单位(章)：　　　　收款人：　　　　复核：　　　　开票人：

表 2-34　验收单(收料单)

供应单位：　　　　　　　　　　　　收料仓库：

发票号码：　　　　年　月　日　　　　第　　号

材料编号	材料名称	规格	单位	数量		金额			
				应收	实收	单价	买价	运费	成本
合　计									

仓库负责人：　　　　经办人：　　　　收料人：

表 2-35　中国工商银行信汇凭证(回单)　①

委托日期　　年　月　日　　　　第　　号

汇款人	全　称			收款人	全　称		
	账号或地址				账号或地址		
	汇出地点		汇出行名称		汇入地点		汇入行名称

金额	人民币(大写)		千	百	十	万	千	百	十	元	角	分

汇款用途：

上列款项已根据委托办理，如需查询，请持此联来面洽。

单位主管　　会计　　复核　　记账

汇出行盖章

年　月　日

表 2-36 领料单

第　　号

领料单位　　　　　　　　　　年　月　日　　　　　　　　　　发料仓库：

材料类别	材料编号	材料名称	规格	计量单位	数量		单价	金额
					请领	实领		
备注				合计				

第一联存根

发料人：　　　　　　　　　　领料人：　　　　　　　　　　记账：

实训 2.2

【实训目的】 实训原始凭证的审核技能。

【实训任务】 根据资料审核有关原始凭证，并对审核不合格的进行处理。

【实训资料】

1. 大海公司 2014 年 12 月 17 日向梁山纺织厂购入宽 1.2 米花布 4 000 米，单价 6.14 元；宽 1.3 米白布 4 000 米，单价 3.26 元，从销货单位取得发票一张，见表 2-37。请你帮着审核该发票是否合格，如不合格，请问怎么处理？

表 2-37 辽宁增值税专用发票

开票日期：2014 年 12 月 17 日　　　　　　**发　票　联**　　　　　　№：000007

购货单位	名　称		纳税登记号	200111004722000			
	地址、电话	辽阳市　0419—2312040	开户银行及账号	中国工商银行文圣支行 004722			
货物或应税劳务名称	规格型号	计量单位	数量	单价	金额	税率/%	税额
花布	宽 1.2		4 000	6.14	24 560.00	17	4 175.20
白布	宽 1.3		4 000	3.26	13 040.00	17	2 216.80
合计					37 600.00	17	6 392.00
价税合计	×佰×拾肆万壹仟玖佰柒拾伍元捌角零分						43 992.00
备注							
销货单位	名　称	梁山纺织厂	纳税登记号	710619432480049			
	地址、电话		开户银行及账号	铁东支行　041686			

第二联 报销凭证

销货单位(章)：　　　　　　收款人：李叶　　　复核：　　　　开票人：

2. 大海公司于 2014 年 12 月 25 日，收到辽阳纺织厂(开户银行：中国工商银行铁西分行；账号：500715)违约罚金 1 200 元，财会根据“转账支票 61842＃”填制“进账单”一并送存银行，见表 2-38。请你帮着审核该发票是否合格，如不合格，请问怎么处理？

表 2-38　中国工商银行进账单(回单或收账通知)　①

2014 年 12 月 7 日　　　　第 01 号

<table>
<tr><td rowspan="3">付款人</td><td>全　　称</td><td colspan="3">辽阳纺织厂</td><td rowspan="3">收款人</td><td>全　　称</td><td colspan="10">大海公司</td></tr>
<tr><td>账　　号</td><td colspan="3"></td><td>账　　号</td><td colspan="10">560718</td></tr>
<tr><td>开户银行</td><td colspan="3">铁西分行</td><td>开户银行</td><td colspan="10">中国工商银行白塔支行</td></tr>
<tr><td rowspan="2" colspan="2">人民币
(大写)</td><td rowspan="2" colspan="5">壹仟捌佰元整</td><td>千</td><td>百</td><td>十</td><td>万</td><td>千</td><td>百</td><td>十</td><td>元</td><td>角</td><td>分</td></tr>
<tr><td></td><td></td><td></td><td></td><td>1</td><td>2</td><td>0</td><td>0</td><td>0</td><td>0</td></tr>
<tr><td colspan="2">票据种类</td><td colspan="2"></td><td rowspan="3" colspan="13">中国工商银行白塔分行
2014.12.07
收款人开户行盖章
业务专用章</td></tr>
<tr><td colspan="2">票据张数</td><td colspan="2">壹</td></tr>
<tr><td colspan="4">单位主管：　　　　会计　　　　复核</td></tr>
</table>

任务三　认知会计要素

> 财务负责人让你去趟他的办公室，然后给你公司 12 月份的部分经济业务文档，让你来分析一下每个经济业务涉及哪些会计要素。下班前给他一份分析报告。

一、会计要素的概念

会计要素是对会计对象按经济特征所做的最基本分类，是设定会计报表结构和内容的依据，也是进行会计确认和计量的依据。会计要素是对会计对象——资金运动的基本分类，根据会计要素科学设置账户，期末用报表对账户资料反映的交易和其他事项进行归纳分类，这种归纳分类与对资金运动的基本分类，口径是一致的，名称也是相同的。因此，会计要素是对资金运动的初始分类。《企业会计准则——基本准则》第十条规定，企业应当按照交易或者事项的经济特征确定会计要素。

二、会计要素的内容

在我国，会计要素的具体内容包括资产、负债、所有者权益、收入、费用和利润六项。

(一)资产

1. 资产的含义

资产是指企业过去的交易或者事项形成的、由企业拥有或者控制的、预期会给企业带来经济利益的资源。从资产的这个定义中可以看出，作为资产必须是企业过去的交易或者事项包括购买、生产、建造行为或其他交易或者事项形成的。资产必须是现实的资产，而不能是预期的资产，预期在未来发生的交易或者事项不形成资产；同时，企业必须享有作为资产的某项资源的所有权，或者虽然不享有该项资源的所有权，但该资源能被企业所控制。

另外，作为资产的资源必须具有直接或者间接导致现金和现金等价物流入企业的潜力。

2. 资产的基本特征

资产具有以下基本特征：

(1)资产是由过去的交易、事项所形成的。资产的成因是资产存在和计价的基础。未来的、尚未发生的事项的可能后果不能确认为资产，也没有可靠的计量依据。

(2)资产是由企业拥有或控制的。在这里，所谓拥有，是指该项资产的法定所有权属于本企业；所谓控制，是指虽然本企业并不拥有该项资产的所有权，但是该项资产上的收益归本企业所有，同时，该项资产上的风险也由本企业所承担。

(3)资产能够直接或间接地给企业带来经济利益。按照这个规定，企业的一些已经不能带来未来经济利益流入的项目，例如，陈旧毁损的实物资产、已经无望收回的债权等，都不能再作为资产来核算。现在有些企业资产和利润被虚夸，会计信息失真，潜亏严重，其中很重要的原因之一就是在会计核算上没有强调构成资产的这一标准，从而导致许多已经不能带来未来经济利益的项目被列为资产，形成巨额的虚假资产。

明确了资产的含义后，还应进一步了解一项符合资产定义的资源在什么时间可以确认为资产。《企业会计准则——基本准则》规定，当符合资产定义的资源，在同时满足以下两个条件时，才能确认为资产，列入企业的资产负债表：

(1)与该资源有关的经济利益很可能流入企业。

(2)该资源的成本或者价值能够可靠地计量。

2. 资产的分类

资产可以按照不同标准进行多种分类，但比较常见的是按照流动性进行分类。资产按流动性可以分为流动资产和非流动资产。

(1)流动资产是指可以在 1 年或者超过 1 年的一个营业周期内变现或耗用的资产。流动资产按其变现能力的大小又可分为货币资金、交易性金融资产、应收及预付款项、存货等。

1)货币资金是指企业持有的库存现金、银行存款和其他货币资金等。

2)交易性金融资产是指企业为交易目的所持有的债券投资、股票投资、基金投资等。

3)应收及预付款项是指企业的应收账款、应收票据、其他应收款和预付账款等。

4)存货是指企业在日常活动中持有以备出售的产成品或商品、处在生产过程中的在产品、在生产过程或提供劳务过程中耗用的材料和物料等。

有些企业的经营活动比较特殊，经营周期可能长于 1 年，如造船企业、大型机械制造企业等，其从购买原材料至建造完工，从销售实现到收回货款，周期比较长，往往超过 1 年，此时就不能以 1 年内变现作为流动资产的划分标准，而是以经营周期作为流动资产的划分标准，在一个营业周期内变现或消耗的资产为流动资产。

(2)非流动资产是指计划长期持有，不准备在 1 年内或超过 1 年的一个营业周期内变现或耗用的资产，也就是除流动资产之外的资产。其主要包括持有至到期投资、长期股权投资、固定资产和无形资产等。

1)持有至到期投资是指企业购入的准备持有至到期收回的债券投资等。

2)长期股权投资是指持有时间超过 1 年(不含 1 年)、不能随时变现或不准备随时变现的股票和其他投资。企业进行长期股权投资的目的是获得较为稳定的投资收益或者对被投资企业实施控制或影响。

3)固定资产是指企业使用年限超过 1 年的房屋、建筑物、机器、机械、运输工具以及其他与生产、经营有关的设备、器具、工具等。不属于生产经营主要设备或物品，但单位价值在 2 000 元以上，并且使用年限超过 2 年的，也应当作为固定资产。

4)无形资产是指企业拥有或者控制的没有实物形态的可辨认非货币性资产。其主要包括专利权、非专利技术、商标权、著作权和土地使用权等。这些资产不具有物质形态，但能够为企业带来超额的利润。

综上所述，资产的构成内容如图 2-1 所示。

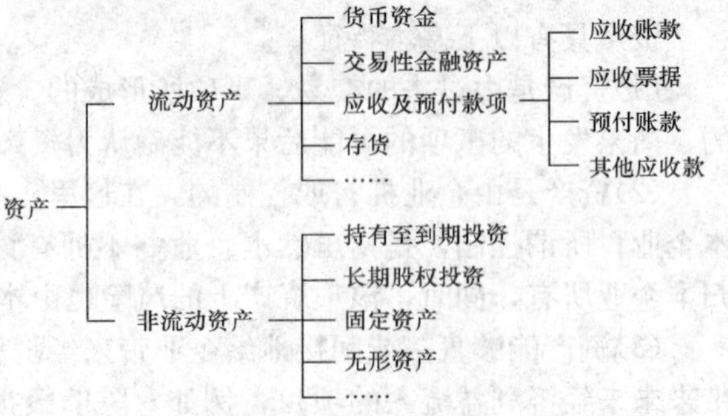

图 2-1　资产构成内容图

(二)负债

1. 负债的含义

负债是指企业过去的交易或者事项形成的、预期会导致经济利益流出企业的现时义务。从负债的这个定义中可以看出，负债具有以下特征：①负债的清偿预期会导致经济利益流出企业；②负债是由过去的交易或事项形成的现时义务。现时义务是指企业在现行条件下已承担的义务。未来发生的交易或者事项形成的义务，不属于现时义务，不应当确认为负债。

明确了负债的含义后，还应进一步了解一项符合负债定义的现时义务在什么时间可以确认为负债。《企业会计准则——基本准则》规定，当符合负债定义的现时义务，在同时满足以下两个条件时，才能确认为负债，列入企业的资产负债表：

(1)与该义务有关的经济利益很可能流出企业。

(2)未来流出的经济利益的金额能够可靠地计量。

2. 负债的分类

企业的负债按照流动性进行分类，可以分为流动负债和非流动负债。所谓负债的流动性是就负债的偿付期限的长短而言的。

(1)流动负债是指将在 1 年(含 1 年)或者超过 1 年的一个营业周期内偿还的债务。其包括短期借款、应付及预收款项和应交税费等。短期借款是指企业向银行或其他金融机构等借入的期限在 1 年以下(含 1 年)的各种借款；应付及预收款项是指企业在生产经营活动中发生的应付账款、应付票据、预收账款、应付职工薪酬、应付利息、应付股利和其他应付款等；应交税费是指企业按照税法等规定计算应交纳的各种税费，包括增值税、消费税、所得税、城市维护建设税和教育费附加等。

(2)非流动负债是指偿还期在 1 年或者超过 1 年的一个营业周期以上的负债。其包括长期借款、应付债券、长期应付款等。长期借款是指企业向银行或其他金融机构等借入的期限在 1 年以上(不含 1 年)的各种借款。

综上所述，负债的构成内容如图 2-2 所示。

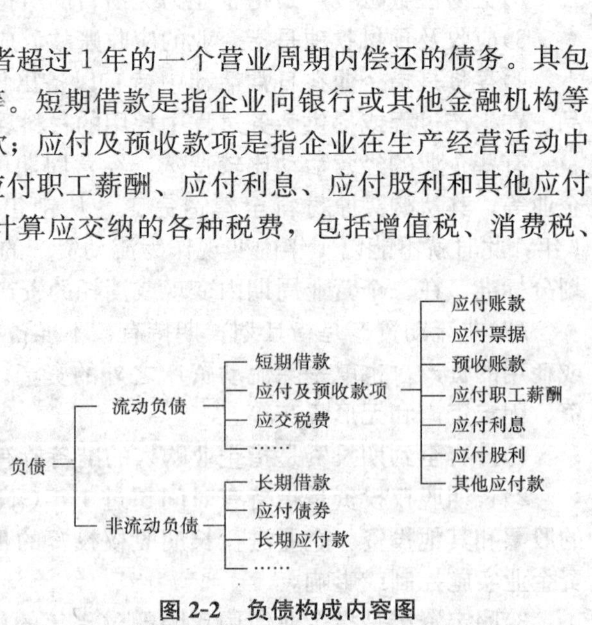

图 2-2　负债构成内容图

(三)所有者权益

所有者权益是指企业资产扣除负债后由所有者享有的剩余权益。公司的所有者权益又称为股东权益。其具有以下特征：①发生减资、清算时，企业不需要偿还所有者权益。其基本上是企业可以永久利用的一笔资本；②企业清算时，只有在清偿所有的负债后，所有者权益才返还给所有者；所有者在分配被清算企业剩余财产时的末位次序，决定了所有者承担着较债权人更大的风险；③所有者凭借所有者权益能够参与利润的分配。

(1)投入资本是企业实际收到的投资者作为资本投入的各种财产物资。投入资本可以形成实收资本和资本公积两部分。其中，投资者按照其在注册资本或股本中所占份额投入部分构成企业的实收资本，超过其在注册资本或股本中所占份额的出资所产生的溢价形成资本公积。

(2)资本公积具体包括股本溢价和直接计入所有者权益的利得和损失。企业收到投资者出资超过其在注册资本或股本中所占份额的部分，作为资本溢价或股本溢价，计入资本公积。企业发生的法定财产重估增值、被投资单位除净损益外的所有者权益增减变动，企业按持股比例计算应享有或应负担的份额作为直接计入所有者权益的利得和损失，计入资本公积。

(3)留存收益包括盈余公积和未分配利润。

1)盈余公积是指企业按照国家规定从税后利润中提取的各种公积金，包括提取的法定盈余公积和任意盈余公积。法定盈余公积是指企业按照《中华人民共和国公司法》规定的比例从净利润中提取的盈余公积金；任意盈余公积是指企业经股东大会或类似机构批准后按照规定的比例从净利润中提取的盈余公积金。企业的盈余公积可以用于弥补亏损、转增资本(股本)。符合规定条件的企业，也可以用盈余公积分派现金股利。

2)未分配利润是指企业历年利润分配(或亏损弥补后)后，累积结存到本期期末尚未分配的或待下年度分配的利润。

所有者权益包括实收资本(或股本)、资本公积、盈余公积和留存收益四类，如图 2-3 所示。

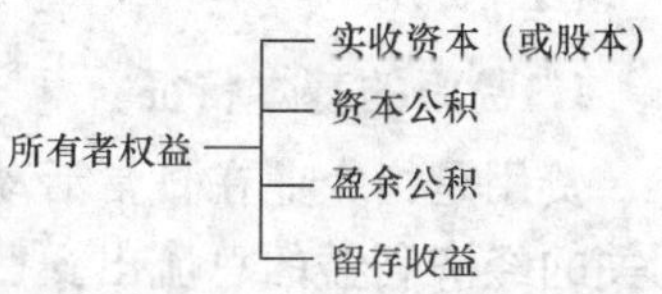

图 2-3 所有者权益构成内容图

以上资产、负债和所有者权益是反映财务状况的会计要素，是资产负债表的构成要素，因此，又称为资产负债表要素，也称为静态要素。其关系用公式表示为：“资产＝负债＋所有者权益”，该恒等式是编制资产负债表的理论根据。

(四)收入

1. 收入的基本特征

收入是指企业在日常活动中形成的、会导致所有者权益增加的、与所有者投入资本无关的经济利益的总流入。收入不包括为第三方或者客户代收的款项。收入具有以下基本特征：

(1)收入是在日常活动中形成的。其中，日常活动是指企业为完成其经营目标所从事的经常性活动以及与之相关的活动，如工业企业的产品生产和销售活动、商品流通企业的商品购销活动、金融企业的存款贷款业务等。只有在这些活动中所形成的经济流入才能确定为收入，而企业发生的一些日常活动以外的经济活动，如企业处置固定资产、无形资产等活动，不是企业为完成其经营目标所从事的经常性活动，也不属于与经常性活动相关的活动，由此产生的经济利益流入不构成收入而构成利得，计入营业外收入。

(2)收入应当会导致经济利益的流入，该流入不包括所有者投入的资产。

(3)收入最终会导致所有者权益的增加。

2. 收入的分类

收入一般包括主营业务收入和其他业务收入两种类型。

(1)主营业务收入是指企业为完成其经营目标所从事的经常性活动产生的经济利益的流入。不同行业的主营业务收入所包括的内容各不相同。例如，工业企业的主营业务收入主要包括销售产成品、半成品和提供工业性劳业的收入；商品流通企业的主营业务收入主要包括销售商品所取得的收入；旅游服务企业的主营业务收入主要包括门票收入、客房收入、餐饮收入等。

(2)其他业务收入是指虽然不是企业经常性的活动，但属于与经常性活动相关的活动而产生的经济利益的流入。例如，工业企业转让无形资产使用权、出售不需用原材料、包装物等所产生的经济利益流入就是工业企业的其他业务收入。

符合上述收入定义的经济利益流入很可能流入从而导致企业资产增加或者负债减少，且经济利益的流入额能够可靠计量时才能确认为收入，列入利润表。

综上所述，收入的形成与构成内容如图 2-4 所示。

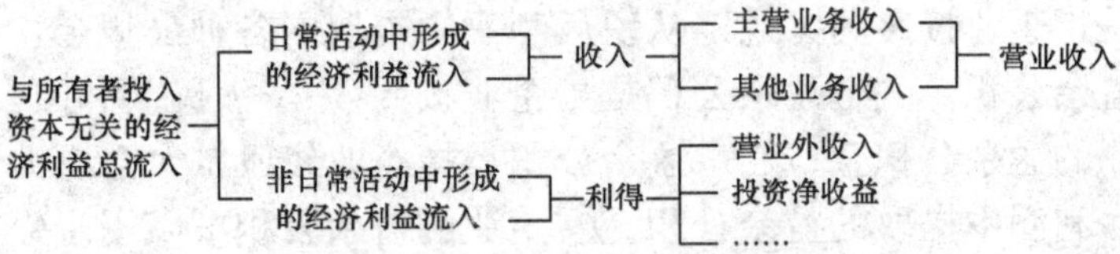

图 2-4　收入的形成与构成内容图

(五)费用

1. 费用的基本特征

费用是指企业在日常活动中发生的、会导致所有者权益减少的、与向所有者分配利润无关的经济利益的总流出。费用具有以下基本特征：

(1)费用是在日常活动中形成的。就一个企业来说，与向所有者分配利润无关的经济利益的总流出包括企业在日常活动中发生的经济利益流出和在非日常活动中发生的经济利益流出两部分。只有企业在日常活动中发生的经济利益流出才能确认为费用，而企业在非日常活动中发生的经济利益流出不能确认为费用，而应确认为损失，冲减所有者权益或当期利润。如企业处置非流动资产的损失、公益性捐赠支出、非常损失、盘亏损失等这些非日常活动中发生的经济利益流出就属于直接计入当期利润的损失，而不能确认为费用。

(2)费用会导致经济利益的流出，该流出不包括向所有者分配利润。费用应当会导致经济利益的流出，从而导致资产的减少或负债的增加，或两者兼而有之。

(3)费用最终会导致所有者权益的减少。与费用相关的经济利益的流出最终应当会导致所有者权益减少，不会导致所有者权益减少的经济利益的流出不符合费用定义，不应确认为费用。

2. 费用的分类

费用按照其功能可以分为营业成本和期间费用两大类。

(1)营业成本是指企业所销售商品或者所提供劳务的成本。营业成本应当与所销售商品或者所提供劳务而取得的收入进行配比。也就是说，企业为生产产品、提供劳务等发生的可归属于产品成本、劳务成本等的经济利益流出，在其经济利益流出时应计入相关产品或劳务的成本，而不应确认为费用，只有当确认这些产品或劳务的收入时，才能将已销售产品、已提供劳务的成本等作为营业成本确认为费用，计入当期损益。营业成本又分为主营业务成本和其他业务成本。它们是与主营业务收入和其他业务收入相对应的一组概念。

(2)期间费用是指企业本期发生的、不能直接或间接归入营业成本，而是直接计入当期损益的各项费用。其包括管理费用、财务费用和销售费用等。期间费用是随着时间推移而发生的，与当期产品的管理和产品销售直接相关，与产品的产量、产品的制造过程无直接关系，即容易确定其发生的期间，而难以判别其所应归属的产品，因而是不能列入产品制造成本，而将其作为期间费用在发生的当期从损益中扣除。

符合上述费用定义的经济利益流出，在与该定义有关的经济利益很可能流出从而导致企业资产减少或者负债增加，且经济利益的流出额能够可靠计量时才能确认为费用，列入利润表。

综上所述，费用的形成与构成内容如图 2-5 所示。

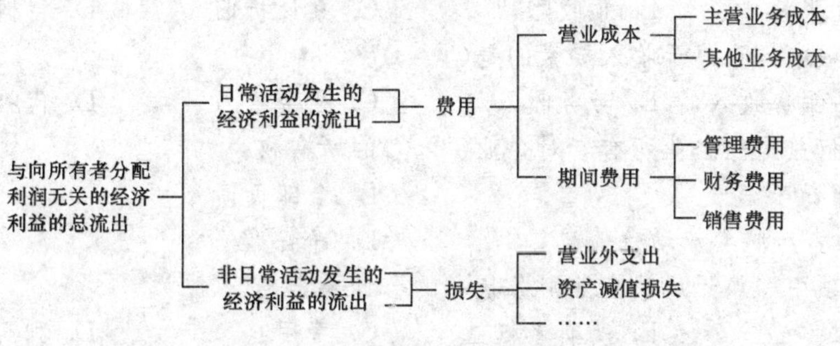

图 2-5　费用的形成与构成内容图

(六)利润

利润是指企业在一定会计期间的经营成果。利润的内容包括收入减去费用后的净额、直接计入当期利润的利得和损失等。直接计入当期利润的利得和损失是指应当计入当期损益、会导致所有者权益发生增减变动的、与所有者投入资本或者向所有者分配利润无关的利得或者损失。直接计入当期利润的利得包括营业外收入、投资净收益等；直接计入当期利润的损失包括营业外支出、资产减值损失等。利润金额取决于收入和费用、直接计入当期利润的利得和损失金额的计量，用公式表示为

利润＝收入－费用＋直接计入当期利润的利得－直接计入当期利润的损失

公式中收入减去费用后的净额反映的是企业日常活动的业绩；直接计入当期利润的利得和损失反映的是企业非日常活动的业绩。当企业没有发生非日常活动，即没有发生直接计入当期利润的利得和损失时，上述公式可以简化为

利润＝收入－费用

根据《企业会计准则——基本准则》的规定，企业的利润一般包括营业利润、利润总额和净利润三类。企业形成的利润在没有进行支配使用之前，构成所有者权益中的未分配利润。

上述收入、费用和利润是反映经营成果的会计要素，是利润表的构成要素，又称为利润表要素，也称为动态要素。

课外学习：利得、损失、会计计量。

理论复习

一、单项选择题

1.(　　)是对会计对象进行的基本分类，是会计核算对象的具体化。

A. 会计要素　　B. 会计科目　　C. 会计账户　　D. 会计对象

2. 下列不属于流动资产的是(　　)。

A. 库存商品　　B. 预付账款　　C. 材料采购　　D. 固定资产

3. 下面不属于流动负债的是(　　)。

A. 应付账款　　B. 短期借款　　C. 预付账款　　D. 预收账款

4. 下列各项中，属于负债要素的是(　　)。

A. 预付账款　　B. 预收账款　　C. 累计折旧　　D. 待摊费用

5. 下列各项中，不属于收入要素的是(　　)。

A. 商品销售收入　　B. 劳务收入　　C. 租金收入　　D. 代收款项

6. 所有者权益是指企业所有者对企业(　　)的所有权。

A. 全部资产　　B. 全部负债

C. 流动资产减去流动负债　　D. 净资产

7. 下列各项中，属于反映企业财务状况的会计要素是(　　)。

A. 收入　　B. 所有者权益　　C. 费用　　D. 利润

8. 投资人投入的资金和债权人投入的资金，投入企业后，形成企业的(　　)。

A. 成本　　B. 费用　　C. 资产　　D. 负债

9. 下列各项中，不属于企业拥有或控制的经济资源是(　　)。

A. 预付A公司材料款

B. 将闲置不用的办公楼经营租赁给他人使用

C. 融资租入大型设备

D. 临时租用一辆汽车

10. 下列资产中，流动性最强的是(　　)。

A. 应收账款　　B. 货币资金　　C. 存货　　D. 预付账款

二、多项选择题

1. 企业所有者权益包括(　　)。

A. 资本公积　　B. 未分配利润　　C. 实收资本　　D. 盈余公积

2. 会计科目按经济内容分类，下列属于流动资产的有(　　)。

A. 原材料　　B. 应收账款　　C. 预收账款　　D. 实收资本

E. 生产成本

3. 下列属于资产特征的有(　　)。

A. 资产是企业过去的交易或事项形成的　B. 资产是企业拥有或控制的

C. 资产是预期会给企业带来经济利益的　D. 资产必须是投资者投入的

4. 反映企业财务状况的会计要素包括(　　)。

A. 资产　B. 收入　C. 费用　D. 负债

E. 所有者权益　F. 利润

5. 反映企业经营成果的会计要素包括(　　)。

A. 资产　B. 负债　C. 收入　D. 费用

E. 所有者权益　F. 利润

6. 下列属于流动负债的有(　　)。

A. 短期借款　B. 预付账款　C. 应付账款　D. 应交税费

E. 长期借款

7. 下列说法正确的有(　　)。

A. 所有者权益和负债一样需要企业偿还

B. 所有者能够参与企业利润的分配

C. 发生减资、清算时，企业不需要偿还所有者权益

D. 企业清算时，可以先返还给投资者，然后再偿还债务

8. 下列符合收入定义的有(　　)。

A. 收入是企业在日常活动中形成的　B. 收入会导致所有者权益增加

C. 收入与所有者投入资本无关　D. 收入是经济利益的总流入

9. 下列属于收入的有(　　)。

A. 销售产品　B. 销售材料　C. 罚款收入　D. 接受捐赠

E. 资产出租

10. 下列符合费用定义的有(　　)。

A. 是企业日常活动中发生的　B. 会导致所有者权益减少的

C. 与向所有者分配利润有关的　D. 经济利益的总流出

11. 下列属于费用的有(　　)。

A. 支付借款利息　B. 支付广告费

C. 支付房租费　D. 出纳员短款

12. 下列属于收益性支出的有(　　)。

A. 短期借款利息　B. 购买固定资产支出

C. 购买无形资产支出　D. 当月水电费支出

E. 工资支出

13. 收入可能引起企业(　　)。

A. 资产增加　B. 所有者权益增加

C. 负债增加　D. 负债减少

14. 所有者权益的构成包括(　　)。

A. 所有者投入的资本　B. 直接计入所有者权益的利得

C. 直接计入所有者权益的损失　D. 留存收益

15. 所有者权益与负债有着本质的不同，即(　　)。

A. 两者性质不同

B. 两者享受的权利不同

C. 两者偿还期不同

D. 两者风险程度不同

E. 两者对企业资产要求权的先后顺序不同

三、判断题

1. 企业的收入是指在销售商品、提供劳务以及让渡资产使用权等日常活动中所形成的经济利益的总流入，包括为第三方收取的款项。（　　）

2. 所有者权益是投资者最初投入企业的资本金。（　　）

3. 应付和预收款项是企业的负债。（　　）

4. 收入减去费用后的余额一定为正数。（　　）

5. 资产是企业拥有或控制的具有实物形态的经济资源，该资源预期会给企业带来未来经济利益。（　　）

6. 资产是企业拥有的经济资源。（　　）

技能练习

实训 2.3

【实训目的】 实训会计要素的确认。

【实训任务】 根据资料中的经济业务确定会计要素，并将确定结果填入表 2-39 中。

【实训资料】 大海公司的部分经济内容见表 2-39。

表 2-39　会计要素的确认

序号	经济内容	会计要素
1	存放在银行的货币	
2	存放在企业金库中的货币	
3	接受投资人投资而形成的权益	
4	向银行借款(期限 2 年)而形成的偿还义务	
5	购入以交易为目的的股票	
6	由于购货欠款而形成的偿还义务	
7	由于预收购货单位支付的预购订金而形成的偿还义务	
8	由于欠职工工资而形成的偿还义务	
9	由于销货没收到货款而形成的债权	
10	由于欠税务局的税金而形成的偿还义务	
11	由于职工向企业借款而形成的债权	
12	由于向用户收取包装物押金而形成的偿还义务	
13	企业的厂房、办公楼	
14	库存准备加工床罩用的布料	
15	库存加工完成，准备出售的服装	
16	由于资本溢价而形成的权益	

续表

序号	经济内容	会计要素
17	购入准备持有到期的债券	
18	购入以交易为目的的债券	
19	由于向销货单位支付预购订金而形成的债权	
20	销售床罩而形成的经济利益流入	
21	销售剩余布料而形成的经济利益流入	
22	由于向银行支付利息而形成的经济利益流出	
23	由于支付厂部办公费而形成的经济利益流出	
24	由于支付推销床罩的广告费而形成的经济利益流出	
25	由于收到从被投资单位分得的红利而形成的经济利益流入	
26	企业的机器、设备和汽车	
27	企业的专利权	
28	取得的罚款收入	
29	由于向灾区捐款而形成的经济利益流出	
30	从盈利中提取而形成的权益	
31	本年实现的利润	

任务四 运用会计恒等式

财务负责人让你对公司12月份的部分经济业务根据会计恒等式来分成9大类。

一、静态会计等式

企业要开展生产经营活动，就必须拥有一定量的资产。这些资产都有一定的资金来源，都是由投资人或债权人提供的，所以，投资人和债权人对企业资产都有要求权。这种要求权称为权益。

资产和权益是同一事物(经济资源)的两个侧面，有一定量的资产，就必定有其相应的资金来源；反之，有一定的资金来源，也必然表现为等量的资产。也就是说，资产和权益相互依存，金额相等。这种客观存在的、必然相等的关系，称为会计等式。用公式表示为

资产＝权益

权益包括债权人权益(即企业的负债)和所有者权益，所以，上式具体表示为

资产＝负债＋所有者权益

以上等式是静态会计等式，其反映企业在某一时日的资产、负债和所有者权益三者之间存在的恒等关系。其是复式记账的理论基础，也是企业编制资产负债表的理论依据。

二、动态会计等式

企业的业务经营活动过程也是提供商品或劳务的过程。随着企业日常商品或劳务的提

供，一方面发生了经济利益的流入，形成企业的营业收入；另一方面为取得收入会发生相关的各种经济利益的流出，形成企业的费用。在一定会计期间内，企业没有发生直接计入当期利润的利得和损失时，企业获得的总收入扣除相关的总费用就形成了企业的利润，用公式可表示为

收入－费用＝利润

可见，当总收入大于总费用时，企业的经济利益流入大于经济利益流出，则形成利润；反之，当总收入小于总费用时，企业的经济利益流入小于经济利益流出，则形成负利润(即亏损)。

收入、费用、利润是企业在某一会计期间内累计的实际发生数，是收入、费用、利润在这一年的动态状况。无论三者实际数据如何变化均不会改变“收入－费用＝利润”的平衡关系，只不过是动态的平衡而已。这个动态会计等式是企业编制利润表的基础。

三、会计基本等式的转化形式

由静态会计等式和动态会计等式综合而成的全面反映企业的财务状况和经营成果的等式如下

资产＝负债＋所有者权益＋利润(收入－费用)

或　　　　资产＋费用＝负债＋所有者权益＋收入

在某一时点的资产、负债、所有者权益平衡的基础上，经过某一时期的经营，资产、负债、所有者权益的增减变动会打破旧的平衡关系又建立了某一时点上新的平衡关系，而且，在此期间内，发生了收入和费用并取得了利润。增加收入的同时也增加了资产，费用发生的同时也减少了资产或增加了负债，利润的取得又增加了所有者权益。因此，资产、负债、所有者权益又建立了新的平衡关系。这种新的平衡关系式就反映了会计六要素之间的内在联系。

四、经济业务的发生对会计等式各个要素的影响

企业在经营过程中发生的各种经济活动在会计上称为“经济业务”。经济业务的发生，会引起各项会计要素的增减变动，归纳起来，可以分为以下四大类型(图 2-6)：

(1)资产方与负债及所有者权益方同时等额增加，双方总额相等。

(2)资产方与负债及所有者权益方同时等额减少，双方总额相等。

(3)资产方内部项目有增有减，增减金额相等，双方总额不变。

(4)负债及所有者权益方内部项目有增有减，增减金额相等，双方总额不变。

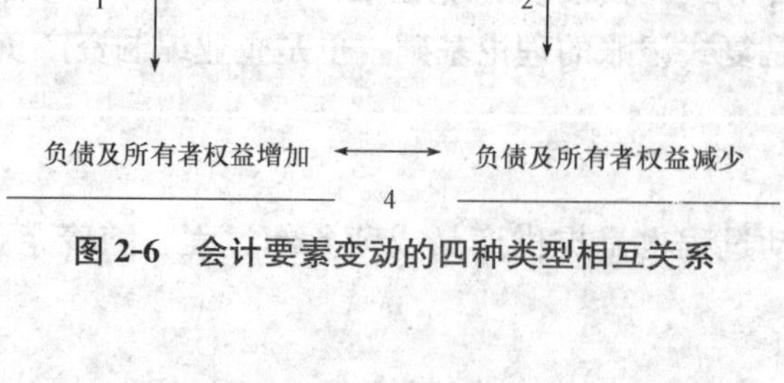

图 2-6　会计要素变动的四种类型相互关系

现对上述增减变动的四种类型举例说明。

【训练 2-10】 大海公司 2014 年 12 月 1 日资产、负债和所有者权益的状况见表 2-40。

表 2-40 资产负债表

2014 年 12 月 1 日 元

资　产		负债及所有者权益	
项　目	金　额	项　目	金　额
库存现金	7 000	负债：	
银行存款	72 000	短期借款	120 000
应收账款	40 000	应付账款	80 000
原材料	40 000	所有者权益：	
固定资产	341 000	实收资本	300 000
合　计	500 000	合　计	500 000

表 2-40 会计等式表明，在 12 月 1 日这个特定时点上，大海公司资产总额为 500 000 元，它来自负债和所有者权益两个方面。其中，债权人享有的资产要求权，即负债总额为 200 000 元；企业投资人享有的资产要求权，即所有者权益总额为 300 000 元。资产总额和权益总额均为 500 000 元，此时，大海公司的资产总额与权益总额相等，会计等式保持平衡关系。上述举例只反映出资产、负债和所有者权益静态的平衡关系，下面将进一步考察四大类经济业务与会计等式的关系。

第一种类型：一项经济业务的发生，引起静态会计等式两端不同属性项目同时增加的变动(资产和权益同时等额增加)。例如，大海公司于 12 月 3 日购买一批原材料，金额为 60 000 元，货款尚未支付。

这项经济业务的发生，使大海公司资产中的“原材料”项目增加了 60 000 元，即由原来的 40 000 元增加到 100 000 元，同时，使公司负债中的“应付账款”项目增加了 60 000 元，即由原来的 80 000 元增加到 140 000 元。增减变化前后的情况见表 2-41。

表 2-41 资产负债表 元

资　产				负债及所有者权益			
项　目	增减前金额	增、减金额	增减后金额	项　目	增减前金额	增、减金额	增减后金额
库存现金	7 000		8 000	负债：			
银行存款	72 000		72 000	短期借款	120 000		120 000
应收账款	40 000		40 000	应付账款	80 000	+60 000	140 000
原材料	40 000	+60 000	100 000	所有者权益：			
固定资产	341 000		341 000	实收资本	300 000		300 000
合　计	500 000	+60 000	560 000	合　计	500 000	+60 000	560 000

从表 2-41 中可以看出，这项经济业务使资产类项目和权益类项目同时增加 60 000 元，双方增加的金额相等，使资产总额和负债及所有者权益总额同时增加到 560 000 元，说明一笔资金进入了企业，使会计等式实现了新的平衡。

第二种类型：一项经济业务的发生，引起会计等式两端不同属性项目同时减少的变动

(资产和权益同时等额减少)。例如，大海公司 12 月 16 日，以银行存款 30 000 元偿还 3 日所欠部分货款。

这项经济业务的发生，使大海公司资产中的“银行存款”项目减少了 30 000 元，即由原来的 72 000 元减少到 42 000 元，同时，使大海公司负债中的“应付账款”项目减少了 30 000 元，即由原来的 140 000 元减少到 110 000 元。增减变化前后的情况见表 2-42。

表 2-42 资产负债表

元

资产				负债及所有者权益			
项目	增减前金额	增、减金额	增减后金额	项目	增减前金额	增、减金额	增减后金额
库存现金	7 000		7 000	负债：			
银行存款	72 000	−30 000	42 000	短期借款	120 000		120 000
应收账款	40 000		40 000	应付账款	140 000	−30 000	110 000
原材料	100 000		100 000	所有者权益：			
固定资产	341 000		341 000	实收资本	300 000		300 000
合计	560 000	−30 000	530 000	合计	560 000	−30 000	530 000

从表 2-42 中可以看出，这项经济业务使资产类项目和权益类项目同时减少 30 000 元，双方减少的金额相等，使资产总额和负债及所有者权益总额同时减少到 530 000 元，说明一笔资金退出了企业，使会计等式又实现了新的平衡。

第三种类型：一项经济业务的发生，引起会计等式左端资产类项目内部之间增加和减少的变动(资产方等额有增有减，权益不变)。例如，大海公司 1 月 20 日，从银行存款中提取现金 8 000 元备用。

这项经济业务的发生，使大海公司资产中的“银行存款”项目减少了 8 000 元，即由原来的 42 000 元减少到 34 000 元，同时，使大海公司资产中的“库存现金”项目增加了 8 000 元，即由原来的 7 000 元增加到 15 000 元。增减变化前后的情况见表 2-43。

表 2-43 资产负债表

元

资产				负债及所有者权益			
项目	增减前金额	增、减金额	增减后金额	项目	增减前金额	增、减金额	增减后金额
库存现金	7 000	+8 000	15 000	负债：			
银行存款	42 000	−8 000	34 000	短期借款	120 000		120 000
应收账款	40 000		40 000	应付账款	110 000		110 000
原材料	100 000		100 000	所有者权益：			
固定资产	341 000		341 000	实收资本	300 000		300 000
合计	530 000	0	530 000	合计	530 000		530 000

从表 2-43 中可以看出，这项经济业务使大海公司的资产项目一增一减，增减的金额相等，因此，大海公司的资产类项目总额不会发生变化。而且，这项经济业务没有涉及负债和所有者权益，不会引起权益总额发生变化。所以，会计等式的平衡关系没变。

第四种类型：一项经济业务的发生，引起会计等式右端权益类(包括负债和所有者权益)账户增加和减少的变动(权益方等额有增有减，资产不变)。例如，大海公司 1 月 25 日，向银行取得临时借款 15 000 元偿还前欠货款。

这项经济业务的发生，使大海公司负债中的“短期借款”项目增加了 15 000 元，即由原来的 120 000 元增加到 135 000 元，同时，使大海公司负债中的“应付账款”项目减少了 15 000 元，即由原来的 110 000 减少到 95 000 元。增减变化前后的情况见表 2-44。

表 2-44　资产负债表　　元

资　产				负债及所有者权益			
项　目	增减前金额	增、减金额	增减后金额	项　目	增减前金额	增、减金额	增减后金额
库存现金	15 000		15 000	负债：			
银行存款	34 000		34 000	短期借款	120 000	+15 000	135 000
应收账款	40 000		40 000	应付账款	110 000	−15 000	95 000
原材料	100 000		100 000	所有者权益：			
固定资产	341 000		341 000	实收资本	300 000		300 000
合　计	530 000		530 000	合　计	530 000	0	530 000

从表 2-44 中可以看出，这项经济业务使权益类项目一增一减，增减的金额相等，因此，权益总额未发生变化，会计等式的平衡关系没变。

从以上举例可以看出，凡是涉及资产和权益双方项目同增或同减的经济业务，如第一和第二大类经济业务，都会使双方原来的总额发生同增或同减的变动，但变动结果双方的总额仍然相等；凡是涉及资产类项目或权益类项目一方内部项目之间增减变动的经济业务，如第三和第四大类经济业务，不但不会影响双方总额的平衡，而且原来的总额也不会发生变动。由此可见，任何一项经济业务的发生，无论资产类项目和权益类项目发生怎样的增减变动，都不会破坏静态会计等式的平衡关系。

如果具体分析经济业务的发生对“资产＝负债＋所有者权益”等式中各项会计要素增减变动的影响，归纳起来可分为以下 9 种类型(图 2-7)：

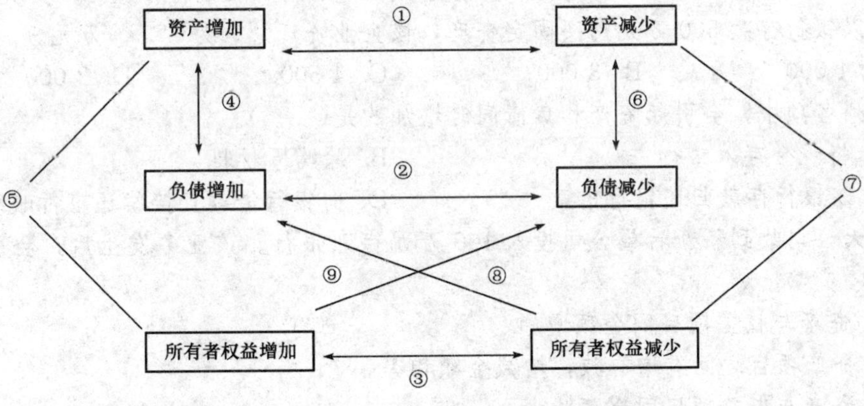

图 2-7　会计要素变动的 9 种类型相互关系

(1)一项资产增加，另一项资产减少。

(2)一项负债增加，另一项负债减少。

(3)一项所有者权益增加，另一项所有者权益减少。

(4)一项资产增加，一项负债增加。

(5)一项资产增加，一项所有者权益增加。

(6)一项资产减少，一项负债减少。

(7)一项资产减少，一项所有者权益减少。

(8)一项负债减少，一项所有者权益增加。

(9)一项负债增加，一项所有者权益减少。

上述九种类型经济业务的发生同样不会破坏“资产＝负债＋所有者权益”会计等式的平衡关系，这里就不论述了。

由此可以得出结论：任何经济业务的发生，都不会破坏会计等式的恒等关系，在任何一个时点上观察资产、负债、所有者权益的静态状况，其数量关系总是保持平衡。因此，会计恒等式既能反映资金运动的起点，又能反映资金运动的终点。其是设置会计科目与账户、复式记账以及编制资产负债表的理论基础。

理论复习

一、单项选择题

1. 某企业向银行借款100万元用于偿还欠外单位货款，该项经济业务将引起企业(　　)。

   A. 资产减少100万元　　B. 负债减少100万元

   C. 资产与负债同时减少100万元　　D. 负债总额不变

2. 某企业接受追加投资180万元，款已收到并存入银行，该项业务使企业(　　)。

   A. 资产增加180万元，同时负债增加180万元

   B. 资产增加180万元，同时所有者权益增加180万元

   C. 所有者权益增加180万元，同时负债增加180万元

   D. 所有者权益增加180万元，同时负债减少180万元

3. 某企业资产总额为5 000万元，负债为1 000万元，以银行存款500万元偿还借款，又以银行存款500万元购买固定资产，该企业资产总额为(　　)万元。

   A. 4 000　　B. 3 000　　C. 4 500　　D. 2 000

4. 下列各项中，会引起资产和负债同时增加的是(　　)。

   A. 将现金存入银行　　B. 赊购原材料

   C. 以银行存款归还银行借款　　D. 向银行借款直接偿还应付账款

5. 蓝天公司收到新新希望公司投入100万元存入银行。该业务发生后，会引起蓝天公司(　　)。

   A. 资产与权益项目同金额增加

   B. 资产项目之间有增有减，增减金额相等

   C. 资产与权益项目同金额减少

   D. 权益项目之间有增有减，增减金额相等

6. 资产、负债、所有者权益三要素是企业资金运动的(　　)。

   A. 静态表现　　B. 动态变现　　C. 综合表现　　D. 以上均不正确

7. 下列经济业务中，会引起一项负债减少，而另一项负债增加的经济业务是(　　)。

   A. 用银行存款购买材料　　B. 用银行存款偿还银行借款

C. 向银行借款偿还应付账款　　D. 从银行借款 50 万元存入银行存款户

8. 一项资产增加，不可能引起(　　)。

A. 另一项资产的减少　　B. 一项负债的增加

C. 一项所有者权益的增加　　D. 一项负债的减少

二、多项选择题

1. 下列只能引起资产内部不同项目发生增减变动的经济业务事项有(　　)。

A. 从银行取得长期借款 3 万元存入银行　　B. 从银行提取现金 1 000 元

C. 用银行存款 80 000 元购入汽车一辆　　D. 用银行存款偿还前欠货款

2. 一项所有者权益减少的同时，可能会引起(　　)。

A. 一项资产增加　　B. 一项负债增加

C. 一项负债减少　　D. 一项资产减少

E. 另一项所有者权益增加

3. 甲企业用银行存款向乙企业投资 100 万元，下列表述正确的有(　　)。

A. 乙企业资产增加，所有者权益增加

B. 甲企业一项资产减少，另一项资产增加

C. 甲企业所有者权益增加，资产减少

D. 乙企业一项资产增加，另一项资产减少

4. 经济业务无论怎样复杂，均可概括为(　　)。

A. 权益内部有增有减，总额不变　　B. 资产与权益同时增加，总额增加

C. 资产内部有增有减，总额不变　　D. 资产与权益同时减少，总额不变

三、判断题

1. 企业发生任何经济业务，会计等式的左右两边金额永远不变，故永远相等。(　　)

2. 将资本公积转增资本会引起会计等式两边增减变动。(　　)

3. 收入、费用和利润三项会计要素表现相对静止状态的资金运动，能够反映企业的财务状况。(　　)

4. 所有经济业务的发生，都会引起会计恒等式两边同时发生变化。(　　)

5. 所有者权益和负债都是企业资产的来源。(　　)

6. 资产项目和权益项目此增彼减，会计等式左右两方总额不变，仍保持平衡。(　　)

7. 企业的资产总额与所有者权益总额存在着必然相等的关系。(　　)

技能练习

实训 2.4

【实训目的】 了解经济业务的发生对会计等式的影响。

【实训任务】 分析实训资料(2)中各项经济业务引起会计要素何种项目发生增减变动及其数额，填入表 2-45 相应项目的“增、减金额”栏内，并计算出该项目增减后金额填入“增减后金额”栏内，证明各项经济业务发生后，不会破坏会计等式“资产＝负债＋所有者权益”的平衡关系。

【实训资料】

(1)大海公司在某一期间有关会计要素各项目增减变动前的金额见表 2-45。

表 2-45 资产负债表

资产					负债及所有者权益				
项目	增减前金额	增加金额	减少金额	增减后金额	项目	增减前金额	增加金额	减少金额	增减后金额
库存现金	50 000.00				负债：				
银行存款	8 000.00				短期借款	100 000.00			
应收账款	2 000.00				应付账款	15 000.00			
原材料	5 000.00				长期借款	50 000.00			
固定资产	250 000.00				所有者权益：				
					实收资本	100 000.00			
					盈余公积	50 000.00			
合计	315 000.00				合计	315 000.00			

(2)该公司在该期间发生下列经济业务：

1)收到客户归还的销货款 2 000 元存入银行。

2)以银行存款偿还银行借款(期限 6 个月)5 000 元。

3)向银行借款(期限 9 个月)15 000 元，直接偿还前欠辽阳纺织厂购料款。

4)以库存现金购入甲材料计 10 000 元。

5)投资者投入新设备(固定资产)1 台，价值 50 000 元。

6)向银行借入借款(期限 2 年)30 000 元，存入银行。

7)用盈余公积金转作资本 30 000 元。

8)经批准，用银行存款归还所有者张三股金 20 000 元。

9)将长期借款 10 000 元转为投入资本。

10)向银行提取现金 800 元。

任务五 设置会计科目和账户

财务负责人给你一张会计科目表，让你挑选适合大海公司使用的会计科目，并设置相关账户。

一、认知会计科目

(一)会计科目的概念

会计科目是指对会计要素的具体内容进行分类核算的项目。会计的基本职能是会计核算和会计监督，而会计核算和监督的具体内容是会计对象，会计对象的具体化是会计要素，会计要素的具体内容是会计科目。企业在生产经营过程中发生的各种各样的经济业务必定引起会计要素的增减变动。各项会计要素既有共同点，也有不同点，例如，企业的房屋、建筑物、机器设备、各种原材料、辅助材料、燃料等，都是企业的资产，但它们具有各自不同的特点，并在生产中所起的作用不同，因此，对它们的增减变动情况，会计上应当分别加以核算和监督。对房屋、建筑物、机器设备设置"固定资产"科目进行反映和监督；对原材料、辅助材料、燃料，设置"原材料"科目进行反映和监督。对于各种不同的负债，按照债权人和偿还期限的不同，分别设置"短期借款""应付账款""长期借款"等科目进行反映和监督。对于所有者权益，按照其形成来源和性质的不同，也分别设置"实收资本""资本公积""盈余公积"等科目进行反映和监督。

会计科目是设置账户、处理账务所必须遵守的规则和依据。设置会计科目是正确地组织会计核算的一个重要条件，也是会计核算的一种专门方法。

(二)会计科目的设置原则

分类是管理的一种形式，会计科目作为分类信息项目或标志，分类的正确与否决定着会计信息的科学性、系统性和适用性。为了使各个企业提供的会计信息能尽可能地科学、系统和适用，会计科目必须根据一定的原则来设置。设置会计科目应遵循以下原则：

(1)合法性的原则。合法性的原则是指所设置的会计科目应当符合国家统一的会计制度的规定。

(2)相关性的原则。相关性的原则是指所设置的会计科目应为提供有关各方所需要的会计信息服务，满足对外报告与对内管理的要求。

(3)实用性的原则。实用性的原则是指所设置的会计科目应符合单位自身特点，满足单位实际需要。

另外，为了便于编制会计凭证，登记会计账簿，查阅账目和实行会计电算化，国家制定了统一的会计科目编号。会计科目编号是会计科目的数字代码。总分类科目的编号一般为四位数码，其中，首位数字表示大类或会计要素，如"1"表示资产类，"2"表示负债类，"4"表示所有者权益类，"5"表示成本类，"6"表示损益类；第二位数字表示大类下的小类；剩余两位数字为流水号。四位数字组合起来表示具体的会计科目。单位在填制会计凭证、登记会计账簿时，应当填列会计科目的名称，或者同时填列会计科目的名称和编号，不应当只填科目编号，不填科目名称。

(三)会计科目的分类

为了在会计核算中正确地运用好会计科目，必须对会计科目进行科学的分类。会计科目的分类标准一般有两个，即按其所归属的会计要素不同(经济内容不同)分类和按其所提供信息的详细程度及其统驭关系不同分类。

1. 按其所归属的会计要素不同分类

会计科目按其所归属的会计要素不同分类(也称按经济内容分类，会计科目的经济内容就是会计对象的具体内容，也就是会计要素)，可以分为资产类、负债类、所有者权益类、成本类和损益类五类。其中，资产类科目按资产的流动性，可分为反映流动资产的科目和反映非流动资产的科目；负债类科目按负债的偿还期限，可分为反映流动负债的科目和反映长期负债的科目；所有者权益类科目按所有者权益的形成和性质，可分为反映资本的科目和反映留存收益的科目；成本类科目按成本内容和性质的不同，可分为反映制造成本的科目和反映劳务成本的科目；损益类科目按损益的不同内容，可分为反映收入的科目和反映费用的科目。

2. 按其所提供信息的详细程度及其统驭关系不同分类

会计科目按其所提供信息的详细程度及其统驭关系不同分类，可以分为总分类科目和明细分类科目。对于明细科目较多的总账科目，可在总分类科目与明细科目之间设置二级或多级科目。

(1)总分类科目。总分类科目也称一级科目或总账科目，其是对会计要素具体内容进行总括分类、提供总括信息的会计科目；总分类科目反映各种经济业务的概括情况，是进行总分类核算的依据。总分类科目提供的核算指标基本上能够满足企业外部有关方面的需要。为了满足国家宏观经济管理的需要，一级科目原则上由国家统一规定。

(2)明细分类科目。明细分类科目也称明细科目，是对总分类科目作进一步分类、提供更详细更具体会计信息的科目。其又可进一步分为二级科目和三级科目。

1)二级科目。二级科目也称子目，是指在一级科目的基础上，对一级科目所反映的经济内容进行较为详细分类的会计科目。有些二级科目原则上也是由国家统一规定的。例如，“应交税费”一级科目下应设“应交增值税”“应交城市维护建设税”等二级科目；有些二级科目是企业根据经营管理需要自行设置的。例如，在“原材料”科目下，按材料类别开设“原料及主要材料”“辅助材料”“燃料”等二级科目。

2)三级科目。三级科目也称细目，是指在二级科目的基础上，对二级科目所反映的经济内容进一步详细分类的会计科目。例如，在“原料及主要材料”二级科目下，按材料的品种、规格开设“甲材料”“乙材料”等三级科目。大多数的明细科目是由企业根据经营管理的需要自行设置的。但也有的明细科目是国家统一规定的，例如，“应交税费”是一级科目，下设“应交增值税”二级科目，在“应交增值税”二级科目下设“进项税额”“销项税额”等三级科目。

应当说明的是，并不是所有的一级科目都需分设二级和三级科目，根据信息使用者所需不同信息的详细程度，有些只需设一级科目，有些需设一级和二级科目，而不需要设置三级科目。

(3)总分类科目和明细分类科目的关系。总分类科目概括地反映会计对象的具体内容；明细分类科目详细地反映会计对象的具体内容。总分类科目对明细分类科目具有统驭和控制作用；而明细分类科目是对其所属的总分类科目的补充和说明。

(四)会计科目表

我国会计科目表是由财政部统一规定的。根据《企业会计准则——应用指南》(中华人民共和国财政部制定 2006)中的会计科目表，结合会计基本理论和基本技能学习的需要，本书列举了其中常用的主要会计科目编制会计科目表，见表 2-46。

表 2-46 会计科目表

编号	名称	编号	名称
	一、资产类	2231	应付利息
1001	库存现金	2232	应付股利
1002	银行存款	2241	其他应付款
1101	交易性金融资产	2501	长期借款
1121	应收票据	2502	应付债券

续表

编号	名　称	编号	名　称
1122	应收账款	2701	长期应付款
1123	预付账款		三、所有者权益类
1131	应收股利	4001	实收资本
1132	应收利息	4002	资本公积
1221	其他应收款	4101	盈余公积
1231	坏账准备	4103	本年利润
1402	在途物资	4104	利润分配
1403	原材料		四、成本类
1405	库存商品	5001	生产成本
1501	持有至到期投资	5101	制造费用
1511	长期股权投资		五、损益类
1601	固定资产	6001	主营业务收入
1602	累计折旧	6051	其他业务收入
1604	在建工程	6111	投资收益
1701	无形资产	6301	营业外收入
1801	长期待摊费用	6401	主营业务成本
1901	待处理财产损溢	6402	其他业务成本
	二、负债类	6403	营业税金及附加
2001	短期借款	6601	销售费用
2201	应付票据	6602	管理费用
2202	应付账款	6603	财务费用
2203	预收账款	6711	营业外支出
2211	应付职工薪酬	6801	所得税费用
2221	应交税费	6901	以前年度损益调整

二、认知账户

(一)账户的概念

账户是根据会计科目设置的，具有一定格式和结构，用于分类反映会计要素增减变动情况及其结果的载体。设置账户是会计核算的重要方法之一。会计科目只是对会计对象的具体内容进行分类，即对会计要素的分类，其仅规定了会计核算的具体内容。但只有分类的名称，还不能提供任何指标，也就不能真实地记录和反映每一笔经济业务增减变化及其连续性，因此，会计上对所需的具体数据资料，就要通过有关的账户来进行登记和积累，各单位必须在设置会计科目的基础上，建立相应的账户。

(二)账户的基本结构和格式、内容

1. 账户的基本结构和格式

账户是分类记录经济业务，反映会计要素的具体内容增减变化及其结果的。因此，随

着企业单位会计事项的不断发生，会计要素的具体内容就必然随之发生变化，而且这种变化不管多么错综复杂，从数量上看不外乎增加和减少两种情况。所以，用来积累企业在某一会计期间各种有关数据的账户，在结构上应分为左方、右方两个方向，一方登记增加，另一方登记减少。至于哪一方登记增加、哪一方登记减少，取决于所记录经济业务和账户的性质。这就是账户的基本结构。

会计账户的基本格式是 T 字式，又称丁字式，任何格式都是在此基础上发展起来的。目前，T 字式账户为教学所用，实务中常用的是三栏式。“T”字式账户的格式如图 2-8 所示。

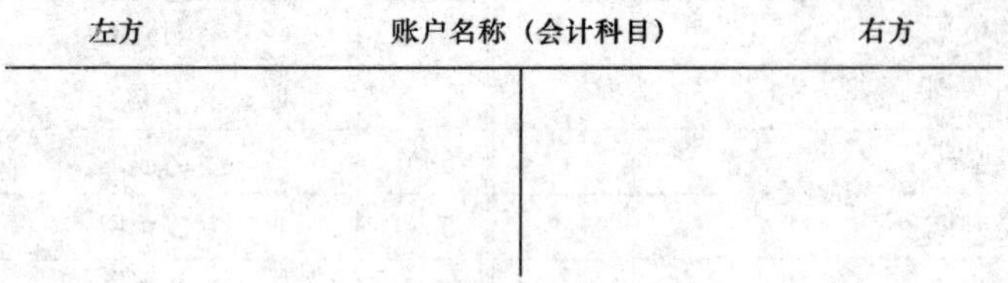

图 2-8 “T”字式账户的格式

2. 账户的内容

对于一个完整的账户而言，除必须有反映增加数和减少数两栏外，还应包括其他栏目，反映其他相关内容。一般应包括以下几项：

(1)账户名称(会计科目)；

(2)记录经济业务的日期；

(3)经济业务摘要；

(4)所依据记账凭证编号；

(5)增加额、减少额和余额。

在企业会计工作的实务中，账户的基本结构见表 2-47。

表 2-47 账　户

账户名称：

年		凭证编号	摘　要	左方	右方	余额
月	日					

每个账户一般有四个金额要素，即期初余额、本期增加发生额、本期减少发生额和期末余额。账户如有期初余额，首先应当在记录增加额的那一方登记，会计事项发生后，要将增减内容记录在相应的栏目内。在一个期间内，登记本期增加的金额称为本期增加发生额；登记本期减少的金额，称为本期减少发生额；增减相抵后的差额，称为余额。余额按照表示的时间不同，可分为期初余额和期末余额。其基本关系如下：

期末余额＝期初余额＋本期增加发生额－本期减少发生额

账户本期的期末余额转入下期，即为下期的期初余额。每个账户的本期发生额反映的是该类经济内容在本期内变动的情况，而期末余额则反映变动的结果。例如，大海公司 2014 年 12 月 1 日有库存现金 600 元，5 日收到现金 300 元，10 日支付现金 300 元，16 日收到现金 500 元，27 日支付现金 700 元。该公司 12 月份“库存现金”账户记录见表 2-48。

表 2-48　该公司 12 月份“库存现金”账户记录

期初余额	600.00		
5 日增加	300.00	10 日减少	300.00
16 日增加	500.00	27 日减少	700.00
本期增加发生额	800.00	本期减少发生额	1 000.00
期末余额	400.00		

期末余额＝600＋800－1 000＝400(元)

(三)会计科目与账户的联系和区别

会计科目与账户都是对会计对象具体内容的科学分类，两者口径一致，性质相同。会计科目是账户的名称，也是设置账户的依据；账户是会计科目的具体运用。没有会计科目，账户便失去了设置的依据；没有账户，就无法发挥会计科目的作用。两者的区别是：会计科目仅仅是账户的名称，不存在结构；而账户则具有一定的格式和结构，可以登记会计要素某一项目在金额方面的增减变化及其结果。在实际工作中，对会计科目和账户不加严格区分，而是相互通用。

(四)账户的分类

为了在会计核算中正确地运用好账户，必须对账户进行科学的分类。账户的分类标准一般有以下几种方式。

1. 按其所提供信息的详细程度及其统驭关系不同分类

账户按其所提供信息的详细程度及其统驭关系不同分类，可分为总分类账户和明细分类账户两类。总分类账户是指根据总分类科目设置的，用于对会计要素具体内容进行总括分类核算的账户，简称总账账户或总账；明细分类账户是根据明细分类科目设置的、用来对会计要素具体内容进行明细分类核算的账户，简称明细账。总账账户称为一级账户，总账以下的账户称为明细账户。

总分类账户提供各种总括分类的核算资料。每个企业都要根据本企业的业务特点设置若干总分类账户；明细分类账户提供各种具体的、详细的分类核算资料。在实际工作中除少数总分类账户，如“本年利润”账户等不开设明细分类账户外，多数总分类账户都必须设置明细分类账户。明细分类账户是企业根据经营管理的实际需要和经济业务的具体内容自行设置的。在某一总分类账户的基础上可以增设二级账户、三级账户。如企业的原材料类别品种较多，为便于管理，可在“原材料”总分类账户下，按原材料的类别设置“原料及主要材料”“辅助材料”“燃料”等二级账户，在二级账户下再按原材料的品种设置明细分类账户。现以原材料为例，说明总分类账户与明细分类账户之间的关系，见表 2-49。

表 2-49　总分类账户和明细分类账户的举例

总分类账户（一级账户）	明细分类账户	
	二级账户	三级账户
原材料（80 000 元）	原料及主要材料（60 000 元）	圆　钢（50 000 元） 角　钢（10 000 元）
	辅助材料（10 000 元）	机　油（7 000 元） 防锈剂（3 000 元）
	燃　料（10 000 元）	汽　油（5 000 元） 柴　油（5 000 元）

总分类账户和明细分类账户的关系是：总分类账户和明细分类账户所记录的经济业务内容是相同的，只是提供数据资料的详细程度有所区别。总分类账户提供的是总括的核算指标；明细分类账户提供的是比较详细的核算指标。总分类账户对其所属的明细分类账户起着统驭和控制作用；而明细分类账户对其所对应的总分类账户起着补充说明的作用。

2. 按其所反映的经济内容分类

账户按其所反映的经济内容分类是账户最基本的分类方法。账户按内容分类就是按其所归属的会计要素不同分类，与会计科目按其所归属的会计要素不同分类一样，账户也相应划分为资产类账户、负债类账户、所有者权益类账户、成本类账户和损益类账户五大类。

3. 按用途分类

账户按经济内容的分类是最基本的、主要的分类，而账户按用途分类也是必要的，并且是对按经济内容分类的补充。为了科学地管理和运用账户，掌握账户在提供核算指标方面的规律性，就需要在按经济内容分类的基础上，进一步研究按用途的分类。

账户按用途分类，一般可分为盘存类账户、权益类账户、结算类账户、跨期摊配类账户、调整类账户、集合分配类账户、成本计算类账户、期间类账户和财务成果类账户等。

(1)盘存类账户。盘存类账户是指用以核算和监督各项财产物资与货币资金增减变动情况及其结存数额的账户。这类账户包括“库存现金”“银行存款”“在途物资”“原材料”“库存商品”“交易性金融资产”“固定资产”等账户。

(2)权益类账户。权益类账户是指用来核算和监督企业所有者权益增减变化及其实有数额的账户。这类账户包括“实收资本”“资本公积”“盈余公积”等账户。

(3)结算类账户。结算类账户是指用来核算和监督企业同其他单位或个人之间发生的债权、债务结算情况的账户。这类账户包括“应收账款”“预付账款”“其他应收款”“应付账款”“预收账款”“其他应付款”“应付职工薪酬”“应交税费”“应付债券”“长期应付款”等账户。

(4)跨期摊配类账户。跨期摊配类账户是指用以核算和监督应由几个会计期间共同负担的费用，并将这些费用在各个会计期间分配的账户。这类账户包括“长期待摊费用”等账户。

(5)调整类账户。调整类账户是指用于调整某个账户（即被调整账户）的余额，以表明被调整账户的实际余额而开设的账户。把反映原始指标的账户称为被调整账户；对被调整账户进行调整的账户称为调整账户。如“累计折旧”账户就是一个典型的调整账户，其与“固定资产”账户之间的关系，就是调整与被调整的关系。

(6)集合分配类账户。集合分配类账户是指用来归集和分配生产经营过程中某一阶段所发生的成本费用，并借以核算和监督该阶段费用预算执行情况和费用分配情况的账户。如“制造费用”账户就是一个集合分配类账户。

(7)成本计算类账户。成本计算类账户是指用来核算和监督企业在生产经营过程中某一经营阶段所发生的全部费用，并借以确定该过程各成本计算对象实际总成本和单位成本的账户。这类账户包括“在途物资”“生产成本”等账户。

(8)期间类账户。期间类账户是指用来归集企业在某一期间内从事经营活动或其他活动的某种收入或费用的账户。期间类账户又可分为期间收入账户和期间费用账户。期间收入账户包括“主营业务收入”“其他业务收入”等账户；期间费用账户包括“主营业务成本”“营业税金及附加”“其他业务成本”“销售费用”“管理费用”“财务费用”“营业外支出”“所得税费用”等账户。

(9)财务成果类账户。财务成果类账户是指用来计算并反映一定期间企业全部经营业务活动的最终成果，并确定企业利润或亏损数额的账户。这类账户主要有“本年利润”等账户。

理论复习

一、单项选择题

1.“累计折旧”账户按其所反映的经济内容属于(　　)账户。

A. 资产类　　B. 负债类

C. 所有者权益类　　D. 成本类

2. 会计科目是对(　　)的具体内容进行分类核算的项目。

A. 会计对象　　B. 会计要素

C. 资金运动　　D. 会计账户

3. 账户是根据(　　)设置的，具有一定的格式和结构，用于分类反映会计要素增减变动情况及其结果的载体。

A. 会计对象　　B. 会计要素

C. 会计科目　　D. 会计账簿

4. 下列对会计账户的四个金额要素之间基本关系表述正确的是(　　)。

A. 期初余额＝期末余额＋本期增加发生额－本期减少发生额

B. 期末余额＝期初余额＋本期增加发生额－本期减少发生额

C. 期末余额＝期初余额－本期增加发生额＋本期减少发生额

D. 期末余额＝期初余额－本期增加发生额－本期减少发生额

5. 会计科目与账户的联系表现在(　　)。

A. 两者体现的经济内容是一致的

B. 两者结构一致

C. 两者登记依据一致

D. 两者均能记录、加工、整理、汇总会计信息

6. 会计科目与账户的本质区别在于(　　)。

A. 反映的经济内容不同　　B. 记录资产和权益的方法不同

C. 记录资产和签约内容不同　　D. 会计账户有结构，而会计科目无结构

7. 设置会计科目和账户是对(　　)的具体内容进行分类核实和监督的一种专门方法。

A. 资产　　B. 会计任务　　C. 会计对象　　D. 会计要素

8. 关于会计科目的叙述，下列说法不正确的是(　　)。

A. 会计科目是对会计要素的进一步分类

B. 会计科目按其所提供信息的详细程度不同，可分为总分类科目和明细分类科目

C. 会计科目可以根据企业的具体情况自行设定

D. 会计科目是复式记账和编制记账凭证的基础

9.“其他业务成本”科目按其所归属的会计要素不同，属于(　　)类科目。

A. 成本　　B. 资产　　C. 损益　　D. 所有者权益

二、多项选择题

1. 下列属于成本类会计科目的有(　　)。

A. 管理费用　　B. 制造费用　　C. 财务费用　　D. 生产成本

2. 下列账户中，属于债务结算账户的有(　　)。

A.“预付账款”　　B.“预收账款”　　C.“应交税费”　　D.“其他应收款”

3. 会计科目按其提供信息的详细程度及其统驭关系不同，分为(　　)。

A. 明细分类科目　　B. 总分类科目　　C. 损益类科目　　D. 成本类科目

4. 下列属于损益类科目的有(　　)。

A. 销售费用　　B. 主营业务收入　　C. 管理费用　　D. 本年利润

E. 营业外支出

5. 下列属于资产类科目的有(　　)。

A. 短期借款　　B. 实收资本　　C. 应收账款　　D. 材料采购

E. 长期待摊费用

6. 下列属于结算账户的有(　　)。

A.“应收账款”　　B.“应付工资”　　C.“应交税金”　　D.“应付账款”

7. 账户一般可以提供的金额指标有(　　)。

A. 期初余额　　B. 本期增加发生额　　C. 期中余额　　D. 本期减少发生额

E. 期末余额

8. 工业企业会计中的“原材料”账户属于(　　)。

A. 总分类账户　　B. 明细分类账户　　C. 资产类账户　　D. 一级账户

9. 下列属于总分类科目的有(　　)。

A. 其他货币资金　　B. 主营业务成本　　C. 其他应收款　　D. 银行本票存款

10. 企业在设置会计科目时，应遵循的原则有(　　)。

A. 合法性原则　　B. 相关性原则　　C. 实用性原则　　D. 合理性原则

三、判断题

1. 所有企业设置的会计科目都是一样的。(　　)

2. 所有的总分类账户都需要设置明细分类账户。(　　)

3. 账户中本期增加发生额是增减相抵后的净增加额。(　　)

4. 会计科目设置得越多越好。 （　）

5. 账户与会计科目都是会计对象具体内容的科学分类，两者口径一致，但性质不同。（　）

6. 账户是根据会计科目设置的。 （　）

7. 会计科目与同名称的账户反映的经济内容是相同的。 （　）

8. 科目一般分到三级，不是越多越好。 （　）

9. 制造费用属于期间费用。 （　）

10. 盈余公积账户属于利润类账户。 （　）

技能练习

实训 2.5

【实训目的】 实训会计科目的确认与分类。

【实训任务】

(1)指出资料中各项经济内容应用的会计科目，并填入表 2-50 中。

(2)指出所确认的会计科目按其所归属的会计要素不同(经济内容不同)的分类，并将所属的类别名称填入表 2-50 中。

【实训资料】 大海公司的经济内容资料见表 2-50。

表 2-50　大海公司的经济内容资料

序号	经济内容	会计科目	按经济内容分类
1	存放在银行的货币		
2	存放在企业金库中的货币		
3	接受投资人投资而形成的权益		
4	向银行借款(期限 9 个月)而形成的偿还义务		
5	向银行借款(期限 2 年)而形成的偿还义务		
6	由于购货欠款而形成的偿还义务		
7	由于预收购货单位支付的预购订金而形成的偿还义务		
8	由于欠职工工资而形成的偿还义务		
9	由于销货没收到货款而形成的债权		
10	由于职工向企业借款而形成的债权		
11	企业的厂房、办公楼		
12	库存准备加工被罩用的布料		
13	库存加工完成，准备出售的床罩		
14	由于资本溢价而形成的权益		
15	销售被罩而形成的经济利益流入		
16	销售剩余布料而形成的经济利益流入		
17	由于向银行支付利息而形成的经济利益流出		

续表

序号	经济内容	会计科目	按经济内容分类
18	由于支付厂部办公费而形成的经济利益流出		
19	正在加工中的被罩(在产品属于生产成本科目)		
20	企业的机器、设备和汽车		
21	企业的专利权		
22	取得的罚款收入		
23	由于向灾区捐款而形成的经济利益流出		
24	本年实现的利润		
25	由于支付广告费而形成的经济利益流出		
26	由于火灾而形成的损失		
27	由于支付罚款而形成的经济利益流出		

实训 2.6

【实训目的】 实训会计科目按提供信息详细程度及其统驭关系的分类。

【实训任务】 列明实训资料中经济业务所涉及的总账会计科目和明细科目。

【实训资料】

(1)某工厂购入生产用钢材，A 型钢 10 吨，单价 3 540 元，B 型钢 8 吨，单价 4 500 元；

(2)该工厂生产过程完工，共生产甲产品 100 件，单位成本 3 000 元；

(3)该工厂在采购过程中因资金紧张，货款未付，共欠 A 公司货款 20 000 元，B 工厂货款 6 000 元。

实训 2.7

【实训目的】 实训会计科目及其分类。

【实训任务】 列明各资料中每笔经济业务所涉及的会计科目名称及其类别。

【实训资料】 大海公司 12 月发生下列经济业务：

(1)以银行存款购买花布一批入库，材料金额为 6 000 元。

(2)收到振兴工厂所欠货款 5 700 元，存入银行。

(3)以银行存款 3 000 元归还到期的银行借款(借款期为半年)。

(4)将现金 1 000 元存入银行。

(5)收到投资者投入资本 150 000 元，存入银行。

实训 2.8

【实训目的】 实训账户按其所归属的会计要素不同(经济内容不同)的分类。

【实训任务】 将资料中的账户，分别按经济内容和用途分类，并将分类结果填入表 2-51中。

【实训资料】 某企业所运用的账户见表 2-51。

表 2-51　某企业所运用的账户

序号	账户名称	账户按经济分类	账户按用途分类
1	库存现金		
2	银行存款		
3	管理费用		
4	应收账款		
5	其他应收款		
6	财务费用		
7	预付账款		
8	生产成本		
9	原材料		
10	应付职工薪酬		
11	库存商品		
12	固定资产		
13	累计折旧		
14	实收资本		
15	资本公积		
16	制造费用		
17	无形资产		
18	盈余公积		
19	应交税费		
20	长期待摊费用		
21	其他业务收入		
22	应付账款		
23	预收账款		
24	销售费用		

任务六　掌握借贷记账法的原理和编制会计分录

财务负责人让你对公司 12 月份的部分经济业务编制会计分录。

一、认知复式记账法

在设置完账户后，就可以应用账户，采用一定的记账方法对会计主体所发生的经济业务进行具体处理。所谓记账方法，是指根据一定的原理，按照一定的记账规则，采用一定的记账符号和计量单位，借助于文字和数字记录所发生经济业务的一种技术方法。

(1)单式记账法。单式记账法是指对发生的经济业务通常只在一个账户中进行记录的记账方法。

单式记账法是一种比较简单、不完整的记账方法。在发生经济业务时，通常只登记现金、银行存款的收付以及债权债务的结算业务，一般也只设置“现金”“银行存款”“应收账款”“应付账款”等账户，没有一套完整的账户体系，各个账户之间也互不联系。所以，采用单式记账法不能全面、系统地反映会计主体经济业务的来龙去脉，也不便于检查账户记录的正确性，目前这种方法已很少采用。

(2)复式记账法。复式记账法是指对每一项经济业务都要以相等的金额，同时，在两个或两个以上相互联系的账户中进行登记的记账方法。

复式记账法是一种科学的记账方法，其需要设置完整的账户体系，对每项经济业务都要以相等金额在两个或两个以上的账户中进行双重登记。这样，不仅可以清晰地反映每项经济业务的来龙去脉，还可以通过账户记录，全面、系统地反映各会计要素有关具体项目的增减变动及其结果；同时，由于对每项经济业务都以相等金额进行分类登记入账，因此，可以使全部账户左右双方的发生额和余额的合计数自动平衡，利用这种平衡关系对账户记录进行试算平衡，可以检查账户记录的完整性和正确性。

复式记账法的种类如图 2-9 所示。

种类
- 借贷记账法——以“借”和“贷”作为记账符号。以“有借必有贷，借贷必相等”，作为记账规则
- 收付记账法——以“收”和“付”作为记账符号。以“同收同付，有收有付”，作为记账规则
- 增减记账法——以“增”和“减”作为记账符号。以“同类账户，有增有减”，“异类账户同增同减”作为记账规则

图 2-9　复式记账法的种类

二、掌握借贷记账法

借贷记账法是全世界普遍采用的复式记账法，其是以“借”“贷”二字为记账符号，以“有借必有贷，借贷必相等”为记账规则记录经济业务的一种复式记账法。

(一)借贷记账法的基本内容

用“借”和“贷”作为记账符号。“借”和“贷”是记账的符号，其含义因账户性质而异。

在借贷记账法下，账户的左方称为借方，右方称为贷方。所有账户的借方和贷方都要按相反的方向记录其增减变动，即一方登记增加额，另一方登记减少额。账户的期初、期末余额一般应与记增加额同一方向。至于账户的哪一方记增加额，哪一方记减少额，则取决于账户所要反映的性质及结构。资产类账户与权益类账户的结构截然相反。资产类账户的借方表示增加、贷方表示减少，期初、期末余额均在借方；权益类账户的贷方表示增加、借方表示减少，期初期末余额均在贷方。

在借贷记账法下，账户的基本结构可用表 2-52 表示。

表 2-52　借贷记账法账户的基本结构

账户类别	借方登记	贷方登记	余额借贷方向
资产类账户	增加	减少	借方

续表

账户类别	借方登记	贷方登记	余额借贷方向
负债类账户	减少	增加	贷方
所有者权益类账户	减少	增加	贷方
成本类账户	增加	结转(减少)	借方
收入类账户	结转(减少)	增加	贷方(一般无余额)
费用类账户	增加	费用结转	借方(一般无余额)

(1)资产类账户的结构。资产类账户，借方登记资产的增加额，贷方登记资产的减少额，期末余额一般为借方余额，表示期末资产实有数额。每一会计期间借方记录的金额合计称为借方本期发生额；贷方记录的金额合计称为贷方本期发生额。资产类账户的期末余额可根据下列公式计算：

资产类账户期末余额＝期初余额＋本期借方发生额－本期贷方发生额

资产类账户的结构如图 2-10 所示。

(2)成本费用类账户的结构。成本费用类账户，借方登记成本费用的增加额，贷方登记成本费用的减少额或结转额，期末一般没有余额。如有余额在借方，表示在产品成本。成本费用类账户的结构如图 2-11 所示。

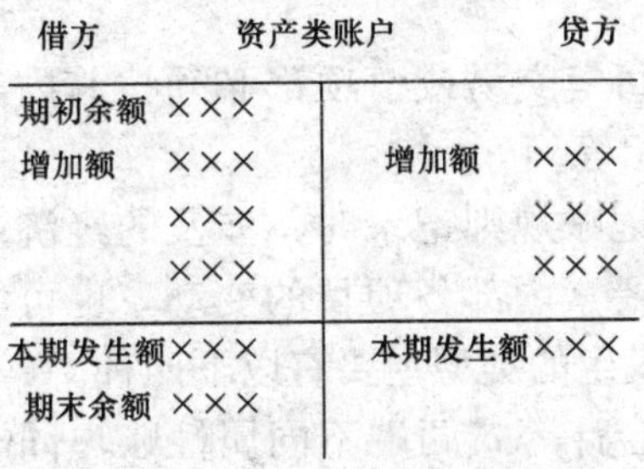

图 2-10　资产类账户的结构图

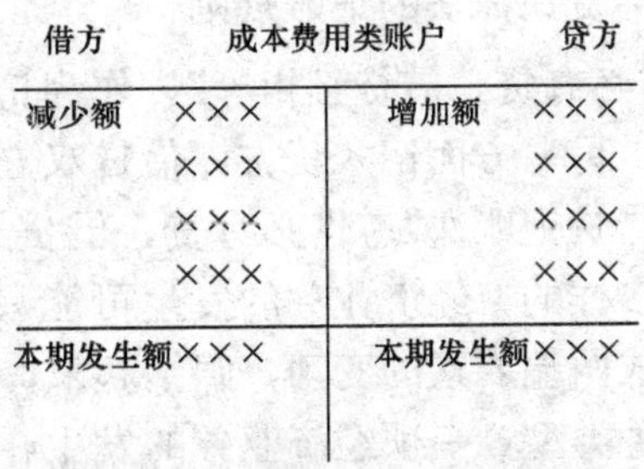

图 2-11　成本费用类账户的结构图

(3)负债类账户的结构。负债类账户，贷方登记负债的增加额，借方登记负债的减少额，期末余额一般为贷方余额，表示期末负债实有数额。负债类账户期末余额可根据下列公式计算：

负债类账户期末余额＝期初余额＋本期贷方发生额－本期借方发生额

负债类账户的结构如图 2-12 所示。

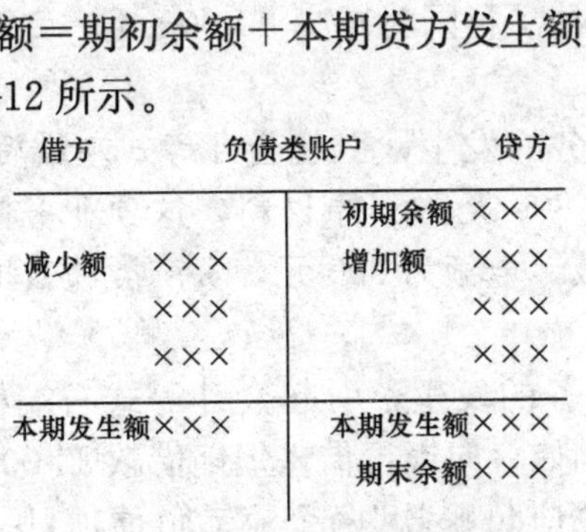

图 2-12　负债类账户的结构图

(4)所有者权益账户结构。所有者权益类账户，贷方登记所有者权益的增加额，借方登记所有者权益的减少额，期末余额一般为贷方余额，表示期末所有者权益的实有数额。所有者权益类账户期末余额可根据下列公式计算：

所有者权益类账户期末余额＝期初余额＋本期贷方发生额－本期借方发生额

所有者权益类账户的结构如图 2-13 所示。

(5)收入类账户结构。收入类账户，贷方登记收入的增加额，借方登记收入的减少额或结转额，期末一般无余额。

收入类账户的结构如图 2-14 所示。

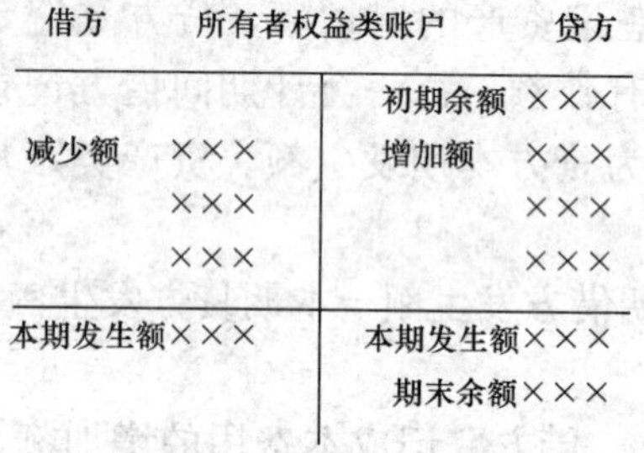

图 2-13 所有者权益类账户的结构图

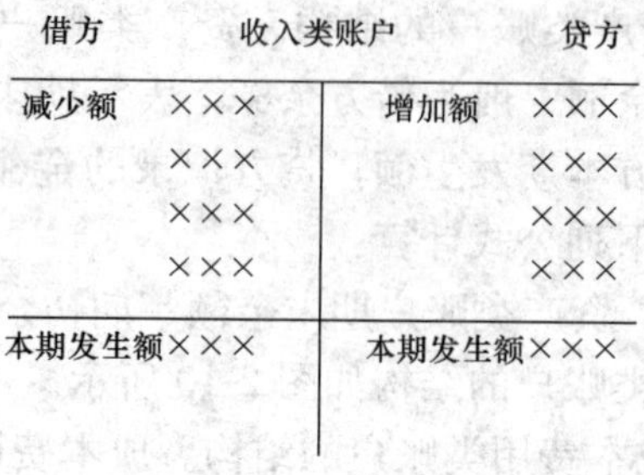

图 2-14 收入类账户的结构图

(二)借贷记账法的记账规则

“有借必有贷，借贷必相等”，作为记账规则。每笔交易或事项都必须按其内容一方面记入借方；另一方面记入贷方，借贷双方数额必须相等。

运用借贷记账法“有借必有贷，借贷必相等”的记账规则记录时，涉及的经济业务的种类是多种多样的，经济业务的发生可能只引起一项要素内部各项目的变动，也可能影响到会计恒等式两端要素的变动，归纳起来，经济业务发生的类型主要有以下四种。

第一种类型：一项经济业务的发生，引起静态会计等式两端不同属性账户同时增加的变动。例如，投资者投入现金 30 000 元，这项业务的发生，使“库存现金”这一流动资产项目和“实收资本”这一所有者权益项目同时增加 30 000 元。资产类项目增加记借方，所有者权益类项目增加记贷方。

第二种类型：一项经济业务的发生，引起会计等式两端不同属性账户同时减少的变动。例如，用银行存款 40 000 元归还短期借款，这项业务的发生，使“银行存款”这一流动资产项目和“短期借款”这一流动负债项目同时减少 40 000 元，负债类项目减少记借方，资产类项目减少记贷方。

第三种类型：一项经济业务的发生，引起会计等式左端资产类账户内部之间增加和减少的变动。例如，用银行存款 800 元购买原材料，这项业务的发生使“银行存款”和“原材料”两个流动资产项目一增一减，金额为 800 元，资产类项目增加记借方，资产类项目减少记贷方。

第四种类型：一项经济业务的发生，引起会计等式右端权益类(包括负债和所有者权益)账户增加和减少的变动。例如，向银行借入短期借款 20 000 元直接偿还应付账款，这项业务的发生，使“短期借款”和“应付账款”两个流动负债项目一增一减，金额为 20 000 元，负债类项目减少记借方，负债类项目增加记贷方。

以上四种类型的业务都能满足“有借必有贷，借贷必相等”的记账规则。

(三)借贷记账法的处理程序

(1)编制会计分录。会计分录是登记账户名称、记账方向和金额的记录。其包括会计科目、记账符号和变动金额三个要素。

(2)登账、结账。根据编制的会计分录记入各有关账户，月末要进行结账，结出本月发生额及期末余额。

(3)编制试算平衡表。根据试算平衡公式，对本期各总分类账户的发生额和余额进行试算平衡。

三、编制会计分录

会计分录是指标明某项经济业务应借、应贷的账户名称及其金额的记录，简称分录。其能清晰地反映账户之间所形成的应借、应贷的对应关系。在实际工作中，会计分录的编制是在记账凭证中完成的。

会计分录按其所涉及对应账户的复杂程度，可分为简单分录和复合分录两种。一借一贷为简单分录，其账户对应关系简单明了；一借多贷、多借多贷或多借一贷为复合记录。

(一)编制会计分录的方法

编制会计分录时，应注意：一般情况下，任何会计分录都应该是借方在上，贷方在下；一般会计分录都是借方在左，贷方在右，也就是说贷方的记账符号、账户名称和金额都要比借方退后一至二格；不能将不同笔经济业务混合在一起编制会计分录。

初学者在编制会计分录时，应当按照以下步骤进行：

(1)判断所要处理的经济业务影响哪类会计要素，涉及哪些账户，确定账户名称；

(2)确定账户增减变动的方向及金额；

(3)结合账户的性质及其增减方向，确定应记入借方还是贷方；

(4)根据会计分录编制的格式要求，编制会计分录。

(二)编制会计分录举例

【训练 2-11】 大海公司 2014 年 12 月发生下列经济业务：

(1)投入资本的核算举例。

12 月 1 日，收到投资者的投资 200 000 元，存入银行。该项经济业务的发生，表示两层含义：投资者投入 200 000 元，则投资者对构成企业资本总额中的这部分资金拥有所有权，所有者权益增加，相应的把这笔款项存入银行，使企业以货币资金表现的资产增加 200 000 元；公司核算所有者投资的账户是“实收资本”，存入银行的货币资金账户为“银行存款”。“实收资本”的增加记入该账户贷方，对应的“银行存款”应记入该账户借方，二者增加的金额为 20 000 元。编制会计分录：

借：银行存款　　　　200 000.00

　　贷：实收资本　　　　200 000.00

(2)借入资金的核算举例。

1)12 月 3 日，大海公司向银行借入期限为 6 个月的借款 50 000 元，款项已转存企业的存款户。该项业务是向银行借入款项，则使公司的债务增加，即负债增加，对应的把款划入企业存款户，使企业货币资金增加。涉及负债类的“短期借款”和资产类的“银行存款”两个相互对应的账户，其金额均为 50 000 元。“银行存款”的增加记入该账户借方；“短期借款”的增加记入该账户贷方。编制会计分录：

借：银行存款　　50 000.00

　　贷：短期借款　　50 000.00

2)12 月 5 日，向银行借入期限为 9 个月的款项 10 000 元，用以直接偿还以前的货款。此项业务是借入资金，必然引起负债的增加。同时偿还另一笔债务使其减少，应在短期借款和应付账款账户中登记。借款的增加记入“短期借款”账户贷方，偿还欠款记入“应付账款”账户的借方，两个账户登记的金额均为 10 000 元。编制会计分录：

借：应付账款　　10 000.00

　　贷：短期借款　　10 000.00

(3)采购业务核算举例。

12 月 11 日，向某企业购买原材料一批验收入库，价款为 20 000 元，以银行存款付讫。该项业务的发生引起资产类要素内部结构发生增减变化，原材料和货币资金均属企业资产，具体账户为“原材料”和“银行存款”。材料验收入库，应记入“原材料”账户借方，以银行存款付款，应记入“银行存款”账户贷方。记入的金额均为 20 000 元。编制会计分录：

借：原材料　　20 000.00

　　贷：银行存款　　20 000.00

(4)其他核算举例。

1)12 月 12 日，以库存现金支付以前所欠的货款 1 500 元。该项业务是以企业的资产偿还债务，引起货币资金的减少，对应的债务被偿还，负债减少，涉及的账户是资产类中的“库存现金”和负债类中的“应付账款”。“库存现金”的减少记入该账户贷方，“应付账款”的减少记入该账户借方。编制会计分录：

借：应付账款　　1 500.00

　　贷：库存现金　　1 500.00

2)12 月 15 日，企业以银行存款偿还到期的短期借款 50 000 元。该项业务的发生同时引起企业资产的减少和企业负债的减少. 对应的在资产类中的“银行存款”和负债类中“短期借款”两个账户中核算。“短期借款”的减少记入该账户借方，“银行存款”的减少记入该账户贷方，其记录金额均为 50 000 元。编制会计分录：

借：短期借款　　50 000.00

　　贷：银行存款　　50 000.00

3)12 月 20 日，从银行提取现金 4 000 元，以备使用。该项业务从银行提取现金，引起资产内部结构的变化，涉及资产类中“库存现金”和“银行存款”两个账户。提取现金使企业库存现金增加，相应的银行存款余额减少。“库存现金”的增加记入该账户借方，“银行存款”的减少记入该账户贷方，记入对应账户的金额均为 4 000 元。编制会计分录：

借：库存现金　　4 000.00

　　贷：银行存款　　4 000.00

4)12 月 22 日，公司以库存现金 1 000 元支付行政管理部门零星开支。该项业务支付行政管理部门的日常耗费，使费用增加，支付的库存现金又引起资产的减少，所涉及的账户是费用类中的“管理费用”和资产类中“库存现金”科目。“管理费用”的增加记入该账户的借方，库存现金的减少记入“库存现金”账户的贷方，记入对应账户的金额均为 1 000 元。编制会计分录：

借：管理费用　　1 000.00

　　贷：库存现金　　1 000.00

5)12 月 25 日，公司销售产品一批 60 000 元，货款尚未收到。该项业务是销售产品，其直接目的是取得收入，因此引起收入的增加，收入的增加又使企业的资产增加，这里的资产表现为债权的增加，涉及的账户是收入类“主营业务收入”和资产类“应收账款”。“主营业务收入”的增加记入该账户贷方，“应收账款”的增加记入该账户的借方，记入这两个对应账户的金额均为 60 000 元。编制会计分录：

借：应收账款　　60 000.00

　　贷：主营业务收入　　60 000.00

以上四种核算举例中的几笔经济业务每一笔业务的发生只有单一的账户对应关系，每一笔会计分录都有一个借方科目和一个贷方科目。一般把只有一个借方科目和一个贷方科目的会计分录称为简单会计分录。在实务中，为了集中反映经济业务的全貌，简化记账工作，通常，还需编制多个借方科目一个贷方科目，或多个贷方科目一个借方科目的复合会计分录。

6)12 月 28 日，购入原材料一批 60 000 元，用银行存款 40 000 元支付货款，余款暂欠。该项业务中购入原材料，一方面资产类存货增加；另一方面支付货款使货币资金减少。同时，部分货款未付使企业负债增加，涉及的科目有资产类中的“原材料”“银行存款”和负债类中的“应付账款”。原材料增加记入该账户借方，“银行存款”的减少记入该账户贷方，而未付账款的增加记入“应付账款”账户的贷方。该业务中有两种对应关系，即“原材料”和“银行存款”，“原材料”和“应付账款”。记入借方账户和贷方账户的金额是相等的，均为 40 000 元，会计处理既可以做成简单分录，也可做成复合分录。

简单分录如下：

借：原材料　　40 000.00

　　贷：银行存款　　40 000.00

借：原材料　　20 000.00

　　贷：应付账款　　20 000.00

复合分录如下：

借：原材料　　60 000.00

　　贷：银行存款　　40 000.00

　　　　应付账款　　20 000.00

在实际工作中，这类会计业务一般都编制复合分录。

通过对以上经济业务的分析和会计分录编制方法可以看出：无论发生什么样的经济业务，在采用借贷记账法进行会计处理时均适用于“有借必有贷，借贷必相等”的记账规则。这种账务处理规律如图 2-15 所示。（注：连线的线端有箭头表示增加，无箭头表示减少。下同）

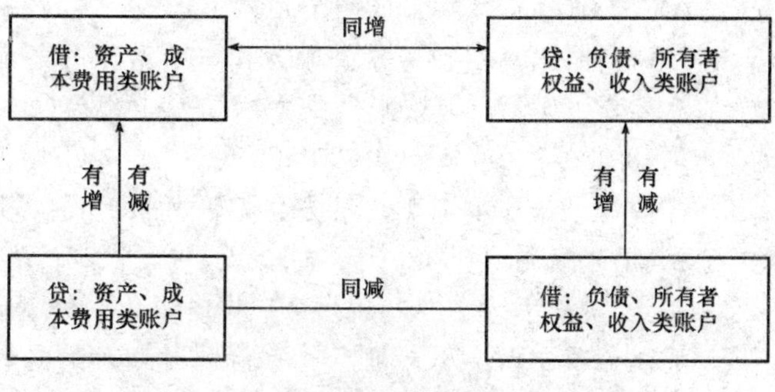

图 2-15　借贷记账法账务处理规律图

四、账户的对应关系

账户(会计科目)的对应关系是指按照借贷记账法的记账规则记录经济业务时，在两个或两个以上有关科目之间形成的应借、应贷相互对照关系。采用借贷记账法对某项经济业务进行登记时，总是在账户之间形成应借应贷的关系。有的是一个账户的借方对应另一个账户的贷方(简单会计分录)，或是一个账户的借方(或贷方)对应几个账户的贷方(或借方)(复合会计分录)。存在对应关系的账户(会计科目)称为对应账户(会计科目)。通过账户(会计科目)的对应关系，可以了解每项经济业务的内容。例如，从银行提取现金 600 元，这项经济业务发生后，应记入“库存现金”账户的借方和“银行存款”账户的贷方。这一对应关系说明银行存款的减少是由提取现金而引起的，而现金的增加则是由银行存款转化而来的。通过账户的对应关系，可以了解经济业务的内容，反映经济业务的来龙去脉。

理论复习

一、单项选择题

1. 某企业向银行借款 100 万元用于偿还欠外单位货款，该项经济业务将引起企业(　　)。
   A. 资产减少 100 万元　　B. 负债减少 100 万元
   C. 资产与负债同时减少 100 万元　　D. 负债总额不变
2. 某企业接受追加投资 180 万元，款已收到并存入银行，该项业务使企业(　　)。
   A. 资产增加 180 万元，同时负债增加 180 万元
   B. 资产增加 180 万元，同时所有者权益增加 180 万元
   C. 所有者权益增加 180 万元，同时负债增加 180 万元
   D. 所有者权益增加 180 万元，同时负债减少 180 万元
3. 某企业资产总额为 5 000 万元，负债为 1 000 万元，以银行存款 500 万元偿还借款，又以银行存款 500 万元购买固定资产，该企业资产总额为(　　)万元。
   A. 4 000　　B. 3 000
   C. 4 500　　D. 2 000
4. “短期借款”账户期初贷方余额为 5 000 元，借方本期发生额为 12 000 元，期末贷方余额为 8 000 元，则该账户贷方本期发生额为(　　)元。
   A. 9 000　　B. 15 000　　C. 25 000　　D. 1 000
5. “原材料”账户期初借方余额为 4 000 元，借方本期发生额为 10 000 元，期末借方余额为 6 000 元，则该账户贷方本期发生额为(　　)元。
   A. 8 000　　B. 20 000　　C. 0　　D. 12 000
6. 在借贷记账法下，账户借方登记增加数还是减少数取决于(　　)。
   A. 记账规则　　B. 资金的平衡关系
   C. 核算方法　　D. 账户反映的经济内容即性质
7. 下列各项中，会引起资产和负债同时增加的是(　　)。
   A. 将现金存入银行　　B. 赊购原材料
   C. 以银行存款归还银行借款　　D. 向银行借款直接偿还应付账款

8. 在借贷记账法下，账户的借方表示(　　)。

A. 费用的增加和收入的减少　　B. 收入的增加和资产的减少

C. 所有者权益的增加和负债的减少　　D. 所有者权益的减少和费用的减少

9. 简单会计分录是指(　　)。

A. 有借有贷的分录　　B. 一借一贷的分录

C. 一借多贷的分录　　D. 多借一贷的分录

10. 蓝天公司收到宏华公司投入100万元存入银行。该业务发生后，会引起蓝天公司(　　)。

A. 资产与权益项目同金额增加

B. 资产项目之间有增有减，增减金额相等

C. 资产与权益项目同金额减少

D. 权益项目之间有增有减，增减金额相等

11. 借贷记账法的"借"表示(　　)。

A. 成本增加　　B. 费用减少　　C. 收入增加　　D. 所有者权益增加

12. 进行复式记账时，对任何一项经济业务登记的账户数量应是(　　)。

A. 仅为一个　　B. 仅为两个

C. 两个或两个以上　　D. ABC均可

13. 下列经济业务中，会引起一项负债减少，而另一项负债增加的经济业务是(　　)。

A. 用银行存款购买材料　　B. 用银行存款偿还银行借款

C. 向银行借款偿还应付账款　　D. 从银行借款50万元存入银行存款户

14. 下列不符合借贷记账法的记账规则的是(　　)。

A. 资产负债同时减少　　B. 两项资产同时增加

C. 资产负债同时增加　　D. 资产所有者权益同时减少

15. 下列经济业务，不会引起资产总额发生增减变化的是(　　)。

A. 接受投资者投资，款项存入银行　　B. 从银行提取现金

C. 用银行存款偿还应付账款　　D. 采购材料入库，暂未付款

16. 一项资产增加，不可能引起(　　)。

A. 另一项资产的减少　　B. 一项负债的增加

C. 一项所有者权益的增加　　D. 一项负债的减少

17. 资产类账户的结构与权益类账户的结构(　　)。

A. 一致　　B. 相反　　C. 基本相同　　D. 无关

18. 账户的对应关系是指(　　)。

A. 总分类账户与明细分类账户之间的关系

B. 有关账户之间的应借应贷关系

C. 资产类账户与负债类账户之间的关系

D. 成本类账户与损益类账户之间的关系

19. "预收账款"账户期末贷方余额为150 000元，本期共增加130 000元，减少140 000元，则该账户的期初余额为(　　)元。

A. 借方140 000　　B. 贷方160 000

C. 借方160 000　　D. 贷方140 000

20. 甲企业“应收账款”科目期初借方余额为40 000元，本期收回应收的货款是为15 000元，该科目期末为借方余额60 000元，则企业本期必定还发生了(　　)。

A. 应收账款增加20 000元　　B. 应收账款减少20 000元

C. 应收账款增加35 000元　　D. 应收账款减少35 000元

二、多项选择题

1. 下列只能引起资产内部不同项目发生增减变动的经济业务事项有(　　)。

A. 从银行取得长期借款3万元存入银行　B. 从银行提取现金1 000元

C. 用银行存款80 000元购入汽车一辆　D. 用银行存款偿还前欠货款

2. 一项所有者权益减少的同时，可能会引起(　　)。

A. 一项资产增加　　B. 一项负债增加

C. 一项负债减少　　D. 一项资产减少

E. 另一项所有者权益增加

3. 会计分录包括(　　)。

A. 简单会计分录　B. 复合会计分录　C. 单式分录　D. 混合分录

4. 在借贷记账法下，对于下列账户贷方登记增加的有(　　)。

A. 生产成本　B. 本年利润　C. 管理费用　D. 应交税费

E. 主营业务收入

5. 下列等式关系正确的有(　　)。

A. 某一总账账户的期末余额＝该总账账户所属的所有明细账账户期末余额合计

B. 全部账户借方本期发生额合计＝全部账户贷方本期发生额合计

C. 全部账户借方期末余额合计＝全部账户贷方期末余额合计

D. 全部账户借方期初余额合计＝全部账户贷方期初余额合计

6. 关于借贷记账法下的账户结构的叙述，下列说法中正确的有(　　)。

A. 资产类账户的借方表示增加，贷方表示减少

B. 权益类账户的贷方表示增加，借方表示减少

C. 资产类账户的期初期末余额一般在借方

D. 权益类账户的期初期末余额一般在贷方

7. 甲企业用银行存款向乙企业投资100万元，下列表述正确的有(　　)。

A. 乙企业资产增加，所有者权益增加

B. 甲企业一项资产减少，另一项资产增加

C. 甲企业所有者权益增加，资产减少

D. 乙企业一项资产增加，另一项资产减少

8. 在借贷记账法下，经济业务无论怎样复杂，均可概括为(　　)。

A. 权益内部有增有减，总额不变　　B. 资产与权益同时增加，总额增加

C. 资产内部有增有减，总额不变　　D. 资产与权益同时减少，总额不变

三、判断题

1. 借贷记账法的记账规则是“有借必有贷，借贷必相等”。　(　　)

2. 一个账户的借方如果用来记录增加数，其贷方一定用来记录减少数。　(　　)

3. 企业发生任何经济业务，会计等式的左右两边金额永远不变，故永远相等。　(　　)

4. 对每一个账户来说，期初余额只可能在账户的一方：借方或贷方。　(　　)

5. 会计分录包括经济业务涉及的账户名称、记账方向和金额三个方面的内容。（　　）

6. 在借贷记账法下，一个账户与另一个账户之间必定存在对应关系。（　　）

7. 账户的基本结构分为左、右两个方向，左方登记增加，右方登记减少。（　　）

8. 会计分录中账户之间的相互依存关系称为账户的对应关系。（　　）

9. 一借多贷或一贷多借的会计分录不能反映账户的对应关系。（　　）

10. 负债和所有者权益类账户的期末余额一定在贷方。（　　）

11. 当采购员预借差旅费时，资产总额就会减少。（　　）

12. 我国会计制度规定，所有的单位记账都采用借贷记账法。（　　）

技能练习

实训 2.9

【实训目的】 掌握借贷记账法的“借”“贷”记账符号，熟悉会计分录的编制方法。

【实训任务】 用借贷记账法的“借”“贷”符号，代替实训资料中的“增加”和“减少”，用借贷记账法编制会计分录。

【实训资料】 某公司在某一期间发生的经济业务以及经济业务发生引起不同会计科目的增减变化分析结果如下：

(1)收到外商投资计 60 000 元存入银行。

增加：银行存款　60 000.00

　　增加：实收资本　60 000.00

(2)以银行存款偿还银行借款(期限 6 个月)5 000 元。

减少：短期借款　5 000.00

　　减少：银行存款　5 000.00

(3)将库存现金 2 000 元存入银行。

增加：银行存款　2 000.00

　　减少：库存现金　2 000.00

(4)向银行借款(期限 9 个月)3 000 元，偿还前欠振华工厂购料款。

减少：应付账款　3 000.00

　　增加：短期借款　3 000.00

(5)以银行存款购入甲材料计 1 000 元。

增加：原材料　1 000.00

　　减少：银行存款　1 000.00

(6)以银行存款归还短期借款 2 000 元。

减少：短期借款　2 000.00

　　减少：银行存款　2 000.00

(7)出售产品获得收入 28 000 元，货款存入银行存款户。

增加：银行存款　28 000.00

　　增加：主营业务收入　28 000.00

(8)投资者投入新设备1台，价值200 000元。

增加：固定资产 200 000.00

增加：实收资本 200 000.00

实训2.10

【实训目的】 理解与掌握借贷记账法。

【实训任务】

(1)根据实训资料(1)开设总分类账户(用“T”形账户)并登记期初余额。

(2)根据实训资料(2)中经济业务编制会计分录。

(3)根据编制的会计分录登记开设的总分类账户(用“T”形账户)。

【实训资料】

(1)某公司2014年12月1日有关总分类账户的期初余额见表2-53。

表2-53 某公司有关总分类账户的期初余额

账户名称	借方余额	账户名称	贷方余额
库存现金	50 000.00	短期借款	190 000.00
银行存款	8 000.00	应付账款	15 000.00
其他应收款	2 000.00	实收资本	100 000.00
应收账款	100 000.00		
原材料	5 000.00		
固定资产	140 000.00		
合　计	305 000.00	合　计	305 000.00

(2)该公司2014年12月份发生下列经济业务：

1)收到投资者投资355 000元，存入银行。

2)购入机器设备五台，价款200 000元以银行存款支付。

3)向某公司购入材料一批，货款170 000元尚未支付，材料已验收入库。

4)从银行提取现金6 000元。

5)将库存现金5 000元存入银行。

6)采购员李力预借差旅费800元，现金付讫(提示：预借差旅费应借记“其他应收款”)。

7)以银行存款170 000元归还所欠的货款。

8)以银行存款7 600元购买原材料验收入库。

9)采购员出差归来，用现金归还出差时借款600元(提示：归还出差时借款应贷记“其他应收款”)。

10)收回应收的货款50 000元，存入银行。

实训2.11

【实训目的】 强化会计分录的编制技能。

【实训任务】 根据资料中经济业务编制会计分录，列出必要的明细科目。

【实训资料】 大海公司2014年12月份发生下列经济业务：

(1)1 日，向银行申请期限 6 个月的借款 25 000 元，款项存入银行。

(2)3 日，向 C 工厂购入甲布料一批，价款 50 000 元，货款尚未支付。

(3)5 日，以银行存款归还欠 C 工厂的货款 20 000 元。

(4)8 日，收到 A 工厂归还的货款 40 000 元，存入银行。

(5)10 日，收到投资者投入的设备一台，价值 160 000 元。

(6)10 日，采购员李星出差前预借现金 1 600 元备用(提示：借：其他应收款——李星)。

(7)15 日，李星出差回来，报销差旅费(记入“管理费用”账户)1 600 元，财会根据差旅报销单核销了出差前的借款。

(8)16 日，从银行提取现金 6 000 元备用。

(9)16 日，用库存现金 6 000 元归还了欠职工的工资。

(10)17 日，仓库发出甲布料 20 000 元，乙布料 14 000 元，投入产品生产(提示：借：生产成本)。

(11)18 日，向 D 工厂预付货款 16 000 元，款项以银行存款付讫。

(12)19 日，预收 B 工厂订购服装款 24 000 元，款项存入银行。

(13)20 日，以银行存款归还欠国家的税金 4 080 元。

(14)21 日，将库存现金 2 000 元存入银行。

(15)22 日，以银行存款购入新缝纫机一台，价值 50 000 元。

(16)23 日，以银行存款归还欠 D 工厂货款 30 000 元。

(17)23 日，收到 B 工厂归还的货款 20 000 元，货款存入银行。

(18)24 日，向 D 工厂购入甲布料 21 000 元，乙布料 15 500 元，货款暂欠。

(19)25 日，向银行借入期限为 3 年的借款 100 000 元，款项存入银行。

(20)26 日，服装加工完工，将服装加工成本从“生产成本”账户转入“库存商品”账户。

(21)26 日，接受兴华公司捐赠的新加工设备一台，价值 18 000 元(提示：贷：营业外收入)。

(22)26 日，以银行存款向 C 工厂购入甲布料 6 000 元，乙布料 13 000 元。

(23)28 日，接受兴华公司捐款 30 000 元，款项存入银行(提示：贷：营业外收入)。

任务七　编制记账凭证

财务负责人给你 4 本会计凭证，让你根据前面编制的会计分录和原始资料分别编制收付款凭证及通用记账凭证。

一、认知记账凭证

(一)记账凭证的概念

记账凭证又称记账凭单，是会计人员根据审核无误的原始凭证按照经济业务事项的内容加以归类，并据以确定会计分录后所填制的会计凭证。其是登记账簿的直接依据。也就是说，企业单位财会人员在取得或填制反映经济业务发生和完成情况的原始凭证后，要据以编制会计分录，而会计分录就是填制记账凭证，然后再根据记账凭证登记会计账簿。

(二)记账凭证的种类

(1)记账凭证按其反映经济业务的内容不同，可以分为收款凭证、付款凭证和转账凭证。收款凭证是指用于记录库存现金、银行存款收款业务的会计凭证。其既可以作为登记库存现金和银行存款日记账及有关明细账的依据，也是出纳员收款的证明。付款凭证是指用于记录库存现金和银行存款付款业务的会计凭证。其可以作为登记库存现金和银行存款日记账及有关明细账的依据，也是出纳员付款的证明。转账凭证是指用于记录不涉及库存现金和银行存款业务的会计凭证。其是根据有关转账业务的原始凭证填制的，以作为登记有关明细分类账和总分类账的依据。

(2)记账凭证按填列方式不同，可以分为复式凭证和单式凭证。复式凭证是指将每一笔经济业务事项所涉及的全部会计科目及其发生额均在同一张记账凭证中反映的一种凭证。就是说，不论一笔经济业务涉及几个会计科目，均可以反映在一张记账凭证上；单式凭证是指每一张记账凭证只填列经济业务事项所涉及的一个会计科目及其金额的记账凭证。一笔经济业务涉及几个会计科目，则填制几张记账凭证。填列借方科目的称为借项凭证；填列贷方科目的称为贷项凭证。

(三)记账凭证的基本内容

记账凭证虽然种类不一，但它们的主要作用都是对原始凭证进行归类、整理，运用账户和复式记账方法，编制会计分录，直接据以记账。因此，各种记账凭证必须具备下列基本内容：

(1)记账凭证的名称；

(2)填制记账凭证的日期；

(3)记账凭证的编号；

(4)经济业务事项的内容摘要；

(5)经济业务事项所涉及的会计科目及其记账方向；

(6)经济业务事项的金额；

(7)记账标记；

(8)所附原始凭证张数；

(9)会计主管、记账、审核、出纳、制单等有关人员签章。

二、填制记账凭证

收款凭证和付款凭证，是根据有关现金和银行存款收付业务的原始凭证填制的。凡是引起库存现金、银行存款增加的收款业务，都要根据库存现金、银行存款增加的原始凭证，填制库存现金、银行存款的收款凭证；凡是引起库存现金、银行存款减少的付款业务，都要根据库存现金、银行存款减少的原始凭证，填制库存现金、银行存款的付款凭证。对于库存现金和银行存款之间的相互划转，如从银行提取现金或把现金送存银行，为避免重复记账，一般只编制付款凭证，而不再编制收款凭证。出纳人员对于已经收讫的收款凭证和已经付讫的付款凭证及其所附的各种原始凭证，都要加盖“收讫”和“付讫”的戳记，以免重收重付。转账凭证是根据有关转账业务的原始凭证填制的。

(一)填制记账凭证的基本要求

记账凭证虽然有收款凭证、付款凭证和转账凭证等多种，但无论哪种记账凭证，其填制的基本要求都是一致的。正确填制记账凭证必须遵循以下基本要求：

(1)记账凭证各项内容必须完整。

(2)记账凭证应连续编号。编号的方法有多种，可以分别按收款凭证、付款凭证和转账凭证分三类编号；又可以不分类别，按顺序统一编号。无论采用何种编号方法，都应按月顺序编号，即每月从第一号编起，顺序编到月末。一笔经济业务需要填制两张或者两张以上记账凭证，可以采用分数编号法编号，如 5 号会计事项的分录需要填制 3 张记账凭证，即可编成 $5\frac{1}{3}$、$5\frac{2}{3}$、$5\frac{3}{3}$。

(3)记账凭证的书写应清楚、规范。相关要求同原始凭证的书写要求。

(4)记账凭证可以根据每一张原始凭证填制，或根据若干张同类原始凭证汇总编制，也可以根据原始凭证汇总表填制；但不得将不同内容和类别的原始凭证汇总填制在一张记账凭证上。

(5)除结账和更正错误的记账凭证可以不附原始凭证外，其他记账凭证必须附有原始凭证，并注明所附原始凭证的张数。所附原始凭证张数的计算，一般应以原始凭证的自然张数为准。但对报销差旅费的原始凭证可除外。如果一张原始凭证(或一笔业务的原始凭证)涉及几张记账凭证，可以把原始凭证附在一张主要的记账凭证后面，并在另几张相关记账凭证上注明附有原始凭证的记账凭证的编号或者附原始凭证复印件。

(6)填制记账凭证时若发生错误，应当重新填制。已登记入账的记账凭证在当年内发现填写错误时，可以用红字填写一张与原内容相同的记账凭证，在摘要栏注明“注销某月某日某号凭证”字样，同时，用蓝字重新填制一张正确的记账凭证，注明“订正某月某日某号凭证”字样。如果会计科目没有错误，只是金额错误，也可以将正确数字与错误数字之间的差额另编一张调整的记账凭证，调增金额用蓝字，调减金额用红字。

(7)记账凭证填制完经济业务事项后，如有空行，应当自金额栏最后一笔金额数字下的空行处至合计数上的空行处划线注销。

(二)填制记账凭证的方法

1. 收款凭证的填制要求与填制方法

收款凭证左上角的“借方科目”按收款的性质填写“库存现金”或“银行存款”；日期填写的是编制本凭证的日期；右上角填写编制收款凭证的顺序号；“摘要”填写对所记录的经济业务的简要说明；“贷方科目”填写与收入现金或银行存款相对应的会计科目；“记账符号”是指该凭证已登记账簿的标记，在记账后应填写记入总账、日记账或明细账的页次，也可以写上“√”符号，表示已经入账，防止经济业务事项重记或漏记；“金额”是指该项经济业务事项的发生额，借方账户应借金额为贷方账户金额合计行的合计数；该凭证右边“附件张”是指本记账凭证所附原始凭证的张数；最下边分别由有关人员签章，以明确经济责任。

【训练 2-12】 2014 年 12 月 28 日，大海公司收到沈阳第一百货商店用于归还前欠货款的信汇结算凭证“收账通知”联，见表 2-54。

表 2-54　沈阳商业银行信汇凭证(收账通知或取款凭证) ④

委托日期 2014 年 12 月 28 日　　　　第 0001 号

汇款人	全称	沈阳第一百货商店	收款人	全称	大海公司
	账号	2005123		账号	560718
	汇出地点	辽宁省　沈阳　市/县		汇入地点	辽宁省　辽阳　市/县
汇出行名称		铁西支行	汇入行名称		白塔支行

金额	人民币（大写）	亿	千	百	十	万	千	百	十	元	角	分
	陆拾玖万零捌佰伍拾元整			¥	6	9	0	8	5	0	0	0

附加信息及用途：购货 上列款项已代收入账，如有错误，请持此联来行面洽	沈阳商业银行铁西支行 2014.12.28 业务专用章 汇入行签章

此联是汇入行给收款人的收款通知

此项经济业务一方面使银行存款增加 690 850 元，应借记“银行存款”账户；另一方面使企业的债权减少 690 850 元，应贷记“应收账款”账户。由于该项经济业务涉及银行存款的收款业务，财会人员据此填制了收款凭证，其格式及填制方法见表 2-55。

表 2-55　收款凭证

总号：第 1 号

借方科目：银行存款　　　　2014 年 12 月 28 日　　　　分号：收字第 1 号

摘要	贷方科目：总账科目	贷方科目：明细科目	千	百	十	万	千	百	十	元	角	分	记账符号
收到前欠货款	应收账款	沈阳第一百货商店			6	9	0	8	5	0	0	0	
合计					6	9	0	8	5	0	0	0	

附件壹张

会计主管：张平　　记账：向阳　　审核：赵五　　出纳：刘霞　　制单：王三

2. 付款凭证的填制要求与填制方法

付款凭证的编制方法与收款凭证基本相同，只是左上角由“借方科目”换为“贷方科目”，凭证中间的“贷方科目”换为“借方科目”。需要说明的是，对于涉及“库存现金”和“银行存款”之间的经济业务，一般只编制付款凭证，不编制收款凭证，目的是避免重复记账。

【训练 2-13】　大海公司于 2014 年 12 月 15 日开出“转账支票”1 张，“转账支票”存根见表 2-56，用以归还前欠辽阳第一百货商店的货款。

表 2-56　转账支票存根

中国工商银行
转账支票存根
Ⅷ Ⅱ 01018885
科　　目＿＿＿＿＿
对方科目＿＿＿＿＿
出票日期 2014 年 12 月 15 日
收款人：辽阳第一百货商店
金　额：35 569.88
用途：购货款
单位主管：刘凡　会计

此项经济业务一方面使企业的银行存款减少了 35 569.88 元；另一方面使企业的负债减少了 35 569.88 元。由于该项经济业务涉及银行存款的付款业务，财会人员据此填制了付款凭证，其格式及填制方法见表 2-57。

表 2-57　付款凭证

总号：第 2 号

贷方科目：银行存款　　2014 年 12 月 15 日　　分号：付字第 1 号

摘　要	借方科目		金　额										记账符号	附件
	总账科目	明细科目	千	百	十	万	千	百	十	元	角	分		
归还前欠货款	应付账款	辽阳第一百货商店				3	5	5	6	9	8	8		壹
														张
合　计					¥	3	5	5	6	9	8	8		

会计主管：张平　　记账：向阳　　审核：赵五　　出纳：刘霞　　制单：王三

3. 转账凭证的填制要求与填制方法

转账凭证将经济业务事项中所涉及全部会计科目按照先借后贷的顺序记入“会计科目”栏中的“一级科目”和“二级及明细科目”，并按应借、应贷方向分别记入“借方金额”或“贷方金额”栏。要先填借方账户，后填贷方账户，借方账户应记金额，在借方账户同一行的“借方金额”栏填列；贷方账户应记金额，在贷方账户同一行的“贷方金额”栏填列。借、贷方金额栏合计数应相等。其他项目的填列与收、付款凭证相同。

【训练 2-14】 大海公司双人床罩生产车间于 2014 年 12 月 1 日从 1 号仓库领用花布 100 米，单价 14 元，用于床罩生产。领料单见表 2-58。

表 2-58　领 料 单

领料单位：双人床罩生产车间　　凭证编号：0001

用　　途：生产双人床罩　　2014 年 12 月 1 日　　发料仓库：1 号仓库

材料类别	材料编号	材料名称	规格	计量单位	数量		单价	金额
					请领	实领		
布料	0001	花布	1.2 宽	米	100	100	14.00	1 400.00
备注				合计				1 400.00

发料人：于智慧　　领料人：高凡　　记账：向阳

此项经济业务一方面使企业的生产成本(在产品)增加了 1 400 元；另一方面使企业的原材料减少了 1 400 元。由于该项经济业务没涉及库存现金和银行存款的收、付款业务，财会人员据此填制了转账凭证，其格式及填制方法见表 2-59。

表 2-59　转账凭证

总号：第 3 号

2014 年 12 月 1 日　　　　分号：转字第 1 号

摘　要	总账科目	明细科目	借方金额								贷方金额								记账符号
			十	万	千	百	十	元	角	分	十	万	千	百	十	元	角	分	
生产领用	生产成本	双人床罩			1	4	0	0	0	0									
	原材料	花布											1	4	0	0	0	0	
合　计				¥	1	4	0	0	0	0		¥	1	4	0	0	0	0	

附件壹张

会计主管：张平　　记账：向阳　　审核：赵五　　出纳：刘霞　　制单：王三

4. 通用记账凭证的格式及填制方法

通用记账凭证的格式见表 2-60。通用记账凭证的填制方法与转账凭证的填制方法相同。

表 2-60　通用记账凭证

年　月　日　　　　第　号

摘　要	总账科目	明细科目	借方金额								贷方金额								记账符号
			十	万	千	百	十	元	角	分	十	万	千	百	十	元	角	分	
合　计																			

附件　张

会计主管：　　记账：　　审核：　　出纳：　　制单：

【训练 2-15】 将训练 2-12 改用通用记账凭证填制，见表 2-61。

表 2-61　通用记账凭证

2014 年 12 月 28 日　　　　第 1 号

摘　要	总账科目	明细科目	借方金额									贷方金额									记账符号
			个	十	万	千	百	十	元	角	分	个	十	万	千	百	十	元	角	分	
收到前欠货款	银行存款			6	9	0	8	5	0	0	0										
	应收账款	沈阳第一百货商店											6	9	0	8	5	0	0	0	
合　计			¥	6	9	0	8	5	0	0	0	¥	6	9	0	8	5	0	0	0	

会计主管：张平　　记账：向阳　　审核：赵五　　出纳：刘霞　　制单：王三

理论复习

一、单项选择题

1.(　　)是用来记录不涉及现金和银行存款收付的其他业务的记账凭证。

A. 收款凭证　　B. 付款凭证　　C. 转账凭证　　D. 汇总凭证

2. 从银行提取现金一般应编制(　　)。

A. 转账凭证　　B. 累计凭证　　C. 付款凭证　　D. 收款凭证

3. 实务中，会计分录是在(　　)上编制的。

A. 原始凭证　　B. 记账凭证　　C. 会计账簿　　D. 会计报表

4. 企业购进原材料 50 000 元，款未付。该笔业务应编制的记账凭证是(　　)。

A. 收款凭证　　B. 付款凭证　　C. 转账凭证　　D. 以上均可

5. 出纳人员付出货币资金的依据是(　　)。

A. 收款凭证　　B. 付款凭证　　C. 转账凭证　　D. 原始凭证

6. 现金收款凭证上的日期应当是(　　)。

A. 编制该收款凭证的日期　　B. 收取现金的日期

C. 所附原始凭证上注明的日期　　D. 登记现金总账的日期

7. 职工张某出差归来，报销差旅费 200 元，交回多余现金 100 元。应填制的记账凭证是(　　)。

A. 收款凭证　　B. 转账凭证

C. 收款凭证和转账凭证　　D. 收款凭证和付款凭证

8. 企业常用的收款凭证、付款凭证和转账凭证均属于(　　)。

A. 单式记账凭证　　B. 复式记账凭证

C. 一次凭证　　D. 通用凭证

9. 记账凭证的传递是指(　　)在单位内部各有关部门及人员之间的传递程序和传递时间。

A. 会计凭证从取得到编制成记账凭证时止

B. 从取得原始凭证到登记账簿上

C. 从填制记账凭证到编制会计报表时止

D. 会计凭证从编制时到归档时止

10. 票据的出票日期必须使用中文大写，例如。出票日期为 10 月 2 日，应写成(　　)。

A. 壹拾月零贰日　　B. 零壹拾月贰日

C. 壹拾月贰日　　D. 零壹拾月零贰日

二、多项选择题

1. 记账凭证按其反映的经济业务内容不同，通常分为(　　)。

A. 转账凭证　　B. 收款凭证

C. 原始凭证　　D. 付款凭证

2. 收款凭证的借方账户名称可能是(　　)。

A. 银行存款　　B. 应收账款　　C. 应付账款　　D. 库存现金

3. 记账凭证应该是(　　)。

A. 由经办业务人员填制的　　B. 由会计人员填制的

C. 经济业务发生时填制的　　D. 登记账簿的直接依据

E. 根据审核无误的原始凭证填制的

4. 下列经济业务中，应填制转账凭证的是(　　)。

A. 国家以厂房对企业投资　　B. 外商以货币资金对企业投资

C. 购买材料未付款　　D. 销售商品收到商业汇票一张

5. 产品完工验收入库，该项业务所编制的记账凭证，一般应依据(　　)编制。

A. 出库单　　B. 入库单

C. 制造费用分配表　　D. 产品成本计算单

6. 企业财务部门于3月12日收到业务部门转来3月8日填制的原始凭证，并于3月13日编制记账凭证，3月14将此记账凭证登记入账，则账簿中的“日期”栏填写不正确的有(　　)。

A. 3月8日　　B. 3月12日

C. 3月13日　　D. 3月14日

7. 记账凭证编制的依据可以是(　　)。

A. 一次凭证　　B. 汇总原始凭证

C. 累计凭证　　D. 转账凭证

8. 下列科目中能成为付款凭证借方科目的有(　　)。

A. 库存现金　　B. 银行存款

C. 应付账款　　D. 累计折旧

E. 销售费用

9. 会计凭证的保管是指会计凭证记账后的(　　)。

A. 整理　　B. 装订

C. 归档　　D. 存查

E. 销毁

10. 下列经济业务中应填制付款凭证的有(　　)。

A. 提现金备用　　B. 购买材料预付定金

C. 购买材料未付款　　D. 以存款支付前欠某单位货款

三、判断题

1. 所有记账凭证都必须附有原始凭证。(　　)

2. 在一笔经济业务中，如果既涉及现金和银行存款的收付，又涉及转账业务时，应同时填制收(付)款凭证和转账凭证。(　　)

3. 记账凭证的填制日期与原始凭证的填制日期应当相同。(　　)

4. 原始凭证和记账凭证都是具有法律效力的证明文件。(　　)

5. 记账凭证一律由会计人员填制。(　　)

6. 会计凭证的保管中强调：会计凭证应加封条，防止抽换凭证。(　　)

7. 记账凭证既是记录经济业务发生和完成情况的书面说明，也是登记账簿的依据。(　　)

技能练习

实训 2.12

【实训目的】 实训粘贴原始凭证和装订记账凭证。

【实训任务】

(1)根据资料填制记账凭证(收款凭证、付款凭证和转账凭证或记账凭证)，并将所依据的原始凭证粘贴在其相关的记账凭证后面，粘贴时要左上角对齐。

(2)将粘贴完原始凭证后的记账凭证编好顺序号连同记账凭证封皮装订成册(注意：右下角设法用厚纸垫平)。

【实训资料】 渤海公司 2014 年 6 月份发生下列经济业务：

(1)1 日，向银行申请期限 6 个月的借款，财会收到了工商银行借款凭证回单(代收账通知)见表 2-62。

表 2-62 工商银行借款凭证回单

贷出日期 2014 年 6 月 1 日

借款单位	渤海公司		借款户账号	1561823	
			存款户账号	1004722	
人民币（大写）	贰万元整			千 百 十 万 千 百 十 元 角 分	¥ 2 0 0 0 0 0 0
借款种类	临时	约定还款期	2014 年 12 月 1 日	利率	8%
实际支款用途	购货	展期到期日	2015 年 1 月 1 日	利率	10%
借款单位预留财务专用章及法人代表章		担保单位户名 担保单位账号 担保单位开户银行		担保单位公章 担保单位法人代表章 记账	

行长：赵峰　　　　科(处)长：张力　　　　借贷员：王平

(2)3 日，向 C 工厂购入甲布料，货款尚未支付，财会收到了普通发票(发票联)(表 2-63)和收料单(记账联)(表 2-64)。

表 2-63 辽宁省辽阳市统一发票

发 票 联

№：0000100

客户名称：渤海公司　　　　2014 年 6 月 3 日　　　　辽市国税〔96〕第 2 版(2)

货号	品名及规格	单位	数量	单价		金额（万 千 百 十 元 角 分）
	甲布料	米	10 000	5.00	超十万元无效	5 0 0 0 0 0 0
合计金额（大写）	伍万元整					5 0 0 0 0 0 0
结算方式	转账支票结算		开户银行及账号	辽阳商业银行白塔支行 2005588		

② 报销凭证

收款企业(盖章有效)　C厂 财务专用章　　　　收款人：李明　　　　开票人：苏臣

表 2-64 收料单

收料仓库：1号仓库　　　　2014年6月3日　　　　第0001号

材料编号	材料名称	规格	单位	数量		金额			
				应收	实收	单价	买价	运费	成本
001	甲布料		米	10 000	10 000	5.00			50 000.00
合　计				10 000	10 000	5.00			50 000.00

仓库负责人：于智慧　　　　经办人：张小伟　　　　收料人：段龙

(3)5日，归还欠C工厂的货款，财会收到了转账支票(存根联)，见表2-65。

表 2-65 转账支票存根

中国工商银行
转账支票存根
ⅦⅡ010188851
科　目
对方科目
出票日期 2014年6月5日
收款人：C工厂
金　额：20 000.00
用　途：购货款
单位主管：刘丹　会计

(4)8日，收到A工厂归还的货款，财会收到了进账单(收账通知联)，见表2-66。

表 2-66 中国工商银行进账单(回单或收账通知)　①

2014年6月8日　　　　第001号

<table>
<tr><td rowspan="3">付款人</td><td>全　称</td><td>A工厂</td><td rowspan="3">收款人</td><td>全　称</td><td colspan="10">渤海公司</td></tr>
<tr><td>账　号</td><td>2005588</td><td>账　号</td><td colspan="10">1004722</td></tr>
<tr><td>开户银行</td><td>辽阳商业银行白塔支行</td><td>开户银行</td><td colspan="10">中国工商银行文圣支行</td></tr>
<tr><td colspan="2" rowspan="2">人民币
(大写)</td><td colspan="3" rowspan="2">肆万元整</td><td>千</td><td>百</td><td>十</td><td>万</td><td>千</td><td>百</td><td>十</td><td>元</td><td>角</td><td>分</td></tr>
<tr><td></td><td></td><td>¥</td><td>4</td><td>0</td><td>0</td><td>0</td><td>0</td><td>0</td><td>0</td></tr>
<tr><td colspan="2">票据种类</td><td>转账支票</td><td colspan="12" rowspan="3">收款人开户行盖章</td></tr>
<tr><td colspan="2">票据张数</td><td>壹</td></tr>
<tr><td colspan="3">单位主管：刘丹　会计　复核</td></tr>
</table>

(5)10日，采购员李星出差前借取现金，财会收到了借据(记账联)，见表2-67。

表 2-67 借 款 单

2014 年 6 月 10 日

部　　门	采购科			借款事由	参加订货会议	
借款金额	金额（大写）壹仟伍佰元整					¥1 500.00
批准金额	金额（大写）壹仟伍佰元整					¥1 500.00
领　　导	高凡	财务主管	刘丹		借款人	李星

(6)15 日，李星出差回来，报销差旅费（借："管理费用"账户），财会根据差旅报销单（表 2-68）核销了出差前的借款。

表 2-68 差旅费报销单

部门：厂办公室　　　　2014 年 6 月 15 日

姓名		李星			出差事由		参加订货会议			出差自 2014 年 6 月 10 日 至 2014 年 6 月 15 日				共 6 天		
起讫时间及地点						车船票		夜间乘车补助费			出差乘补费			住宿费	其他	
月	日	起	月	日	讫	类别	金额	时间	标准	金额	日数	标准	金额	金额	摘要	金额
6	10	辽阳	6	10	大连	火车	131.00									
6	15	大连	6	15	辽阳	火车	131.00				6	50.00	300.00	750.00		188.00
小　计							262.00						300.00	750.00		188.00
合计金额（大写）：壹仟伍佰元整																
备注：预借 1 500.00　　核销 1 500.00　　退补																

附单据共伍张

单位领导：高凡　　财务主管：刘丹　　审核：张迪　　填报人：李星

(7)16 日，从银行提取现金，财会收到了现金支票（存根联）见表 2-69。

表 2-69 现金支票存根

中国工商银行

现金支票存根

ⅦⅡ010188871

科　　目＿＿＿＿＿

对方科目＿＿＿＿＿

出票日期 2014 年 6 月 16 日

收款人：渤海公司

金　额：6 660.00

用　途：发工资

单位主管：刘丹　会计

(8)16 日，用库存现金归还欠职工的工资（借：应付职工薪酬），财会收到了工资结算单，见表 2-70。

表 2-70　工资结算单

2014 年 6 月 16 日

编号	月份	姓名	……	应发工资	各种扣款	实发工资	签字
001	6	李艳		1 886.00		1 886.00	李艳
……	6	……		……	……	……	……
合计	6			6 660.00		6 660.00	

制单：高凡

(9)17 日，仓库发出甲布料、乙布料投入产品生产(借："生产成本"账户)，财会收到了领料单，见表 2-71。

表 2-71　领 料 单

第 001 号

领料单位：生产车间　　　　2014 年 6 月 17 日　　　　发料仓库：1 号库

材料类别	材料编号	材料名称	规格	计量单位	数量		单价	金额
					请领	实领		
	001	甲布料		米	4 000	4 000	5.00	20 000.00
	002	乙布料		米	2 000	2 000	7.00	14 000.00
备注				合计				34 000.00

第一联存根

发料人：段龙　　　　领料人：周娟　　　　记账：张迪

(10)18 日，向 D 工厂预付货款(借：预付账款——D 工厂)，财会收到了信汇凭证(回单联)见表 2-72。

表 2-72　中国工商银行信汇凭证(回单)　①

委托日期 2014 年 6 月 18 日　　　　第 002 号

汇款人	全　称	渤海公司			收款人	全　称	D工厂		
	账号或地址	1004722				账号或地址	6655438		
	汇出地点	辽阳市	汇出行名称	文圣支行		汇入地点	北京市	汇入行名称	滨海支行

金额	人民币(大写)	叁万陆仟肆佰元整	千	百	十	万	千	百	十	元	角	分
					¥	3	6	4	0	0	0	0

汇款用途：　购货 上列款项已根据委托办理，如需查询，请持此联来面洽。 单位主管：刘丹　　会计　　复核　　记账	汇出行盖章 2014 年 6 月 18 日

(11)19 日，预收 B 工厂订购服装款，财会收到了信汇凭证(收账通知联)见表 2-73。

表 2-73　中国工商银行信汇凭证(收账通知)　④

委托日期 2014 年 6 月 18 日　　　　第 009 号

<table>
<tr><td rowspan="3">汇款人</td><td>全　称</td><td colspan="3">B工厂</td><td rowspan="3">收款人</td><td>全　称</td><td colspan="3">渤海公司</td></tr>
<tr><td>账号或地址</td><td colspan="3">778865</td><td>账号或地址</td><td colspan="3">1004722</td></tr>
<tr><td>汇出地点</td><td>大连市</td><td>汇出行名　称</td><td>星海支行</td><td>汇入地点</td><td>辽阳市</td><td>汇入行名　称</td><td>文圣支行</td></tr>
<tr><td rowspan="2">金额</td><td rowspan="2">人民币(大写)</td><td colspan="8" rowspan="2">贰万肆仟捌佰元整
千 百 十 万 千 百 十 元 角 分
¥ 2 4 8 0 0 0 0</td></tr>
<tr></tr>
<tr><td colspan="6">汇款用途：　订购服装
上列款项已根据委托办理，如需查询，请持此联来面洽。
单位主管：张一　　会计：田氏　　复核　　记账</td><td colspan="4">汇入行盖章
2014 年 6 月 19 日</td></tr>
</table>

(12)20 日，归还欠国家的税金(借：应交税费)，财会收到了转账支票(存根联)，见表 2-74。

表 2-74　转账支票存根

中国工商银行
转账支票存根
ⅦⅡ010188853
科　　目
对方科目
出票日期 2014 年 6 月 20 日
收款人：辽阳国税局
金　额：4 180.00
用　途：税款
单位主管：刘丹　会计

(13)21 日，将库存现金存入银行，财会收到了现金存款单(回单联)，见表 2-75。

表 2-75　中国工商银行现金存款单(回单联)

存款日期 2014 年 6 月 21 日

<table>
<tr><td rowspan="2">存 款 人</td><td colspan="2" rowspan="2">辽阳服装厂</td><td>账　　号</td><td colspan="2">1004722</td></tr>
<tr><td>开户银行</td><td colspan="2">文圣支行</td></tr>
<tr><td>存款金额(大写)</td><td colspan="5">贰仟元整　　¥2 000.00</td></tr>
<tr><td>款项来源</td><td colspan="2">销货款</td><td colspan="3">存入银行签章</td></tr>
<tr><td>单位主管</td><td>高凡</td><td>会计主管</td><td>刘丹</td><td>出　纳</td><td>张迪</td></tr>
</table>

(14)22 日，从辽阳第一百货商店购入缝纫机 1 台，财会收到了普通发票(发票联)(表 2-76)和转账支票(存根联)(表 2-77)。

表 2-76　辽宁省辽阳市统一发票

发　票　联

No：0000101

客户名称：渤海公司　　2014 年 6 月 22 日　　辽市国税〔96〕第 2 版(2)

货号	品名及规格	单位	数量	单价		金额						
						万	千	百	十	元	角	分
	缝纫机	台	1	60 000.00	超十万元无效	6	0	0	0	0	0	0
合计金额（大写）	陆万元整					6	0	0	0	0	0	0
结算方式	转账支票结算		开户银行及账号		文圣支行　1004722							

②报销凭证

收款企业(盖章有效)　D厂财务专用章　　收款人：李明　　开票人：苏臣

表 2-77　转账支票存根

中国工商银行

转账支票存根

ⅦⅡ010188854

科　　目

对方科目

出票日期 2014 年 6 月 22 日

收款人：辽阳第一百货商店

金　额：60 000.00

用　途：购货款

单位主管：刘丹　会计

(15)23 日，归还上月欠辽阳第一百货商店货款，财会收到了转账支票(存根联)，见表 2-78。

表 2-78　转账支票存根

中国工商银行

转账支票存根

ⅦⅡ010188855

科　　目

对方科目

出票日期 2014 年 6 月 23 日

收款人：辽阳第一百货商店

金　额：30 000.00

用　途：购货款

单位主管：刘丹　会计

(16)23 日，收到了 C 工厂归还的货款，财会收到了转账支票并填制进账单送存银行后取得了进账单(收账通知)，见表 2-79。

表 2-79　中国工商银行进账单(回单/收账通知)　①

2014 年 6 月 23 日　　　　第 003 号

<table>
<tr><td rowspan="3">付款人</td><td>全　称</td><td>C工厂</td><td rowspan="3">收款人</td><td>全　称</td><td colspan="10">渤海公司</td></tr>
<tr><td>账　号</td><td>065865</td><td>账　号</td><td colspan="10">1004722</td></tr>
<tr><td>开户银行</td><td>白塔支行</td><td>开户银行</td><td colspan="10">中国工商银行文圣支行</td></tr>
<tr><td rowspan="2">人民币
(大写)</td><td colspan="4" rowspan="2">贰万元整</td><td>千</td><td>百</td><td>十</td><td>万</td><td>千</td><td>百</td><td>十</td><td>元</td><td>角</td><td>分</td></tr>
<tr><td></td><td></td><td>¥</td><td>2</td><td>0</td><td>0</td><td>0</td><td>0</td><td>0</td><td>0</td></tr>
<tr><td>票据种类</td><td colspan="2">转账支票</td><td colspan="12" rowspan="3">收款人开户行盖章</td></tr>
<tr><td>票据张数</td><td colspan="2">壹</td></tr>
<tr><td colspan="3">单位主管：刘丹　　会计　　复核</td></tr>
</table>

(17)24 日，向D工厂预购的甲布料、乙布料已到货(贷：预付账款——D工厂)，财会收到了普通发票(发票联)(表 2-80)和收料单(记账联)(表 2-81)。

表 2-80　北京市统一发票

发　票　联

№：0000106

客户名称：渤海公司　　　　2014 年 6 月 24 日　　　　京国税〔96〕第 2 版(2)

<table>
<tr><td rowspan="2">货号</td><td rowspan="2">品名及规格</td><td rowspan="2">单位</td><td rowspan="2">数量</td><td rowspan="2">单价</td><td rowspan="6">超十万元无效</td><td colspan="7">金　额</td></tr>
<tr><td>万</td><td>千</td><td>百</td><td>十</td><td>元</td><td>角</td><td>分</td></tr>
<tr><td></td><td>甲布料</td><td>米</td><td>4 200</td><td>5.00</td><td>2</td><td>1</td><td>0</td><td>0</td><td>0</td><td>0</td><td>0</td></tr>
<tr><td></td><td>乙布料</td><td>米</td><td>2 200</td><td>7.00</td><td>1</td><td>5</td><td>4</td><td>0</td><td>0</td><td>0</td><td>0</td></tr>
<tr><td></td><td></td><td></td><td></td><td></td><td></td><td></td><td></td><td></td><td></td><td></td><td></td></tr>
<tr><td>合计金额
(大写)</td><td colspan="4">叁万陆仟肆佰元整</td><td>3</td><td>6</td><td>4</td><td>0</td><td>0</td><td>0</td><td>0</td></tr>
<tr><td>结算方式</td><td colspan="2">信汇结算方式</td><td colspan="3">开户银行及账号</td><td colspan="7">文圣支行　1004722</td></tr>
</table>

② 报销凭证

收款企业(盖章有效)　　　　收款人：李明　　　　开票人：苏臣

表 2-81　收 料 单

收料仓库：1 号仓库　　　　2014 年 6 月 24 日　　　　第 0001 号

材料编号	材料名称	规格	单位	数量		金额			
				应收	实收	单价	买价	运费	成本
0001	甲布料		米	4 200	4 200	5.00			21 000.00
0002	乙布料		米	2 200	2 200	7.00			15 400.00
	合　计								36 400.00

仓库负责人：于智慧　　　　经办人：张小伟　　　　收料人：段龙

(18)25 日，向银行借入期限为 3 年的借款，财会收到了工商银行借款借据回单(代收账通知)，见表 2-82。

表 2-82　借款借据(代收账通知)

贷出日期 2014 年 6 月 25 日

<table>
<tr><td rowspan="2">借款单位</td><td colspan="3" rowspan="2">辽阳服装厂</td><td>借款户账号</td><td colspan="10">564823</td></tr>
<tr><td>存款户账号</td><td colspan="10">004722</td></tr>
<tr><td rowspan="2">人民币
(大写)</td><td colspan="4" rowspan="2">壹拾万元整</td><td>千</td><td>百</td><td>十</td><td>万</td><td>千</td><td>百</td><td>十</td><td>元</td><td>角</td><td>分</td></tr>
<tr><td></td><td>¥</td><td>1</td><td>0</td><td>0</td><td>0</td><td>0</td><td>0</td><td>0</td><td>0</td></tr>
<tr><td>借款种类</td><td>长期</td><td>约定还款期</td><td>2017 年 6 月 25 日</td><td>利率</td><td colspan="10">6%</td></tr>
<tr><td>实际支款用途</td><td>购置设备</td><td>展期到期日</td><td>2018 年 6 月 25 日</td><td>利率</td><td colspan="10">9%</td></tr>
<tr><td colspan="2">借款单位预留财务专用章
及法人代表章</td><td colspan="2">担保单位户名
担保单位账号
担保单位开户银行</td><td colspan="11">担保单位公章
担保单位法人代表章
记账</td></tr>
</table>

行长：赵峰　　科(处)长：张力　　借贷员：王平

(19)28 日，服装加工完工，将其加工成本从“生产成本”账户转入“库存商品”账户，财会收到了产品生产成本计算单(表 2-83)和产成品入库单(表 2-84)。

表 2-83　产品生产成本计算单

第 012 号

2014 年 6 月 28 日　　单位：元

产品名称	产量/件	成本项目			总成本	单位成本
		直接材料	直接人工	制造费用		
A 服装	800	240 000.00	80 000.00	40 000.00	360 000.00	450.00
B 服装	700	245 000.00	81 000.00	40 800.00	366 800.00	524.00
合　计	—	485 000.00	161 000.00	80 800.00	726 800.00	—

会计主管：刘丹　　制表：刘霞

表 2-84　产成品入库单

第 013 号

交库部门：生产车间　　2014 年 6 月 28 日　　金额单位：元

产品名称	规格	单位	数量	单价	金额							
					十	万	千	百	十	元	角	分
A 服装		件	800	450.00	3	6	0	0	0	0	0	0
B 服装		件	700	524.00	3	6	6	8	0	0	0	0
合　计					7	2	6	8	0	0	0	0

会计主管：刘丹　　验收人：陈彤　　制表：刘霞

(20)29 日，向 D 工厂购入甲布料、乙布料，财会收到了普通发票(发票联)(表 2-85)，收料单(记账联)(表 2-86)和托收承付(承付/支款通知)(表 2-87)。

表 2-85　北京市统一发票

发　票　联　　　　No：0000107

客户名称：渤海公司　　　　2014 年 6 月 26 日　　　　京国税〔96〕第 2 版(2)

货号	品名及规格	单位	数量	单价	超十万元无效	金额						
	甲布料	米	4 000	5.00		万	千	百	十	元	角	分
	乙布料	米	2 000	7.00		2	0	0	0	0	0	0
						1	4	0	0	0	0	0
合计金额(大写)	叁万肆仟元整					3	4	0	0	0	0	0
结算方式	托收承付结算		开户银行及账号		文圣支行　1004722							

②报销凭证

收款企业(盖章有效)　D厂 财务专用章　　　　收款人：李明　　　　开票人：苏臣

表 2-86　收 料 单

收料仓库：1 号仓库　　　　2014 年 6 月 29 日　　　　第 0001 号

材料编号	材料名称	规格	单位	数量		金额			
				应收	实收	单价	买价	运费	成本
0001	甲布料		米	4 000	4 000	5.00			20 000.00
0002	乙布料		米	2 000	2 000	7.00			14 000.00
合　计									34 000.00

仓库负责人：于智慧　　　　经办人：张小伟　　　　收料人：段龙

表 2-87　托收承付凭证(承付/支款通知)　⑤

第 008 号

委托日期 2014 年 6 月 26 日　　　　托收号码：1003

付款人	全　称	渤海公司	收款人	全　称	D工厂
	账号或地址	1004722		账　号	6655438
	开户银行	文圣支行		开户银行	海淀支行

托收金额	人民币(大写)　叁万肆仟元整	千	百	十	万	千	百	十	元	角	分
				¥	3	4	0	0	0	0	0

附　件	商品发运情况	合同名称号码
附件单证张数	伍张	购销合同　0022255
备注：		付款人注意： 1.…… 2.……

此联是收款人开户银行通知

付款人按期承付货款承付通知

单位主管：刘丹　　会计　　复核　　记账　　付款人开户银行盖章　6 月 29 日

(21)29 日，收到 B 工厂归还的货款，财会收到了托收承付(收款通知)，见表 2-88。

表 2-88 托收承付凭证(收款通知) ④

第 009 号

委托日期 2014 年 6 月 25 日　　托收号码：1004

<table>
<tr><td rowspan="3">付款人</td><td>全　称</td><td colspan="2">B工厂</td><td rowspan="3">收款人</td><td>全　称</td><td colspan="10">渤海公司</td><td rowspan="7">此联是收款人开户银行</td><td rowspan="7">通知收款人货款已入账</td></tr>
<tr><td>账号或地址</td><td colspan="2">778865</td><td>账　号</td><td colspan="10">1004722</td></tr>
<tr><td>开户银行</td><td colspan="2">星海支行</td><td>开户银行</td><td colspan="10">文圣支行</td></tr>
<tr><td rowspan="2">托收金额</td><td colspan="5" rowspan="2">人民币
(大写)　伍万元整</td><td>千</td><td>百</td><td>十</td><td>万</td><td>千</td><td>百</td><td>十</td><td>元</td><td>角</td><td>分</td></tr>
<tr><td></td><td></td><td>¥</td><td>5</td><td>0</td><td>0</td><td>0</td><td>0</td><td>0</td><td>0</td></tr>
<tr><td>附　件</td><td colspan="2">商品发运情况</td><td colspan="13">合同名称号码</td></tr>
<tr><td>附件单证张数</td><td colspan="2">伍张</td><td colspan="13">购销合同　364250</td></tr>
<tr><td colspan="3">备注：</td><td colspan="15">付款人注意：
1.……
2.……</td></tr>
</table>

单位主管：刘丹　　会计　　复核　　记账　　付款人开户银行盖章　6 月 29 日

任务八　审核记账凭证和编制试算平衡表

> 财务负责人给你一叠已经编制好的记账凭证(附有相应原始凭证)，让你做好审核工作，并编制出试算平衡表。但是你审核完后编制试算平衡表时怎么都编不平衡，该怎么办?

一、审核记账凭证

为保证会计信息的质量，在记账之前，应由有关稽核人员对记账凭证进行严格的审核。审核后，稽核人员应在稽核人签章的地方签字。

(一)记账凭证的审核内容

(1)内容是否真实。审核记账凭证是否有原始凭证为依据，所附原始凭证的内容、张数与记账凭证的内容是否一致，记账凭证汇总表的内容、张数与其所依据的记账凭证的内容是否一致等。

(2)项目是否齐全。审核记账凭证各项目的填写是否齐全，如日期、凭证编号、摘要、会计科目、金额、所附原始凭证张数及有关人员签章等。

(3)科目是否正确。审核记账凭证的应借、应贷总账科目是否正确，是否有明确的账户对应关系，明细科目使用得是否正确，所使用的会计科目是否符合国家统一的会计制度的规定等。

(4)金额是否正确。审核记账凭证所记录的金额与原始凭证的有关金额是否一致、计算是否正确，记账凭证汇总表的金额与记账凭证的金额合计是否相符等。

(5)摘要书写是否正确。审核记账凭证中的摘要是否归纳了经济业务的实际内容，记录是否工整、清晰，是否按规定进行更正等。

(二)更正会计凭证

记账凭证经过审核后，如发现有错误，应查明原因，及时更正，对于尚未登记账簿的记账凭证，可以在错误处采用划线更正法更正，数字错误的应把错误的数字全部划掉，并在更正处签字以示负责。对于已经登记账簿的记账凭证，可以采用红字更正法或补充登记法更正凭证。对于审核无误的记账凭证，才能据以登记相应的账簿。

(三)传递和保管会计凭证

会计凭证的传递是指从会计凭证的取得或填制时起至归档保管过程中，在单位内部有关部门和人员之间的传送程序。会计凭证的传递包括传递程序、传递时间和传递过程中的衔接手续。会计凭证从取得或填制开始就要在规定的时间内传递给相关部门或人员，并办理好交接手续。这样，可以保证及时地反映经济业务的发生和完成情况。企业应结合本单位内部机构的设置和人员分工情况以及管理上的要求，规定各种会计凭证的联次和传递程序，同时，还要注意流程的合理性和效益性，以便加快传递速度。根据各有关环节的人员办理手续的必要时间，确定凭证在各环节上的停留时间。会计凭证传递过程中的衔接手续，应该做到既完备严密，又简便易行。凭证的收发、交接都应按一定的手续制度办理，以保证会计凭证的安全和完整。会计凭证的传递要能够满足内部控制制度的要求，使传递程序合理有效，同时尽量节约传递时间，减少传递的工作量。

会计凭证的保管是指会计凭证记账后的整理、装订、归档和存档工作。会计凭证是企业重要的档案资料，因此，对于其如何保管，国家有明确的要求，具体如下：

(1)会计凭证要定期整理，装订成册，防止散失。一般情况下，企业在每月月末，账务处理结束后，要将当月的记账凭证装订成册保管，首先，要加具会计凭证封面，并注明封面上的详细信息，如单位名称、凭证张数、起止号码、年度、月份、会计主管人员、装订人等有关事项，并加盖单位公章。当月凭证较多时，可以装订多册。若原始凭证较多时，可以单独装订，但在凭证封面上必须注明所属记账凭证的日期、编号和种类，同时，在所属的记账凭证上应注明“附件另订”及原始凭证的名称和编号，以便于查阅。

(2)会计凭证要归档保管。会计部门对当年的会计凭证要整理立卷，立卷后可在会计部门保管一年，期满后，应由会计部门填写移交清册移交给本单位的档案管理部门保管，原则上，档案管理部门对移交的会计凭证保持原卷册的封装，妥善保管。

(3)会计凭证借阅管理。会计凭证原则上是不允许外借的，如有特殊需要，必须有本单位主管领导的批示办理借阅手续，外单位如果需要使用原始凭证时，须经本单位负责人的批准，只能复制，不得带走，并要备案，由提供人和收取人共同签字。

(4)会计凭证的销毁管理。会计凭证的保管期限一般为30年，保管期满时，按规定销毁，销毁时首先列出清单，报经批准后，认真清点核对，由档案保管部门和会计部门共同监督销毁，销毁后要办理签字手续，并报告本单位负责人。否则，任何人都不得随意销毁会计凭证。

二、编制试算平衡表

根据资产与权益的恒等关系以及借贷记账法的记账规则，借贷记账法对每项经济业务以相等的金额在相互对应账户的借方和贷方进行登记，这就保证了每一笔经济业务借、贷双方的平衡。试算平衡是指为保证会计账务处理的正确性，依据会计等式或复式记账原理，对本期各账户的全部记录进行汇总和测算，以检查所有账户记录是否正确、完整的过程。

在借贷记账法下，可以采用以下两种方法进行试算平衡。

(一)发生额试算平衡法

发生额试算平衡法是根据本期所有账户借方发生额合计与贷方发生额合计的恒等关系，检验本期发生额记录是否正确的方法。即

全部账户本期借方发生额合计＝全部账户本期贷方发生额合计

(二)余额试算平衡法

余额试算平衡法是根据本期所有账户借方余额合计与贷方余额合计的恒等关系，检验本期账户记录是否正确的方法。即

全部账户的借方期初余额合计＝全部账户的贷方期初余额合计

全部账户的借方期末余额合计＝全部账户的贷方期末余额合计

在实际工作中，总分类账户本期发生额和期末余额的试算平衡，是在每一会计期间结束，把全部经济业务均登记入账并结出各个账户的本期发生额和期末余额后，通过编制试算平衡表进行的。

试算平衡表可以分别编制“总分类账户本期发生额试算平衡表”和“总分类账户余额试算平衡表”，也可以将两张表复合成一张“总分类账户本期发生额及余额试算平衡表”。其格式分别见表 2-89、表 2-90、表 2-91。

表 2-89 总分类账户本期发生额试算平衡表

年 月 （单位：元）

会计科目	本期发生额	
	借 方	贷 方
合 计		

表 2-90 总分类账户本期余额试算平衡表

年 月 （单位：元）

会计科目	借方余额	贷方余额
合 计		

表 2-91　总分类账户本期发生额及余额试算平衡表

年　　月　　　　　　　　（单位：元）

会计科目	期初余额		本期发生额		期末余额	
	借　方	贷　方	借　方	贷　方	借　方	贷　方
合　　计						

编制试算平衡表时，应注意以下几点：

(1)必须保证所有账户的余额均已记入试算平衡表。因为会计等式是对六项会计要素整体而言的，缺少任何一项账户的余额，都会造成期初或期末借方余额合计与贷方余额合计不相等。

(2)如果试算平衡表借贷不相等，肯定账户记录有错误，应认真查找，直到实现平衡为止。

(3)采用试算平衡的方法虽然能够检查账户记录的错误，但不是所有的错误都能检查出来，如有的经济业务漏记，有的经济业务记入账户方向颠倒，有的用错会计科目等。这些错误的结果并不影响账户的平衡关系，也就很难通过试算平衡检查出来，还需定期进行会计检查，以纠正账户记录的错误。

以表 2-91 为例说明试算平衡表的编制方法，见表 2-92。

表 2-92　总分类账户本期发生额及期末余额试算平衡表

2014 年 12 月 30 日　　　　　　单位：元

账户名称	期初余额		本期发生额		期末金额	
	借　方	贷　方	借　方	贷　方	借　方	贷　方
库存现金	1 500.00		4 000.00	2 500.00	3 000.00	
银行存款	250 000.00		250 000.00	114 000.00	386 000.00	
应收账款			60 000.00		60 000.00	
原材料	30 000.00		80 000.00		110 000.00	
应付账款		21 000.00	11 500.00	20 000.00		29 500.00
短期借款			50 000.00	60 000.00		10 000.00
实收资本		260 500.00		200 000.00		460 500.00
主营业务收入				60 000.00		60 000.00
管理费用			1 000.00		1 000.00	
合计	281 500.00	281 500.00	456 500.00	456 500.00	560 000.00	560 000.00

将表 2-92 中的九项经济业务所编制的会计分录登记有关账户并计算出本期发生额及余额，如图 2-16 所示。其编制顺序为：①先应结出各账户本期借方发生额、贷方发生额和期末余额；②将每一账户期初、期末余额和借贷方发生额记入试算平衡表的对应行次，分别累加后得出合计数，即完成了试算平衡表的编制，例如，表 2-92 就是根据“T”形账户中的本期发生额及余额编制的试算平衡表。

库存现金	
期初余额1 500	
	⑤1 500
⑦4 000	
	⑧1 000
本期发生额4 000	本期发生额2 500
期末余额3 000	

银行存款	
期初余额250 000	④20 000
①200 000	⑥50 000
②50 000	⑦4 000
	⑩40 000
本期发生额250 000	本期发生额114 000
期末余额386 000	

应收账款	
⑨60 000	
本期发生额60 000	
期末余额60 000	

原材料	
期初余额30 000	
④20 000	
⑩60 000	
本期发生额80 000	
期末余额110 000	

应付账款	
	期初余额21 000
⑤1 500	
①10 000	⑩20 000
本期发生额11 500	本期发生额20 000
	期末余额29 500

短期借款	
	②50 000
⑥50 000	
	⑨10 000
本期发生额50 000	本期发生额60 000
	期末余额10 000

实收资本	
	期初余额260 500
	①200 000
	本期发生额200 000
	期末余额460 500

主营业务收入	
	⑨60 000
	本期发生额60 000
	期末余额60 000

管理费用	
⑧1 000	
本期发生额1 000	
期末余额1 000	

图 2-16 "T"形账户图

需要注意的是，经过试算平衡，如借、贷方合计数相等，则说明账务处理结果基本正确；如果不相等，则账务处理肯定有错。但试算平衡并非表示账务处理和记录绝对正确，因为它不是检验账务处理正确性的唯一方法。有些错误是试算平衡不能发现的，如借贷方向性错误、对应账户同时多记或少记相等金额、记错有关账户、重记或漏记某项经济业务等。

理论复习

一、单项选择题

1. 记账凭证的传递是指(　　)在单位内部各有关部门及人员之间的传递程序和传递时间。

A. 会计凭证从取得到编制成记账凭证时止

B. 从取得原始凭证到登记账簿上

C. 从填制记账凭证到编制会计报表时止

D. 会计凭证从编制时到归档时止

2. 会计凭证的保管期限一般为(　　)年。

A. 1　　B. 2

C. 15　　D. 20

二、多项选择题

1. 试算平衡表无法发现的错误有(　　)。

A. 漏记某项经济业务　　B. 重记某项经济业务

C. 颠倒记账方向　　D. 漏记一个借方余额

2. 下列等式关系正确的有(　　)。

A. 某一总账账户的期末余额＝该总账账户所属的所有明细账账户期末余额的合计

B. 全部账户借方本期发生额合计＝全部账户贷方本期发生额合计

C. 全部账户借方期末余额合计＝全部账户贷方期末余额合计

D. 全部账户借方期初余额合计＝全部账户贷方期初余额合计

3. 借贷记账法下，试算平衡的方法有(　　)。

A. 发生额试算平衡法　　B. 余额试算平衡法

C. 平行登记法　　D. 增减试算平衡法

三、判断题

1. 会计凭证的保管中强调：会计凭证应加封条，防止抽换凭证。(　　)

2. 编制试算平衡表时，也应包括只有期初余额而没有本期发生额的账户。(　　)

3. 通过试算平衡，能保证全部记账工作完全正确。(　　)

技能练习

实训 2.13

【实训目的】 审核记账凭证的技能。

【实训任务】 审核实训 2.12 资料所填制的记账凭证。

实训 2.14

【实训目的】 编制总分类账户本期发生额及期末余额试算平衡表的技能。

【实训任务】 根据实训 2.10 资料编制本月总分类账户发生额及余额试算平衡表。

任务九　应用借贷记账法

早上财务负责人给你大海公司 12 月份的所有经济业务原始资料，让你在一段时间内编制好这些业务的记账凭证。

一、认知企业会计的处理基础

会计基础是指企业会计的确认、计量和报告的基础，包括权责发生制和收付实现制。《企业会计准则——基本准则》(2006)第九条规定："企业应当以权责发生制为基础进行会计确认、计量和报告。"

(一)权责发生制

权责发生制也称应收应付制，还称应计制，是指企业按收入的权利和支出的义务是否归属于本期来确认收入、费用的标准，而不是按款项的实际收支是否在本期发生，也就是以应收应付为标准。在权责发生制下，凡是本期已经实现(或应该实现)的收入和已经发生(或应该发生)的费用，不论款项是否已经实际收付均作为本期的收入和费用入账；凡是不属于本期(或本期不应该发生)的收入和费用，即使实际上款项已在本期收付，也不作为本期的收入和费用处理。由于它不管款项的收付，而以收入和费用是否归属本期为准，所以称为应计制。例如，2015 年 12 月份，某企业销售产品一批，价款 80 000 元，产品已经提供，那不论货款是否已经收到，按权责发生制原则要求，都应作为 2015 年 12 月份收入处理。又如，该企业 2012 年 12 月份预订次年上半年报纸杂志，共付款 5 400 元。尽管企业已经支付款项，但由于支付的是 2015 年报纸杂志费，要在 2015 年才受益。按权责发生制原则要求，这 5 400 元不应作为 2015 年 12 月份费用处理，而应由下年度 1～6 月份分摊。采用权责发生制原则处理经济业务比较科学、合理，能真实地反映本期收入和费用，正确计算本期损益，但会计处理手续较复杂。

(二)收付实现制

与权责发生制原则相对应的是收付实现制，又称现金收付制或称实收实付制。其是以款项是否实际收付作为标准来处理经济业务，确认本期收入和费用的一种会计处理基础。在收付实现制原则下，凡在本期收到的收入和付出的费用，不论是否属于这一会计期间均作为本期收入和费用处理；凡在本期未收到的收入和未支付的费用，即使应归属于本期，也不作为本期的收入和费用处理。例如，企业在 2015 年 12 月份销售产品一批，价款 50 000 元。产品已经提供，月底尚未收到货款，按收付实现制原则的要求，这 50 000 元不应计入 2015 年的收入。又如，2015 年 12 月份以银行存款 6 000 元支付 2016 年上半年的保险费。由于企业于 2015 年 12 月份支付现款 6 000 元，尽管企业 2015 年 12 月份未受益，但按收付实现制原则的要求，这 6 000 元应作为 2015 年的费用。在收付实现制原则下，会计处理不尽合理，不能准确计算和确定各个会计期间的损益，不适用于企业单位，而主要适用于行政事业单位。

下面分几种情况进一步说明权责发生制与收付实现制这两个会计处理基础的区别：

第一种情况，企业于 2 月 8 日销售商品一批，货款 60 000 元，2 月 28 日收到货款存入银行。无论按权责发生制确认还是按收付实现制确认，这 60 000 元都应作为 2 月份的收入记账，因为收款的权利和实际收款都在 2 月份，以应收应付为标准确认其归属期是 2 月份，以款项是否实际收付作为标准来确认，其归属期也是 2 月份。

第二种情况，企业于 6 月 10 日销售商品一批，货款 80 000 元，9 月 10 日收到货款存入银行。按照权责发生制确认，这 80 000 元应作为 6 月份的收入，因为是 6 月份实现的商品销售，获得了收款的权利；按照收付实现制确认，这 80 000 元应作为 9 月份的收入，因为是 9 月份实际收到的货款。

第三种情况，企业于 8 月 15 日收到对方购货单位一笔货款 6 000 元，存入银行，但按合同规定于 11 月份交付商品(11 月份如期交付了商品)。按照权责发生制确认，这 6 000 元应作为 11 月份的收入，因为 11 月份交货实现了这批商品的销售，获得了收款的权利；按照收付实现制确认，这 6 000 元应作为 8 月份的收入，因为是 8 月份实际收到的货款。

第四种情况，企业于第一年 12 月 30 日预付第二年全年的保险费 24 000 元。按照权责发生制确认，这 24 000 元的费用应计入第二年 12 个月平均每月 2 000 元，因为保险费 24 000 元的受益期(保险期)是第二年的 12 个月，平均每月的支付义务是 2 000 元；按照收付实现制确认，这 24 000 元应作为第一年 12 月份的费用，因为是该月份实际支付的保险费。

第五种情况，企业于第一年 12 月 25 日购入办公用品一批并交付了使用，价款 600 元，但款项是在第二年的 4 月份支付的。按照权责发生制确认，这 600 元应作为第一年 12 月份的办公费，因为是第一年 12 月份购买并交付了使用，形成了支付义务；按照收付实现制确认，这 600 元应作为第二年 4 月份的办公费，因为是该月份实际支付的货款。

第六种情况，企业于 12 月 5 日用银行存款支付本月水电费 800 元。无论按权责发生制确认还是按收付实现制确认，这 800 元都应作为 12 月份的费用记账，因为款项支付的义务形成和实际支付都在 12 月份。

二、资金筹集业务事项的账务处理

企业等单位的资金主要从两个渠道筹集：一是吸收投资者投入资本，形成所有者权益；二是向债权人借入资金，形成企业等单位的负债。

(一)投入资本业务事项

1. 投入资本业务核算需要设置的账户

投入资本的核算需要设置的主要账户是“实收资本”账户，与投入资本的核算相关的账户有“固定资产”账户、“银行存款”账户等。

(1)“实收资本”账户属于所有者权益类账户，用来核算和监督企业等单位投入资本的增减变动及实有数额。该账户的贷方登记吸收投资者投入资本等增加的数额；借方登记投资人收回资本等减少的数额，余额一般在贷方，表示期末投资人投入资本的实有数额。该账户应按投资人设置明细分类账户，进行明细分类核算。

(2)“固定资产”账户属于资产类账户，用来核算和监督企业固定资产原价的增减变动及实有数额。该账户借方登记固定资产原价增加的数额；贷方登记固定资产原价减少的数额，余额一般在借方，表示期末企业固定资产原价的实有数额。该账户应按固定资产类别或名称设置明细分类账户，进行明细分类核算。

(3)“银行存款”账户属于资产类账户，用来核算和监督企业存入银行或其他金融机构的各种款项。该账户借方登记银行存款增加的数额；贷方登记银行存款减少的数额，余额一般在借方，表示期末企业银行存款的实有数额。

2. 投入资本业务事项的账务处理

投资人一般会以银行存款、固定资产等资产向企业投入资本。企业等单位收到投资人投入的资产时，一方面会使企业等单位的资产增加，记入有关资产账户的借方；另一方面会使投资人投入的资本增加，记入“实收资本”账户的贷方。投入资本的总分类核算如图 2-17 所示(注：连线的线端有箭头表示增加，无箭头表示减少。下同)。

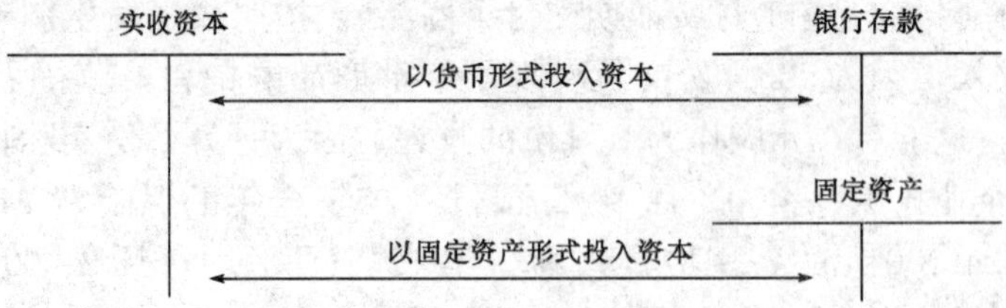

图 2-17　投入资本的账务处理图

【训练 2-16】 大海公司(开户银行：辽阳市商业银行文圣支行，账号：004722，纳税登记号：200111004722000)于 2014 年 1 月 1 日收到振华公司(开户银行：辽阳市商业银行铁东支行，账号：0005643)以人民币形式投入的资本 400 000 元。有关原始凭证见表 2-83 和表 2-84。

表 2-93　辽阳商业银行进账单(回单或收账通知)　①

2014 年 1 月 1 日　　　　第 0001 号

付款人	全　称	振华公司	收款人	全　称	大海公司
	账　号	0005643		账　号	004722
	开户银行	辽阳市商业银行铁东支行		开户银行	辽阳市商业银行文圣支行
人民币(大写)	肆拾万元整		千 百 十 万 千 百 十 元 角 分		¥ 4 0 0 0 0 0 0 0
票据种类	转账支票		辽阳商业银行文圣支行 2014.01.01 业务专用章 收款人开户行盖章		
票据张数	壹				
单位主管	会计	复核			

表 2-94　专用收款收据

收款日期 2014 年 1 月 1 日　　　　编号 000001

付款单位	振华公司	收款单位	大海公司	
人民币(大写)	肆拾万元整	百 十 万 千 百 十 元 角 分 ¥ 4 0 0 0 0 0 0 0	结算方式	转　账
事由	合资		经办部门	
			经办人员	
上述款项照数收讫无误 收款单位财务章 大海公司财务专用章	会计主管	稽　核	出　纳	交款人
	张公		李影	高凡

第二联　收款单位记账凭据

这项经济业务的发生，一方面使企业的银行存款增加 400 000 元，应记入“银行存款”账户的借方；另一方面使振华公司投入资本增加 400 000 元，应记入“实收资本”账户的贷方。财会根据“进账单记账联”和“收款收据”，编制“收款凭证”，见表 2-95。

表 2-95　收款凭证

总号：第 1 号

借方科目	银行存款	2014 年 1 月 1 日	分号：收字第 1 号

摘　要	贷方科目		金　额										记账符号	附件
	总账科目	明细科目	千	百	十	万	千	百	十	元	角	分		
收投资款	实收资本	振华公司			4	0	0	0	0	0	0	0		贰
														张
合　计				¥	4	0	0	0	0	0	0	0		

会计主管：张公　　记账：刘山　　审核：赵五　　出纳：李影　　制单：王天

【训练 2-17】　大海公司于 2014 年 1 月 2 日收到盛达投资公司投入全新车床 1 台，价值 300 000 元，交付使用。财会收到盛达投资公司的“普通发货票”1 张(略)。

这项经济业务的发生，一方面使企业的固定资产原值增加 300 000 元，应记入“固定资产”这一资产类账户的借方；另一方面使盛达投资公司对企业的投入资本增加 300 000 元，应记入“实收资本”账户的贷方。财会根据盛达投资公司的“普通发货票”和“投资协议”(略)填制“转账凭证”，见表 2-96。

表 2-96　转账凭证

总号：第 2 号

2014 年 1 月 2 日　　分号：转字第 1 号

摘　要	总账科目	明细科目	借方金额								贷方金额								记账符号	附件
			十	万	千	百	十	元	角	分	十	万	千	百	十	元	角	分		
投入设备	固定资产		3	0	0	0	0	0	0	0										
	实收资本	盛达公司									3	0	0	0	0	0	0	0		壹
																				张
合　计			3	0	0	0	0	0	0	0	3	0	0	0	0	0	0	0		

会计主管：张公　　记账：刘山　　审核：赵五　　出纳：李影　　制单：王天

(二)借入资金业务事项

1. 借入资金业务核算需要设置的账户

企业向银行等金融机构借入的借款按归还期限长短不同，可分为短期借款和长期借款。短期借款是归还期在 1 年及 1 年以内的借款；长期借款是指归还期在 1 年以上的借款。为了对借款进行核算，应分别设置“短期借款”和“长期借款”两个账户。本书只介绍“短期借款”账户。

(1)“短期借款”账户。“短期借款”账户属于负债类账户，用来核算和监督企业向银行或其他金融机构等借入的期限在 1 年以下(含 1 年)各种借款的借入与归还情况及实有数额。该账户贷方登记企业借入短期借款的数额；借方登记企业归还短期借款的数额，期末余额在贷方，表示企业期末尚未偿还的短期借款的实有数额。该账户应按借款单位和借款种类设置明细账户，进行明细分类核算。

(2)“财务费用”账户。“财务费用”账户属于费用性质的损益类账户，用来核算和监督企业为筹集生产经营所需资金而发生的利息、手续费等费用。该账户借方登记企业发生的利息、手续费等各项财务费用，贷方登记期末转入“本年利润”账户借方的本期财务费用，期末结转后该账户应无余额。该账户应按费用项目设置明细账，进行明细分类核算。

(3)“应付利息”账户。“应付利息”账户属于负债类账户，用来核算和监督企业按照合同约定应支付的利息。其包括短期借款(吸收存款)、分期付息到期还本的长期借款、企业债券等应支付的利息。该账户贷方登记企业按照合同约定应支付而尚未支付的利息数额；借方登记企业已经支付利息的数额，期末余额在贷方，表示企业期末应支付而尚未支付利息的实有数额。该账户应按存款人或债权人进行明细核算。

2. 借入资金业务事项的账务处理

企业在取得短期借款时，一般要存入银行。一方面使银行存款增加，记入“银行存款”账户的借方；另一方面使企业的流动负债增加，应记入“短期借款”的贷方。同时，还要按月计算短期借款应支付的利息，一方面使当期的财务费用增加，应记入“财务费用”的借方；另一方面使企业的短期负债增加，应记入“应付利息”账户的贷方。借入资金的总分类核算如图 2-18 所示。

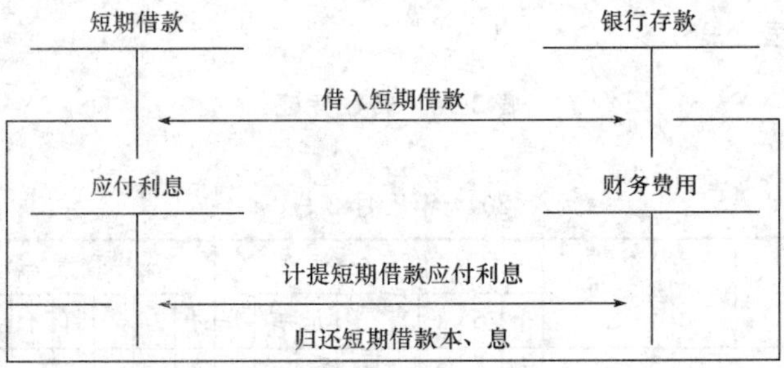

图 2-18　借入资金的账务处理图

【训练 2-18】 大海公司由于季节性资金需求，于 2014 年 1 月 1 日向银行借款 200 000 元，期限 3 个月，年利率为 12%，到期一次还本付息。财会收到银行专用“借款借据”(代收账通知)，见表 2-97。

表 2-97　借款借据(代收账通知)

贷出日期 2014 年 1 月 1 日

借款单位	大海公司		借款户账号	564823	
			存款户账号	004722	
人民币(大写)	贰拾万元整			千 百 十 万 千 百 十 元 角 分	
				￥ 2 0 0 0 0 0 0 0	
借款种类	临时	约定还款期	2014 年 4 月 1 日	利率	8%
实际支款用途	购货	展期到期日	2014 年 5 月 1 日	利率	10%
借款单位预留财务专用章及法人代表章	大海公司财务专用章	担保单位户名 担保单位账号 担保单位开户银行		担保单位公章 担保单位法人代表章 记账	

行长：赵峰　　　　科(处)长：张力　　　　借贷员：王平

这项经济业务的发生，一方面使银行存款增加200 000元，应记入“银行存款”账户的借方；另一方面又使短期借款增加200 000元，应记入“短期借款”账户的贷方。财会根据“借款借据”(代收账通知)填制“收款凭证”，见表2-98。

表2-98　收款凭证

总号：第3号

借方科目：银行存款　　　　2014年1月1日　　　　分号：收字第2号

摘　要	贷方科目		金　额										记账符号	
	总账科目	明细科目	千	百	十	万	千	百	十	元	角	分		附件
期限3个月借款	短期借款	临时借款			2	0	0	0	0	0	0	0		
														壹
														张
合　计				¥	2	0	0	0	0	0	0	0		

会计主管：张公　　记账：刘山　　审核：赵五　　出纳：李影　　制单：王天

【训练2-19】　2014年1月31日，大海公司计提1月份应负担的短期借款利息。财会填制了“银行借款利息计算单”见表2-99。

表2-99　银行借款利息计算单

2014年1月31日　　　　单位：元

借款种类	临时借款	借款金额	年利率	月利息	累计预提利息
借款日期	2014年1月1日	200 000	12%	2 000	2 000
还款日期	2014年4月1日				
合　计		200 000	12%	2 000	2 000

按照权责发生制的原则，1月份尽管还没有支付短期借款利息，但1月份应负担已经发生的一个月的利息2 000元。这项经济业务的处理，一方面使企业1月份的财务费用增加2 000元，应记入“财务费用”账户借方；另一方面使企业的负债(欠银行利息)增加，应记入“应付利息”账户贷方。财会根据“银行借款利息计算单”填制“转账凭证”，见表2-100。

表2-100　转账凭证

总号：第4号

2014年1月31日　　　　分号：转字第2号

摘　要	总账科目	明细科目	借方金额								贷方金额								记账符号	
			十	万	千	百	十	元	角	分	十	万	千	百	十	元	角	分		附件
计提利息	财务费用	利息			2	0	0	0	0	0										
	应付利息												2	0	0	0	0	0		壹
																				张
合　计				¥	2	0	0	0	0	0		¥	2	0	0	0	0	0		

会计主管：张公　　记账：刘山　　审核：赵五　　出纳：李影　　制单：王天

2月末、3月末，企业要填制与训练2-19相同的转账凭证。

【训练 2-20】 2014 年 4 月 1 日，大海公司开出＃5888 转账支票归还短期借款本金 200 000 元，利息 6 000 元，共计 206 000 元。

这项经济业务的发生，一方面使企业的负债减少，应记入“短期借款”(本金部分)和“应付利息”(利息部分)账户的借方；另一方面使企业的银行存款减少，应记入“银行存款”账户的贷方。财会根据“转账支票”存根联(略)填制“付款凭证”，见表 2-101。

表 2-101 付款凭证

总号：第 5 号

贷方科目	银行存款	2014 年 4 月 1 日	分号：付字第 1 号

摘 要	借方科目		金 额										记账符号	附件
	总账科目	明细科目	千	百	十	万	千	百	十	元	角	分		
归还借款本、息	短期借款				2	0	0	0	0	0	0	0		
	应付利息						6	0	0	0	0	0		壹
														张
合 计				¥	2	0	6	0	0	0	0	0		

会计主管：张公　　记账：刘山　　审核：赵五　　出纳：李影　　制单：王天

三、供应过程业务事项

供应过程是工业企业生产经营过程的第一个阶段，是为生产储备材料物资的阶段。在供应过程中发生的主要经济业务是采购材料物资，支付采购材料物资的买价和采购费用，确定材料物资的采购成本。材料物资的买价是指材料物资的发货票价格，而材料物资的采购费用是指支付的运杂费、运输途中的合理损耗和入库前的挑选整理费用等。材料物资的买价加上采购费用就是材料物资的采购成本。

(一)供应过程业务核算需要设置的账户

为了组织供应过程的核算，加强采购业务的管理，确定材料物资的实际采购成本，需要设置以下账户。

1.“在途物资”账户

“在途物资”账户属于资产类账户，用来核算和监督企业采用实际成本法时外购材料物资的买价和采购费用，计算确定采购材料的实际成本。该账户的借方登记购入材料物资的买价和采购费用；贷方登记转入“原材料”账户借方的已验收入库材料物资的实际采购成本。期末余额在借方，表示期末货款已经支付尚未到达或尚未验收入库的在途物资的采购成本。该账户应按购入材料物资的类别、品种、规格分别设置明细分类账户，进行明细分类核算。

2.“原材料”账户

“原材料”账户属于资产类账户，用来核算和监督企业库存材料的收入、发出和结存情况。该账户的借方登记已验收入库材料的实际成本，贷方登记发出材料的实际成本，期末余额在借方，表示期末库存材料的实际成本。该账户应按照材料的类别、品种及规格设置明细分类账户，进行原材料的明细分类核算。

3.“应付账款”账户

“应付账款”账户属于负债类账户，用来核算和监督企业因采购材料物资和接受劳务供应等所引起的，应付给供应单位款项的发生和偿付情况及实有数额。该账户贷方登记发生的应付给供应单位的款项；借方登记已偿还的应付供应单位的款项，期末余额在贷方，表示期末尚未偿还的应付给供应单位款项的实有数额。该账户应按照供应单位的名称设置明细分类账户，进行明细分类核算。

4."应交税费"账户

"应交税费"账户属于负债类账户，用来核算和监督企业按照税法等规定计算应交纳的各种税费。其包括增值税、消费税、所得税、资源税、土地增值税、城市维护建设税、房产税、土地使用税、车船使用税、教育费附加、矿产资源补偿费等。该账户贷方登记企业发生的应交纳的各种税金数额；借方登记已交纳或应抵减的税金数额，期末余额一般在贷方，表示期末尚未交纳税金的实有数额。企业在供应过程中所涉及最多的税金是增值税。

应交增值税额＝本期销项税额－本期准予抵扣的进项税额

销项税额＝销售额×增值税税率

进项税额＝材料采购买价成本×增值税税率

例如，某企业甲材料的买价成本为 10 000 元，用甲材料加工出的 A 产品(假设不考虑其他成本费用因素)以 15 000 元价格出售，增值税税率为 17%，则该企业的应交增值税额计算如下：

销项税额＝15 000×17%＝2 550(元)

进项税额＝10 000×17%＝1 700(元)

应交增值税额＝2 550－1 700＝850(元)

在增值税的会计核算中，销项税额记入"应交税费"账户的贷方，增加企业应上交的税金；进项税额记入"应交税费"账户的借方，减少企业应上交的税金。正常情况下，"应交税费"账户的贷方发生额应大于借方发生额，其差额即为应上交的增值税额。

(二)供应过程业务事项的账务处理

供应过程的经济业务一方面会使企业的材料采购成本增加和应交税费的减少(增值税进项税额增加会使应交税费减少)，应记入"在途物资"和"应交税费"账户的借方；另一方面，会使银行存款减少或应付账款增加，应记入"银行存款"账户或"应付账款"账户贷方。供应过程的总分类核算如图 2-19 所示。

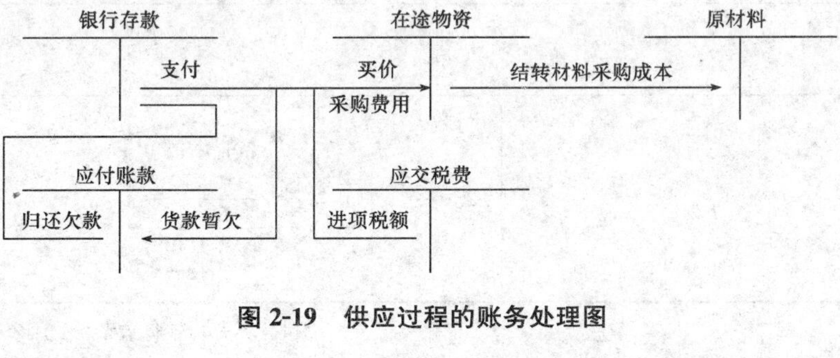

图 2-19　供应过程的账务处理图

【训练 2-21】　2014 年 1 月 26 日，大海公司(开户银行：辽阳市商业银行文圣支行，账号：004722，纳税登记号：200111004722000)从沈阳钢铁厂(开户银行：沈阳市商业银行铁西支行，账号：2005123，纳税登记号：805620051230000)购入钢材一批。有关原始凭证见表 2-102 和表 2-103。

表 2-102　辽宁增值税专用发票

开票日期：2014 年 1 月 26 日　　　　**发　票　联**　　　　№：000002

购货单位	名　　称	大海公司		纳税登记号		200111004722000		
	地址、电话	辽阳市　0419－2312040		开户银行及账号		辽阳市商业银行文圣支行 004722		
货物或应税劳务名称		规格型号	计量单位	数量	单价	金　额	税率/%	税额
圆钢		ϕ80 mm	千克	1 000	10.00	10 000.00	17	1 700.00
方钢		5×5 mm	千克	3 000	5.00	15 000.00	17	2 550.00
合　计						￥25 000.00		￥4 250.00
价税合计		×佰×拾贰万玖仟贰佰伍拾零元零角零分						￥29 250.00
备　　注								
销货单位	名　　称	沈阳钢铁厂		纳税登记号		805620051230000		
	地址、电话	沈阳　024－6688521		开户银行及账号		沈阳市商业银行铁西支行 2005123		

第二联　报销凭证

销货单位(章)：沈阳钢铁厂财务专用章　　收款人：刘艳　　复核：　　开票人：杨红

表 2-103　托收承付凭证(承付/支款通知)　⑤

第 00123 号

委托日期 2014 年 1 月 23 日　　　　托收号码：008

付款人	全　　称	大海公司	收款人	全　　称	沈阳钢铁厂
	账号或地址	004722		账　　号	2005123
	开户银行	辽阳市商业银行文圣支行		开户银行	沈阳市商业银行铁西支行
托收金额	人民币(大写)	贰万玖仟贰佰伍拾元整		千 百 十 万 千 百 十 元 角 分	￥ 2 9 2 5 0 0 0
附　件		商品发运情况		合同名称号码	
附件单证张数	叁				
备注：			付款人注意： 1. …… 2. ……	辽阳商业银行文圣支行 2014.01.23 业务专用章	

此联是收款人开户银行通知　　付款人按期承付货款承付通知

单位主管　　会计　　复核　　记账　　付款人开户银行盖章　1 月 26 日

这项经济业务的发生，一方面使材料采购成本增加 25 000 元，应记人“在途物资”账户的借方；应交增值税进项税额增加 4 250 元应记人“应交税费”账户的借方；另一方面材料货款和税款已用银行存款付清，使银行存款减少 29 250 元，应记人“银行存款”账户贷方。根据“增值税专用发票”和“托收承付付款通知”联填制“付款凭证”见表 2-104。

表 2-104　付款凭证

总号：第 6 号

贷方科目：银行存款　　2014 年 1 月 26 日　　分号：付字第 2 号

摘　要	借方科目		金　额										记账符号
	总账科目	明细科目	千	百	十	万	千	百	十	元	角	分	
购　货	在途物资	圆　钢			1	0	0	0	0	0	0	0	
	在途物资	方　钢			1	5	0	0	0	0	0	0	
销项税额	应交税费	应交增值税				4	2	5	0	0	0	0	
合　计				¥	2	9	2	5	0	0	0	0	

附件贰张

会计主管：张公　　记账：刘山　　审核：赵五　　出纳：李影　　制单：王天

【训练 2-22】 2014 年 1 月 26 日，白塔仪表厂开出＃5889 转账支票支付从沈阳钢铁厂购圆钢 1 000 千克和方钢 3 000 千克共同发生的运输费 5 000 元(注：本书不考虑运输费的进项税额问题)，财会取得了“运费发票”(略)。

这项经济业务发生后，首先应按照配比原则将运输费按重量比例进行分配，编制“运杂费分配表”，见表 2-105。

表 2-105　运杂费分配表

第 001 号

2014 年 1 月 26 日　　金额单位：元

材料名称	材料重量/千克	分配率/(元・千克$^{-1}$)	应分费用
圆　钢	1 000		1 250.00
方　钢	3 000		3 750.00
合　计	4 000	1.25	5 000.00

这项经济业务的发生一方面使材料采购成本增加 5 000 元，应记入“在途物资”账户的借方；另一方面材料运输费已用银行存款付清，使银行存款减少 5 000 元，应记入“银行存款”账户的贷方。财会根据“运费发票”“转账支票存根联”(略)和“运杂费分配表”填制“付款凭证”，见表 2-106。

表 2-106　付款凭证

总号：第 7 号

贷方科目：银行存款　　2014 年 1 月 26 日　　分号：付字第 3 号

摘　要	借方科目		金　额										记账符号
	总账科目	明细科目	千	百	十	万	千	百	十	元	角	分	
支付、分配运费	在途物资	圆　钢					1	2	5	0	0	0	
	在途物资	方　钢					3	7	5	0	0	0	
合　计						¥	5	0	0	0	0	0	

附件叁张

会计主管：张公　　记账：刘山　　审核：赵五　　出纳：李影　　制单：王天

【训练 2-23】 2014 年 1 月 27 日，白塔仪表厂从沈阳钢铁厂购入圆钢 2 000 千克，每千克 9.80 元，共计 19 600 元，应交增值税税率为 17%，共计 3 332 元，材料运输费 2 430 元由沈阳钢铁厂代垫，材料已运达企业，财会收到了“增值税专用发票”(略)和“运费发票”(略)，但货款及代垫运费款尚未支付。

这项经济业务的发生，一方面使材料采购成本增加 22 030 元(19 600 元+2 430 元)，应记入“在途物资”账户的借方，应交增值税进项税额增加 3 332 元，应记入“应交税费”账户的借方；另一方面使应付账款增加 25 362 元，应记入“应付账款”账户的贷方。财会根据“增值税专用发票”和“运费发票”填制“转账凭证”，见表 2-107。

表 2-107 转账凭证

总号：第 8 号

2014 年 1 月 27 日　　分号：转字第 3 号

摘　要	总账科目	明细科目	借方金额								贷方金额								记账符号
			十	万	千	百	十	元	角	分	十	万	千	百	十	元	角	分	
购货款未付	在途物资	圆　钢		2	2	0	3	0	0	0									
销项税额	应交税费	应交增值税			3	3	3	2	0	0									
	应付账款	沈阳钢铁厂										2	5	3	6	2	0	0	
合　计			¥	2	5	3	6	2	0	0	¥	2	5	3	6	2	0	0	

附件贰张

会计主管：张公　　记账：刘山　　审核：赵五　　出纳：李影　　制单：王天

【训练 2-24】 2014 年 1 月 30 日，大海公司开出＃6890 转账支票归还欠沈阳钢铁厂的购圆钢款 25 362 元。

这项经济业务的发生，一方面使应付账款减少 25 362 元，应记入“应付账款”账户的借方；另一方面使银行存款减少 25 362 元，应记入“银行存款”账户的贷方。财会根据“转账支票存根联”(略)编制“付款凭证”，见表 2-108。

表 2-108 付款凭证

总号：第 9 号

贷方科目：银行存款　　2014 年 1 月 30 日　　分号：付字第 4 号

摘　要	借方科目		金　额										记账符号
	总账科目	明细科目	千	百	十	万	千	百	十	元	角	分	
归还前欠货款	应付账款	沈阳钢铁厂				2	5	3	6	2	0	0	
合　计					¥	2	5	3	6	2	0	0	

附件壹张

会计主管：张公　　记账：刘山　　审核：赵五　　出纳：李影　　制单：王天

【训练 2-25】 2014 年 1 月 31 日，大海公司财会根据已入库材料的费用支出情况编制“材料采购成本计算表”，见表 2-109。

表 2-109　材料采购成本计算表

第 001 号

2014 年 1 月 31 日　　　　单位：元

项　目		买　价	采购费用	采购成本
圆　钢（数量：3 000 千克）	总成本	29 600.00	3 680.00	33 280.00
	单位成本	9.87	1.22	11.09
方　钢（数量：3 000 千克）	总成本	15 000.00	3 750.00	18 750.00
	单位成本	5.00	1.25	6.25
成本合计		44 600.00	7 430.00	52 030.00

这项经济业务表明，材料的采购供应过程已经完成，各种材料的实际采购总成本已分别计算确定。应从“在途物资”账户的贷方转入“原材料”账户的借方，入库原材料的实际成本增加了 52 030 元，材料采购成本减少了 52 030 元。财会根据“材料采购成本计算表”和“收料单”(表 2-110)编制“转账凭证”，见表 2-111。

表 2-110　收 料 单

收料仓库：1 号仓库　　　　2014 年 1 月 31 日　　　　第 0001 号

材料编号	材料名称	规格	单位	数量		金额			
				应收	实收	单价	买价	运费	成本
0001	圆钢	ϕ10 mm	千克	3 000	3 000	9.87	29 600.00	3 680.00	33 280.00
0002	方钢	5 mm	千克	3 000	3 000	5.00	15 000.00	3 750.00	18 750.00
合　计							44 600.00	7 430.00	52 030.00

第二联　财会

仓库负责人：于智慧　　　　经办人：张小伟　　　　收料人：段龙

表 2-111　转账凭证

总号：第 10 号

2014 年 1 月 31 日　　　　分号：转字第 4 号

摘　要	总账科目	明细科目	借方金额								贷方金额								记账符号
			十	万	千	百	十	元	角	分	十	万	千	百	十	元	角	分	
结转入库材料的采购成本	原材料	圆　钢		3	3	2	8	0	0	0									
	原材料	方　钢		1	8	7	5	0	0	0									
	在途物资	圆　钢										3	3	2	8	0	0	0	
	在途物资	方　钢										1	8	7	5	0	0	0	
合　计			¥	5	2	0	3	0	0	0	¥	5	2	0	3	0	0	0	

附件壹张

会计主管：张公　　记账：刘山　　审核：赵五　　出纳：李影　　制单：王天

四、生产过程业务事项

企业的生产过程是从投入材料到产品完工并验收入库的全过程。企业在生产产品的过程中所发生的各种耗费，称为生产费用。其主要包括生产产品所消耗的材料、生产工人的工资及职工福利费、厂房和机器设备等固定资产的折旧费以及为管理和组织生产等而发生的各种费用。将生产费用按一定种类和数量的产品进行归集即为产品生产成本。产品成本一般包括直接材料、直接人工和制造费用三部分。而为管理和组织厂部及行政管理部门发生的间接费用属于管理费用，管理费用属于期间费用不计入产品生产成本，直接冲减本年利润。

(一)生产过程业务核算需要设置的账户

为了核算和监督生产过程中发生的各种经济业务，归集和分配生产费用，并在此基础上进行产品生产成本的计算，生产过程核算一般要设置以下账户。

1."生产成本"账户

"生产成本"账户属于成本类账户，用来核算与监督企业进行工业性生产发生的各项生产成本，包括生产各种产品(产成品、自制半成品等)、自制材料、工具、设备等。该账户的借方登记生产产品发生的直接材料、直接人工(生产工人工资及福利费)，以及由"制造费用"账户归集后分配转入的制造费用等间接费用；贷方登记已转入"库存商品"账户借方的已完工并验收入库产品的实际生产成本。期末余额在借方，表示企业期末生产过程中尚未完工的在产品的实际生产成本。该账户应按产品的品种或类别设置明细分类账户，进行明细核算。在"生产成本"明细分类账户的借方，还应按构成产品生产成本的成本项目，分别设置专栏，提供产品生产成本的构成资料。

2."制造费用"账户

"制造费用"账户属于成本类账户，用来归集和分配企业为管理、组织车间生产而发生的各项间接费用，包括车间管理人员的工资及福利费、机器设备及车间厂房等固定资产的折旧费和修理费、车间水电费、车间办公费、机器物料消耗、劳动保护费和季节性、修理期间的停工损失等，以及其他不能直接计入产品生产成本的生产费用。该账户的借方登记月份内发生的各种制造费用；贷方登记分配转入"生产成本"账户借方，由各种产品成本负担的制造费用。结转后该账户一般无余额。由于该账户具有在借方集合本期发生的所有制造费用，而期末又从该账户的贷方转出的特点，所以，又称集合分配账户。该账户应按车间、部门和费用项目设置明细分类账，进行明细分类核算。

3."待摊费用"账户

"待摊费用"账户属于资产类账户，用来核算和监督企业已经支付，但应由本月和以后各月分别负担的，分摊期在1年(分摊期在1年以上的为"长期待摊费用")以内的各项费用，如预付报刊订阅费、预付租金等费用。该账户的借方登记已经支付或发生的各种待摊费用；贷方登记摊销计入各月费用的待摊费用。月末余额在借方，表示尚待摊销的待摊费用，该账户年末应无余额。在编制月末或季末的资产负债表时，如果该账户有月末或季末余额，应将其余额并入资产负债表的"预付账款"项目。待摊费用就其实质来说，也是一种预付账款。财政部2006年10月30日颁布的《企业会计准则——应用指南》，在会计科目表中没有列举“待摊费用”科目，所以，企业可以设置该科目，也可以不设置该科目，如果不设置该科目，可以用“预付账款”科目代替这个科目。

4.“库存商品”账户

“库存商品”账户属于资产类账户，用来核算和监督企业生产完工产成品和购入商品的验收入库、发出及结存情况。该账户的借方登记已经验收入库的产成品或商品的实际成本；贷方登记转入“主营业务成本”账户借方已经销售发出的产成品或商品的实际成本。期末余额在借方，表示期末库存商品的实际成本。该账户应按库存商品的品种、规格或类别设置明细分类账户，进行明细分类核算。

5.“管理费用”账户

“管理费用”账户属于费用性质损益类账户，用来核算企业行政管理部门为组织和管理生产经营活动所发生的各项管理费用。其包括行政管理部门的工资和福利费、折旧费、办公费、水电费、工会经费、业务招待费、房产税、土地使用税、车船使用税、印花税、技术转让费、无形资产摊销、职工教育经费、研究开发费、劳动保险费等。该账户借方登记企业发生的各种管理费用，贷方登记期末转入“本年利润”账户借方的管理费用，期末结转后该账户应无余额。该账户应按费用项目设置明细账，进行明细分类核算。

6.“应付职工薪酬”账户

“应付职工薪酬”账户属于负债类账户，用来核算和监督企业根据有关规定应付给职工的各种薪酬。该账户贷方登记本期实际发生的，并按生产用途分配给“生产成本”“制造费用”“管理费用”等账户借方的应付职工薪酬总额；借方登记本期实际支付给职工的职工薪酬总额。期末余额一般在贷方，表示期末企业欠职工的职工薪酬总额。

本科目可按“工资”“职工福利”“社会保险费”“住房公积金”“工会经费”“职工教育经费”“非货币性福利”“辞退福利”“股份支付”等进行明细核算。

7.“累计折旧”账户

“累计折旧”账户是“固定资产”账户的抵减账户，用来核算和监督固定资产因损耗而减少的价值，即固定资产折旧。该账户的贷方登记固定资产折旧的增加数额(即固定资产因损耗而减少的价值)；借方登记已提固定资产折旧的减少数额或冲销数额。期末余额在贷方，表示现有固定资产已提折旧的累计数额。虽然该账户的余额在贷方，但就其所核算的内容而言是固定资产因损耗而减少的价值，所以该账户属于资产类账户。用“固定资产”账户的借方余额减去相应“累计折旧”账户的贷方余额，便可得到现有固定资产的折余价值，即净值。

(二)生产过程业务事项的账务处理

生产过程即是制造产品的过程，其会计核算的过程就是归集生产费用的过程。财会按照生产过程中所发生的各种费用的用途，分别归集到“生产成本”“制造费用”和“管理费用”账户中去，期末再将“制造费用”账户归集的数额分配结转到“生产成本”账户，据以计算确定产品生产成本。在确定完工产品成本后，再将完工产品成本转入“库存商品”账户。生产过程经济业务总分类核算如图 2-20 所示。

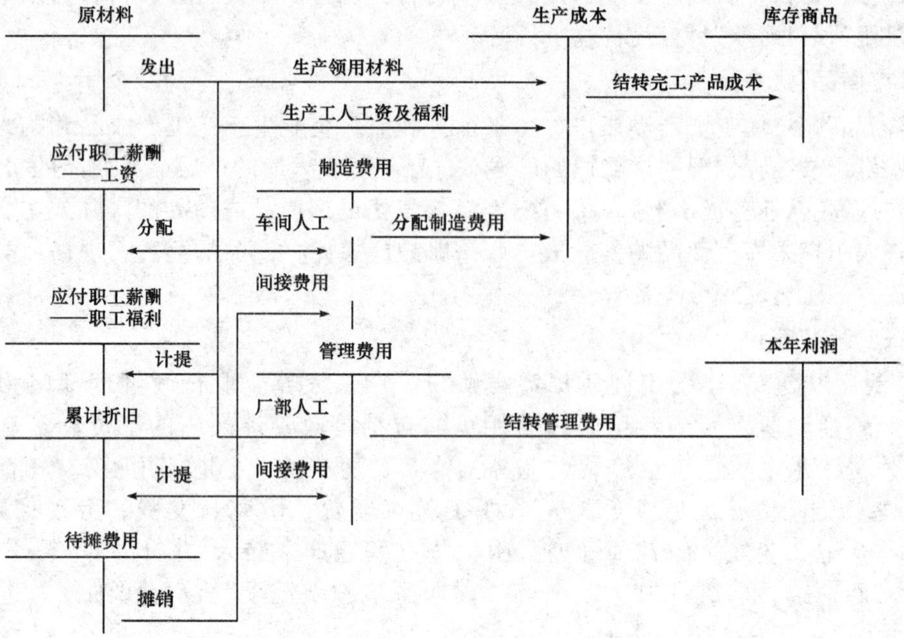

图 2-20　生产过程经济业务的账务处理图

【训练 2-26】 2014 年 1 月 15 日，仓库发出材料，财会根据领料单编制"发出材料汇总表"，见表 2-112。

表 2-112　发出材料汇总表

第 0001 号

2014 年 1 月 15 日　　　　金额单位：元

项　目	圆　钢			方　钢			金额合计
	数量	单价	金　额	数量	单价	金　额	
生产电表耗用	1 000		11 090.00	1 100		6 875.00	17 965.00
生产水表耗用	600		6 654.00	500		3 125.00	9 779.00
小　计	1 600		17 744.00	1 600		10 000.00	27 744.00
车间一般耗用	300		3 327.00	200		1 250.00	4 577.00
行政管理部门一般耗用	100		1 109.00	200		1 250.00	2 359.00
合　计	2 000	11.09	22 180.00	2 000	6.25	12 500.00	34 680.00

会计主管：张公　　　　制单：王天

这项经济业务的发生，一方面使库存原材料减少 34 680 元，应记入"原材料"账户的贷方；另一方面使成本费用增加 34 680 元，其中，生产电表和水表耗用的材料属于直接费用，应记入"生产成本"账户的借方；车间一般耗用材料和行政管理部门一般耗用材料属于间接费用，应分别记入"制造费用"账户和"管理费用"账户的借方。财会根据"发出材料汇总表"编制"转账凭证"(会计分录代替)如下：

借：生产成本——电表　　17 965.00

——水表　　9 779.00

制造费用　　4 577.00

管理费用　　2 359.00

贷：原材料——圆钢　　22 180.00

——方钢　　12 500.00

【训练 2-27】 2014 年 1 月 18 日，开出＃0001 现金支票，从银行存款中提取现金 19 000 元，准备用以发放工资。

这项经济业务的发生，一方面使企业现金增加 19 000 元，应记入“库存现金”账户的借方；另一方面使银行存款减少了 19 000 元，应记入“银行存款”账户贷方。财会根据“现金支票存根联”(略)编制“付款凭证”(会计分录代替)如下：

借：库存现金　　19 000.00

贷：银行存款　　19 000.00

【训练 2-28】 2014 年 1 月 18 日，以现金发放职工工资 19 000 元。

这项经济业务的发生，一方面使库存现金减少 19 000 元，应记入“库存现金”账户的贷方；另一方面使企业欠职工的工资减少了 19 000 元，应记入“应付职工薪酬——工资”账户的借方。财会根据职工领款签字后的“工资结算单”(略)编制“付款凭证”(会计分录代替)如下：

借：应付职工薪酬——工资　　19 000.00

贷：库存现金　　19 000.00

【训练 2-29】 2014 年 1 月 31 日，分配本月份应付职工工资，财会编制“工资费用分配表”，见表 2-113。

表 2-113　工资费用分配表

第 0001 号

2014 年 1 月 31 日　　金额单位：元

项　目	工　资
生产电表工人工资	7 000.00
生产水表工人工资	9 000.00
小　计	16 000.00
车间管理人员工资	2 000.00
行政管理部门人员工资	1 000.00
合　计	19 000.00

会计主管：张公　　制单：王天

这项经济业务的发生，一方面使企业应付职工的工资增加了 19 000 元，应记入“应付职工薪酬——工资”账户的贷方；另一方面使企业的成本费用增加了 19 000 元，其中，生产电表和水表的工人工资是直接费用，应记入“生产成本”账户的借方；车间和行政管理部门人员的工资是间接费用，应分别记入“制造费用”和“管理费用”账户的借方。财会根据“工资费用分配表”编制“转账凭证”(会计分录代替)如下：

借：生产成本——电表　　7 000.00
　　　　　——水表　　9 000.00
　　制造费用　　2 000.00
　　管理费用　　1 000.00
　　贷：应付职工薪酬——工资　　19 000.00

【训练 2-30】 2014 年 1 月 31 日，按工资总额的 14%计提职工福利费。财会编制“职工福利费计算表”见表 2-114。

表 2-114　职工福利费计算表

第 0001 号

2014 年 1 月 31 日　　单位：元

项　　目	工资总额	提取比例	职工福利费
生产电表工人福利费	7 000.00		980.00
生产水表工人福利费	9 000.00		1 260.00
小　　计	16 000.00		2 240.00
车间管理人员福利费	2 000.00		280.00
行政管理部门人员福利费	1 000.00		140.00
合　　计	19 000.00	14%	2 660.00

会计主管：张公　　制单：王天

这项职工福利费的计提与工资费用分配一样，一方面形成一笔应付款项，即企业职工福利增加，应记入“应付职工薪酬——职工福利”账户的贷方；另一方面增加了费用成本，按照职工福利费用的归属分别记入“生产成本”“制造费用”和“管理费用”账户的借方。财会根据“职工福利费计算表”编制“转账凭证”(会计分录代替)如下：

借：生产成本——电表　　980.00
　　　　　——水表　　1 260.00
　　制造费用　　280.00
　　管理费用　　140.00
　　贷：应付职工薪酬——职工福利　　2 660.00

【训练 2-31】 2014 年 1 月 31 日，以现金支付职工张某的生活困难补助 1 000 元。按规定，企业向职工食堂、职工医院、生活困难职工等支付职工福利费时，应冲减“应付职工薪酬——职工福利”。

上述业务的发生，一方面减少了应付职工的职工福利费，应记入“应付职工薪酬——职工福利”的账户借方；另一方面减少了库存现金，应记入“库存现金”账户的贷方。财会根据职工的“收款收据”(略)编制“付款凭证”(会计分录代替)如下：

借：应付职工薪酬——职工福利　　1 000.00
　　贷：库存现金　　1 000.00

【训练 2-32】 2014 年 1 月 1 日，开出＃5891 转账支票，支付第一季度的厂部临时办公楼和车间临时厂房的租金 15 000 元。

这项经济业务的发生，一方面，由于支付的是 1 个季度的租金，按照权责发生制的原则和配比原则的要求，该项租金应由1月、2月和3月分别负担，不能全部记入1月份的管理费用和制造费用，而应先增加待摊费用，记入“待摊费用”的借方，以后再按月摊入“管理费用”和“制造费用”账户；另一方面，由于已用转账支票支付了该项租金，使企业的银行存款减少了15 000元，应记入“银行存款”账户的贷方。财会根据“转账支票存根”(略)和“租金发票”(略)编制“付款凭证”(会计分录代替)如下：

借：待摊费用　　15 000.00

　　贷：银行存款　　15 000.00

【训练2-33】 2014年1月31日，摊销应由本月负担的租金费用，财会编制“租金费用分配表”见表2-115。

表2-115　租金费用分配表

第001号

2014年1月31日　　单位：元

项　目	待摊金额	摊销期	本月摊销额	累计摊销额
车间厂房租金	9 000.00	1月至3月	3 000.00	3 000.00
厂部办公楼租金	6 000.00	1月至3月	2 000.00	2 000.00
合　计	15 000.00		5 000.00	5 000.00

会计主管：张公　　制单：王天

这项经济业务的发生，一方面使1月份的制造费用和管理费用分别增加了3 000元和2 000元，应记入“制造费用”和“管理费用”账户的借方；另一方面使待摊费用减少了5 000元，应记入“待摊费用”账户的贷方。财会根据“租金费用分配表”编制“转账凭证”(会计分录代替)如下：

借：制造费用　　3 000.00

　　管理费用　　2 000.00

　　贷：待摊费用　　5 000.00

【训练2-34】 2014年1月31日，计提本月固定资产折旧，财会编制“固定资产折旧计算表”见表2-116。

表2-116　固定资产折旧计算表

第001号

2014年1月31日　　单位：元

项　目	上月折旧额	上月增加固定资产			上月减少固定资产			本月折旧额
		原　值	月折旧率	折旧额	原　值	月折旧率	折旧额	
车间固定资产折旧	2 800.00	50 000.00	0.6%	300.00				3 100.00
厂部固定资产折旧	2 200.00				20 000.00	0.5%	100.00	2 100.00
合　计	5 000.00	50 000.00	0.6%	300.00	20 000.00	0.5%	100.00	5 200.00

会计主管：张公　　制单：王天

固定资产在使用过程中逐渐损耗的价值称为固定资产折旧。固定资产损耗的价值，应按照固定资产的原始价值和规定的折旧率按月计算折旧费用，计入制造费用和管理费用。

这项经济业务的处理，一方面增加了制造费用和管理费用，应记入“制造费用”和“管理费用”的借方；另一方面减少了固定资产的价值，按会计核算的要求，这部分固定资产减少的价值应增加累计折旧，记入“累计折旧”账户的贷方。财会根据“固定资产折旧计算表”编制“转账凭证”(会计分录代替)如下：

借：制造费用　　3 100.00

　　管理费用　　2 100.00

　　贷：累计折旧　　5 200.00

【训练 2-35】 2014 年 1 月 31 日，根据本训练之前与制造费用有关的训练(训练 2-26、训练 2-29、训练 2-30、训练 2-33、训练 2-34)中的会计分录登记制造费用明细账见表 2-117。计算出本月发生制造费用总额为 12 957 元，按生产工时的比例(已知：电表生产工时为 3 000 小时，水表生产工时为 3 478.5 小时)分配结转本月制造费用。财会编制“制造费用分配表”见表 2-118。

表 2-117　制造费用明细分类账

明细项目：×生产车间　　　　单位：元

2014 年		凭证号数	摘　要	借　方						贷方	余额
月	日			物料消耗	工资	职工福利	房租	折旧	合计		
1	15	26	消耗材料	45 77.00					4 577.00		4 577.00
	31	29	分配工资		2 000.00				2 000.00		6 577.00
	31	30	分配福利			280.00			280.00		6 857.00
	31	33	摊销房租				3 000.00		3 000.00		9 857.00
	31	34	计提折旧					3 100.00	3 100.00		12 957.00
	31	35	分配制造费用							12 957.00	0.00
1			本月合计	4 577.00	2 000.00	280.00	3 000.00	3 100.00	12 957.00	12 957.00	0.00

表 2-118　制造费用分配表

第 001 号

2014 年 1 月 31 日　　　　单位：元

产品名称	生产工时	分配率	分配金额
电　表	3 000	×	6 000.00
水　表	3 478.5	×	6 957.00
合　计	6 478.5	2	12 957.00

会计主管：张公　　　　制单：王天

这项经济业务的处理，一方面使企业的产品生产成本增加，应记入“生产成本”账户的借方；另一方面使企业的制造费用减少，应记入“制造费用”账户的贷方。财会根据“制造费用分配表”编制“转账凭证”(会计分录代替)如下：

借：生产成本——电表　　6 000.00

　　　　　　——水表　　6 957.00

　　贷：制造费用　　12 957.00

【训练 2-36】 2014 年 1 月 31 日，本月投产的电表 200 个已全部完工，根据本训练之前与生产成本有关的训练(训练 2-26、训练 2-29、训练 2-30、训练 2-34)中的会计分录登记生产成本明细账见表 2-119。计算出完工 200 个电表的总成本为 31 945 元，结转其完工产品成本。财会根据“生产成本——电表”账户的归集情况，编制“产成品入库单”(略)和“产品成本计算单”见表 2-120。

表 2-119 生产成本明细账

产品名称：电表

2014 年		凭证号数	摘　　要	成本项目			合　计
月	日			直接材料	直接人工	制造费用	
1	15	26	分配材料费用	17 965.00			17 965.00
	31	29	分配工资费用		7 000.00		7 000.00
	31	30	分配职工福利		980.00		980.00
	31	34	分配制造费用			6 000.00	6 000.00
1			本月合计	17 965.00	7 980.00	6 000.00	31 945.00
	31	35	结转完工产品成本	−17 965.00	−7 980.00	−6 000.00	−31 945.00

表 2-120 产品成本计算单

第 001 号

产品：电表　　　　2014 年 1 月 31 日　　　　产量 200 个

项　　目	总成本	单位成本
直接材料	17 965.00	89.825
直接人工	7 980.00	39.90
制造费用	6 000.00	30.00
生产成本	31 945.00	159.725

会计主管：张公　　　　制单：王天

这项经济业务的发生，一方面说明产品生产过程已经完成，产品已经验收入库，其生产成本应记入“库存商品”账户的借方；另一方面产品生产成本的归集过程已经结束，完工产品的成本应从“生产成本”账户的贷方转出。财会根据“产品成本计算单”和“验收单”(略)编制“转账凭证”(会计分录代替)如下：

借：库存商品——电表　　　　31 945.00

　　贷：生产成本——电表　　　　31 945.0

五、销售过程业务事项

销售过程是工业企业生产经营的最后阶段。在销售过程中发生的主要经济业务是企业将所生产的产品销售出去，实现产品销售收入。同时，支付为销售产品而发生的销售费用，计算应交纳的营业税金及附加，结转已销商品的生产成本和确定销售过程的营业利润。

(一)销售过程业务核算需要设置的账户

为了对销售过程进行核算和监督，需要设置以下一些主要账户。

1.“主营业务收入”账户

“主营业务收入”属于收入性质的损益类账户，用来核算和监督企业销售商品、提供劳务等主营业务活动中所取得的收入。该账户贷方登记企业销售过程中所取得的主营业务收入；借方登记冲减销售收入的数额和转入“本年利润”账户贷方的数额，结转后该账户应无期末余额。根据需要该账户可按产品的品种、类别或各销售部门、销售地区设置明细分类账户，进行明细分类核算。

2.“主营业务成本”账户

“主营业务成本”账户属于费用性质的损益类账户，用来核算和监督企业销售商品、提供劳务等的成本。该账户借方登记已销商品或已提供劳务等主营业务的实际成本；贷方登记转入“本年利润”账户借方的数额，结转后该账户应无期末余额。根据需要该账户可按产品的品种、类别或各销售部门、销售地区设置明细分类账户，进行明细分类核算。

3.“其他业务收入”账户

“其他业务收入”账户属于收入性质的损益类账户，用来核算除产品销售以外的其他业务活动的收入，如材料物资销售、资产出租、提供劳务等收入。该账户贷方登记取得的其他业务收入；借方登记期末转入“本年利润”账户的其他业务收入数额，期末结转后该账户应无余额。

4.“其他业务成本”账户

“其他业务成本”账户属于费用性质的损益类账户，用来核算除产品销售以外的其他业务活动所发生的费用，如销售材料物资的成本费用、出租资产的价值损失、提供劳务发生的成本费用等。该账户借方登记发生的其他业务成本；贷方登记期末转入“本年利润”账户的其他业务成本数额，期末结转后该账户应无余额。

5.“营业税金及附加”账户

“营业税金及附加”账户属于费用性质的损益类账户，用来核算和监督企业从事销售商品、提供劳务等营业活动应负担的税金及附加。其包括消费税、城市维护建设税、资源税、土地增值税和教育费附加等。该账户借方登记按应税收入和规定税率计算出应负担的税金及附加；贷方登记转入“本年利润”账户借方的数额，结转后该账户应无期末余额。根据需要该账户可按产品的品种、类别或各销售部门、销售地区设置明细分类账户，进行明细分类核算。

6.“销售费用”账户

“销售费用”账户属于费用性质的损益类账户，用来核算和监督企业在销售商品、提供劳务等业务活动中发生的费用。其包括运输费、装卸费、包装费、保险费、展览费和广告费，以及为销售本企业商品而专设的销售机构职工工资、业务经费等(商品流通企业在商品采购环节发生的采购费用也在本科目核算)。该账户借方登记企业在销售商品、提供劳务等业务活动中发生的各种销售费用；贷方登记转入“本年利润”账户借方的数额，结转后该账户应无期末余额。

7.“应收账款”账户

“应收账款”账户属于资产类账户，用来核算和监督企业因销售商品、提供劳务等业务活动，应向购货单位或接受劳务单位等收取的款项。该账户借方登记发生的应向购货单位或接受劳务单位等收取的款项；贷方登记已收回或已注销的应收款项。期末余额在借方，表示企业于期末尚未收回应收款项的实有数额。该账户应按所欠货款单位的名称设置明细分类账户，进行明细分类核算。

（二）销售过程业务事项的账务处理

销售商品的过程会引起两方面的经济业务：一方面，由于销售商品取得了银行存款或债权，实现了销售收入，应记入“银行存款”或“应收账款”账户的借方，“主营业务收入”的贷方；另一方面，由于销售了商品，使企业的库存商品减少，其生产成本转化为主营业务成本，应记入“主营业务成本”账户的借方，“库存商品”账户的贷方。销售过程主要经济业务的总分类核算如图 2-21 所示。

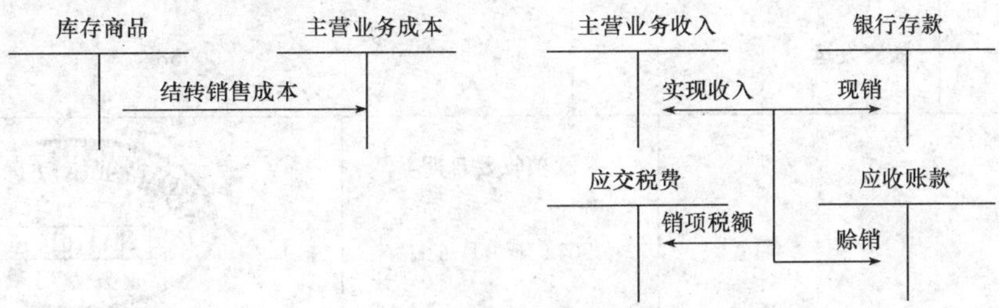

图 2-21　销售过程主要经济业务账务处理图

【训练 2-37】 2014 年 1 月 6 日，向沈阳第一百货商店销售电表 100 个，电表已经由铁路发出，货款采用托收承付结算方式结算，财会已根据销售部门开出的“增值税专用发货票记账联”（表 2-121）向银行办妥了托收手续，取得了“托收承付回单联”（表 2-122）。

表 2-121　辽宁增值税专用发票

开票日期：2014 年 1 月 6 日　　**此联不作报销、扣税凭证使用**　　№：000002

购货单位	名称	沈阳第一百货商店		纳税登记号		805620051230000	
购货单位	地址、电话	沈阳　024—28312040		开户银行及账号		沈阳商业银行铁西支行 2005123	
货物或应税劳务名称	规格型号	计量单位	数量	单价	金额	税率/%	税额
电表		个	100	200.00	20 000.00	17	3 400.00
合计					￥20 000.00		￥3 400.00
价税合计	×佰×拾贰万叁仟肆佰零拾零元零角零分						￥23 400.00
备注							
销货单位	名称	大海公司		纳税登记号		200111004722000	
销货单位	地址、电话	辽阳　0419—2312040		开户银行及账号		辽阳商业银行文圣支行 004722	

第四联　记账联

销货单位（章）：大海公司财务专用章　　收款人：王天　　复核：　　开票人：李艳

表 2-122 **托收承付**凭证(回单) ①

第 0056 号

委托日期 2014 年 1 月 6 日 托收号码：412

付款人	全称	沈阳第一百货商店		收款人	全称	大海公司	
	账号或地址	2005123			账号	004722	
	开户银行	铁西支行	行号		开户银行	文圣支行	行号
托收金额	人民币（大写）	贰万叁仟肆佰元整					
附件		商品发运情况		合同名称号码			
附件单证张数	5 张	铁路发运		00058			
备注：		款项收妥日期 2014 年 1 月 6 日		辽阳商业银行文圣支行 2014.01.06 业务专用章 收款人开户银行盖章			

千	百	十	万	千	百	十	元	角	分
		¥	2	3	4	0	0	0	0

单位主管 会计 复核 记账

这项经济业务的发生，一方面，由于销售商品实现了销售收入，应记入“主营业务收入”账户的贷方，同时，由于实现了销售收入使销项税额增加，应记入“应交税费”账户的贷方；另一方面，由于取得了托收承付回单，说明银行已经受理了收款业务，但款项尚未收到，不能增加银行存款，而应增加债权，记入“应收账款”账户的借方。财会根据“增值税专用发货票记账联”和“托收承付回单联”编制“转账凭证”（会计分录代替）如下：

借：应收账款——沈阳第一百货商店 23 400.00

　　贷：主营业务收入 20 000.00

　　　　应交税费——应交增值税（销项税额） 3 400.00

【训练 2-38】 2014 年 1 月 5 日，销售电表 50 个，每个 200 元，共计 10 000 元。增值税税率为 17%，增值税额为 1 700 元。货款及税款均已转账收到存入银行。财会收到了“增值税专用发票记账联”（略）和“进账单收账通知联”（略）。

这项经济业务的发生，一方面，由于销售商品实现了销售收入，应记入“主营业务收入”账户的贷方，同时，由于实现了销售收入使销项税额增加，应记入“应交税费”账户的贷方；另一方面，款项已存入银行应记入“银行存款”账户的借方。财会根据“增值税专用发货票记账联”和“进账单收款通知联”编制“付款凭证”（会计分录代替）如下：

借：银行存款 11 700.00

　　贷：主营业务收入 10 000.00

　　　　应交税费——应交增值税（销项税额） 1 700.00

【训练 2-39】 2014 年 1 月 12 日，财会收到了向沈阳第一百货商店托收的销货款，收到的“托收承付收账通知联”见表 2-123。

表 2-123　托收承付凭证(收账通知)　④

第 0056 号

委托日期 2014 年 1 月 6 日　　　　托收号码：412

<table>
<tr><td rowspan="3">付款人</td><td>全　称</td><td colspan="3">沈阳第一百货商店</td><td rowspan="3">收款人</td><td>全　称</td><td colspan="12">大海公司</td></tr>
<tr><td>账号或地址</td><td colspan="3">2005123</td><td>账　号</td><td colspan="12">004722</td></tr>
<tr><td>开户银行</td><td>铁西支行</td><td>行号</td><td></td><td>开户银行</td><td colspan="5">文圣支行</td><td colspan="3">行号</td><td colspan="4"></td></tr>
<tr><td rowspan="2">托收金额</td><td rowspan="2">人民币（大写）</td><td colspan="5" rowspan="2">贰万叁仟肆佰元整</td><td>千</td><td>百</td><td>十</td><td>万</td><td>千</td><td>百</td><td>十</td><td>元</td><td>角</td><td>分</td></tr>
<tr><td></td><td></td><td>¥</td><td>2</td><td>3</td><td>4</td><td>0</td><td>0</td><td>0</td><td>0</td></tr>
<tr><td colspan="2">附　件</td><td colspan="3">商品发运情况</td><td colspan="12">合同名称号码</td></tr>
<tr><td>附件单证张数</td><td>5 张</td><td colspan="3">铁路发运</td><td colspan="12">00058</td></tr>
<tr><td colspan="4">备注：</td><td colspan="3">款项收妥日期
2014 年 1 月 12 日</td><td colspan="10">辽阳商业银行文圣支行
2014.01.12
业务专用章
收款人开户银行盖章</td></tr>
</table>

单位主管　　　　会计　　　　复核　　　　记账

这项经济业务的发生，一方面，说明企业委托银行收取的货款已经收妥存入了银行存款户，应记入“银行存款”账户的借方；另一方面，由于收到了欠款使债权减少，应记入“应收账款”账户的贷方。财会根据“托收承付收账通知联”编制“转账凭证”(会计分录代替)如下：

借：银行存款　　　　23 400.00

　　贷：应收账款——沈阳第一百货商店　　　　23 400.00

【训练 2-40】 2014 年 1 月 13 日，开出转账支票支付产品销售广告费 1 635 元。

这项经济业务的发生，一方面使企业的销售费用增加，应记入“销售费用”账户的借方；另一方面使银行存款减少，应记入“银行存款”账户的贷方。财会根据“转账支票存根联”和“广告费发票”编制“付款凭证”(会计分录代替)如下：

借：销售费用　　　　1 635.00

　　贷：银行存款　　　　1 635.00

【训练 2-41】 2014 年 1 月 31 日，按规定计提本月应交城市维护建设税 1 040 元和应交教育费附加 445.71 元。

这项经济业务的处理，一方面使企业的税金费用增加，应记入“营业税金及附加”账户的借方；另一方面由于该项税金和附加尚未支付，增加了企业负债，应记入“应交税费”账户的贷方。财会根据“城市维护建设税及教育费附加计算表”(略)编制“转账凭证”(会计分录代替)如下：

借：营业税金及附加　　　　1 485.71

　　贷：应交税费——应交城市维护建设税　　　　1 040.00

　　　　　　　——应交教育费附加　　　　445.71

【训练 2-42】 2014 年 2 月 5 日，开出转账支票支付 1 月份的增值税 3 100 元(1 月份销项税额 15 100 元，进项税额 12 000 元)，支付城市维护建设税 1 040 元。

这项经济业务的发生，一方面使企业欠国家的税金减少，应记入“应交税费”账户的借方；另一方面使银行存款减少，应记入“银行存款”账户的贷方。财会根据“转账支票存根联”和“纳税申报表回单联”编制“付款凭证”(会计分录代替)如下：

借：应交税费——应交增值税　　3 100.00

　　　　　　——应交城市维护建设税　　1 040.00

　　贷：银行存款　　4 140.00

【训练 2-43】 2014 年 1 月 31 日，结转本月已销电表的销售成本 23 958.75 元(销售数量×单位生产成本＝150×159.725＝23 958.75)。

这项经济业务的处理，一方面使库存商品的成本减少，应记入“库存商品”账户的贷方；另一方面库存商品的成本已转化为产品销售成本，使企业的费用增加，应记入“主营业务成本”账户的借方。财会根据“产品销售成本计算单”(略)编制“转账凭证”(会计分录代替)如下：

借：主营业务成本　　23 958.75

　　贷：库存商品　　23 958.75

【训练 2-44】 2014 年 12 月 19 日，销售库存生产产品用的材料一批，价值 80 000 元，增值税 13 600 元，财会收到了“增值税专用发票”(略)和“进账单收账通知联”(略)。

这项经济业务属于产品销售以外的其他销售，其实现的收入应记入“其他业务收入”账户的贷方，销项税额应记入“应交税费”账户的贷方；存入银行的款项应记入“银行存款”账户的借方。财会根据“增值税专用发票”和“进账单收账通知联”编制“收款凭证”(会计分录代替)如下：

借：银行存款　　93 600.00

　　贷：其他业务收入　　80 000.00

　　　　应交税费——应交增值税(销项税额)　　13 600.00

【训练 2-45】 2014 年 12 月 31 日，结转售出材料的实际成本 65 000 元。

这项经济业务的处理，一方面，由于材料的售出，使原材料成本转化为费用，应记入“其他业务成本”账户的借方；另一方面，由于材料已经售出，使原材料减少，应记入“原材料”账户的贷方。财会根据“材料销售成本计算单”(略)编制“转账凭证”(会计分录代替)如下：

借：其他业务成本　　65 000.00

　　贷：原材料　　65 000.00

六、财务成果形成与分配业务事项

财务成果是企业在一定时期内(月份、季度、年度)从事生产经营活动所取得的利润或发生的亏损。利润是指企业在一定会计期间的经营成果，利润包括收入减去费用后的净额、直接计入当期利润的利得和损失等。其是一项综合反映企业经营管理水平的财务指标。企业在生产经营过程中取得了一定的收入，同时也发生了一定的费用，这些收入和费用在会计核算中都归集到了损益类账户。企业在日常的活动中，除正常的生产经营活动要形成一定的收入和发生一定的费用外，还会发生与正常生产营业活动没有直接关系的利得和损失，这些利得和损失主要包括投资收益、营业外收入和营业外支出等。投资收益是指企业对外投资取得的投资收入或发生的投资损失；营业外收入是指企业发生的与企业生产经营活动没有直接关系的各项收入，主要包括非流动资产处置利得、非货币性资产交换利得、债务重组利得、政府补助、盘盈利得、捐赠利得、取得的罚款收入等；营业外支出是指企业发生的与企业生产经营活动没有直接关系的各项支出，主要包括非流动资产处置损失、非货币性资产交换损失、债务重组损失、公益性捐赠支出、非常损失、盘亏损失、罚款支出等。为了分清财务成果中的正常生产经营成果和非正常生产经营成果，财务成果的计算应分不同层次。其计算公式如下：

营业利润＝营业收入－营业成本－营业税金及附加－销售费用－管理费用－财务费用＋投资收益(投资损失以负数计入)

其中：

营业收入＝主营业务收入＋其他业务收入

营业成本＝主营业务成本＋其他业务成本

利润总额＝营业利润＋营业外收入－营业外支出

净利润＝利润总额－所得税费用

每股收益＝净利润÷普通股股数(股份制企业计算这项指标)

财务成果分配的核算就是将企业实现的净利润按规定提取法定盈余公积、任意盈余公积和向投资者分配利润。

(一)财务成果形成业务事项

1. 财务成果形成业务核算需要设置的账户

为了正确地进行财务成果形成核算，企业应设置以下主要账户：

(1)“本年利润”账户。“本年利润”账户属于所有者权益类账户，用来核算企业在年度内实现的利润(或亏损)总额及净利润。该账户的贷方登记期末由“主营业务收入”“其他业务收入”“投资收益”(投资净收益)“营业外收入”等账户转入的数额；借方登记期末由“主营业务成本”“营业税金及附加”“其他业务成本”“销售费用”“管理费用”“财务费用”“营业外支出”账户及“所得税费用”账户转入的数额。年度内各月末该账户若有贷方余额，表示年初至本月末止已累计实现的利润总额；若为借方余额，则表示年初至本月末止已累计发生的亏损。年度终了，将净利润(或净亏损)的数额从该账户的借方(或贷方)全部转入“利润分配”账户的贷方(或借方)。年度结转后，“本年利润”账户应无余额。

(2)“投资收益”账户。“投资收益”账户属于利得性质的损益类账户，用来核算企业对外投资取得的投资收入或发生的投资损失。该账户的贷方登记对外投资取得的收入，借方登记对外投资发生的损失。期末将借方(或贷方)余额转入“本年利润”账户的借方(或贷方)，期末结转后该账户应无余额。该账户应按投资收益的种类设置明细分类账户，进行明细分类核算。

(3)“营业外收入”账户。“营业外收入”账户属于利得性质的损益类账户，用来核算企业发生的与企业生产经营活动没有直接关系的各项收入。该账户的贷方登记企业发生的各项营业外收入，借方登记期末转入“本年利润”账户的营业外收入数额，期末结转后该账户应无余额。

(4)“营业外支出”账户。“营业外支出”账户属于损失性质的损益类账户，用来核算企业发生的与企业生产经营活动没有直接关系的各项支出。该账户的借方登记企业发生的各项营业外支出，贷方登记期末转入“本年利润”账户的营业外支出数额，期末结转后该账户应无余额。该账户应按支出项目设置明细分类账户，进行明细分类核算。

(5)“所得税费用”账户。“所得税费用”账户属于费用性质的损益类账户，用来核算企业按规定从本期损益中扣除的所得税费用。该账户的借方登记发生的所得税费用，贷方登记期末转入“本年利润”账户借方的所得税费用，结转后该账户应无余额。

2. 财务成果形成业务事项的账务处理

财务成果形成的核算就是将损益类账户中的收入性质账户的余额全部转入“本年利润”账户的贷方，将损益类账户中费用性质账户的余额全部转入“本年利润”账户的借方，从而确定财务成果。财务成果形成主要经济业务总分类核算如图 2-22 所示。

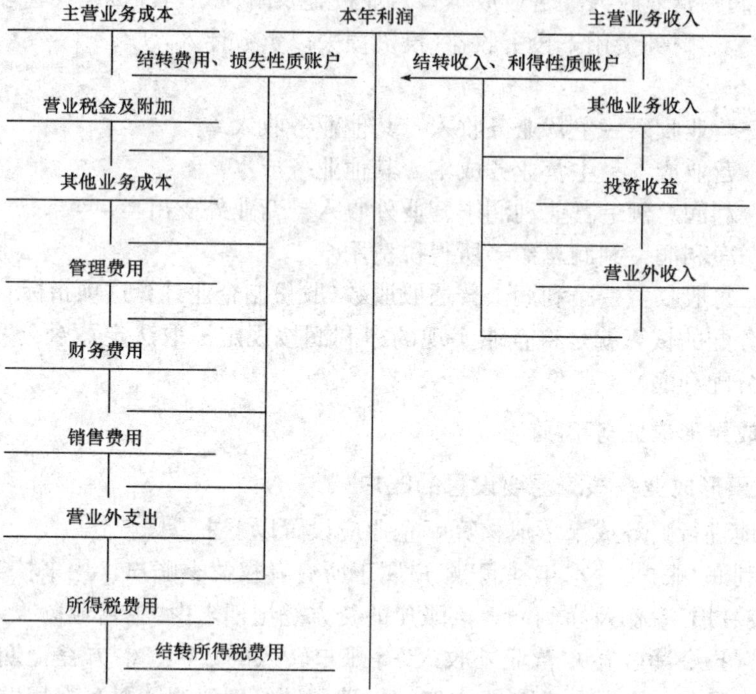

图 2-22　财务成果形成主要经济业务账务处理图

【训练 2-46】 大海公司 2014 年 12 月 31 日，损益类账户的本期发生额(或余额)资料见表 2-124，将损益类账户的本期发生额(或余额)结转到“本年利润”账户。

表 2-124　损益类账户的本期发生额(或余额)表

2014 年 12 月 31 日

费用、损失性质账户		收入、利得性质账户	
账户名称	借　方	账户名称	贷　方
主营业务成本	860 000.00	主营业务收入	1 250 000.00
营业税金及附加	125 000.00	其他业务收入	80 000.00
其他业务成本	65 000.00	投资收益	
管理费用	18 000.00	营业外收入	6 000.00
财务费用	3 000.00		
销售费用	4 000.00		
营业外支出	2 000.00		
合　计	1 077 000.00	合　计	1 336 000.00

该项业务的处理分两个方面，一方面要将各收入、利得性质账户的贷方发生额(或余额)全部转入“本年利润”账户的贷方。编制“转账凭证”(会计分录代替)如下：

借：主营业务收入　　1 250 000.00

　　其他业务收入　　80 000.00

　　营业外收入　　6 000.00

　　贷：本年利润　　1 336 000.00

另一方面要将各费用、损失性质账户的借方发生额(或余额)全部转入“本年利润”账户借方。编制“转账凭证”(会计分录代替)如下：

借：本年利润　　1 077 000.00

　　贷：主营业务成本　　860 000.00

　　　　营业税金及附加　　125 000.00

　　　　其他业务成本　　65 000.00

　　　　管理费用　　18 000.00

　　　　财务费用　　3 000.00

　　　　销售费用　　4 000.00

　　　　营业外支出　　2 000.00

【训练 2-47】 大海公司 2014 年 12 月 31 日，全年实现利润总额 800 000 元，其中：1～11 月份实现 541 000 元(“本年利润”账户 12 月份期初余额 541 000 元)；12 月份实现利润总额 259 000 元(“本年利润”账户贷方发生额 1 336 000 元减借方发生额 1 077 000 元)，12 月末结转所得税费用前“本年利润”的余额为 800 000 元(所得税前利润额)。按 25%的所得税率计提本年应交所得税，并转入“本年利润”账户。

这项经济业务的处理，首先应计算出应交所得税额：

应交所得税＝800 000×25%＝200 000(元)

计提所得税一方面使企业的所得税费用增加，应记入“所得税费用”账户的借方；另一方面使应交所得税增加，应记入“应交税费”账户的贷方。转入“本年利润”账户时，一方面应记入“本年利润”账户的借方；另一方面应记入“所得税费用”账户的贷方。财会根据“所得税计算单”(略)编制“转账凭证”(会计分录代替)如下：

借：所得税费用　　200 000.00

　　贷：应交税费——应交所得税　　200 000.00

借：本年利润　　200 000.00

　　贷：所得税费用　　200 000.00

结转完所得税费用后，未结转利润分配前“本年利润”账户的余额为 600 000 元(800 000－200 000＝600 000)即为净利润。有关“本年利润”账户结构和登记结果见表 2-125。

表 2-125 “本年利润”账户结构和登记结果

账户名称：本年利润　　　　单位：元

2014 年		凭证号数	摘 要	借 方	贷 方	借或贷	余 额
月	日						
12	1		期初余额			贷	541 000.00
	31	46	结转收入		1 336 000.00	贷	1 877 000.00

续表

2014年		凭证号数	摘 要	借 方	贷 方	借或贷	余 额
月	日						
	31	46	结转费用	1 077 000.00		贷	800 000.00
	31	47	结转所得税	200 000.00		贷	600 000.00
	31	48	结转利润分配	600 000.00		平	0

(二)财务成果分配业务事项

1. 财务成果分配业务核算需要设置的账户

(1)“利润分配”账户。“利润分配”账户属于所有者权益类账户，用来核算企业利润的分配(或亏损的弥补)和历年分配(或弥补)后的结余额。该账户的借方登记提取盈余公积、向投资者分配利润及年末由“本年利润”账户转入的本年累计亏损数；贷方登记盈余公积弥补亏损数及年末由“本年利润”账户转入的本年累计净利润数。期末贷方余额表示企业期末尚未分配的利润，借方余额表示企业期末尚未弥补的亏损。该账户按利润分配项目，一般应设置“提取盈余公积”“应付股利”“未分配利润”“盈余公积补亏”等明细分类账户，进行明细分类核算。

(2)“盈余公积”账户。“盈余公积”账户属于所有者权益类账户，用来核算企业从净利润中提取的盈余公积。该账户的贷方登记企业提取的盈余公积，借方登记弥补亏损或转增资本而转出的盈余公积，期末余额在贷方，表示企业期末盈余公积的结余数额。

(3)“应付股利”账户。“应付股利”账户属于负债类账户，用来核算企业计提的应付给投资者的利润。该账户贷方登记应付股利的增加，借方登记实际支付的应付股利，期末余额在贷方，表示企业期末尚未支付的应付股利。

2. 财务成果分配业务事项的账务处理

财务成果分配就是通过“利润分配”账户，计提盈余公积和向投资者分配利润。财务成果分配主要经济业务总分类核算如图 2-23 所示。

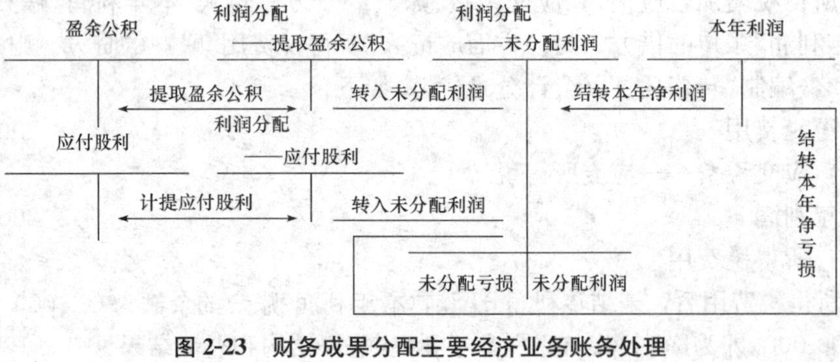

图 2-23 财务成果分配主要经济业务账务处理

【训练 2-48】 2014 年 12 月 31 日，结转本年税后净利润 600 000 元(利润总额800 000元减所得税费用 200 000 元)。

这项经济业务的处理，就是将“本年利润”账户的贷方(或借方)余额结转到“利润分配——未分配利润”明细账户的贷方(或借方)。

借：本年利润　　600 000.00

　　贷：利润分配——未分配利润　　600 000.00

【训练 2-49】 2014 年 12 月 31 日，按税后净利润 600 000 元的 10%计提盈余公积。

这项经济业务的处理，一方面使企业的盈余公积增加，应记入"盈余公积"账户的贷方；另一方面使企业的利润分配数额增加，应记入"利润分配"账户的借方。财会根据"盈余公积计算单"(略)编制转账凭证(会计分录代替)如下：

借：利润分配——提取盈余公积(600 000×10%) 60 000.00

　　贷：盈余公积 60 000.00

【训练 2-50】 2014 年 12 月 31 日，企业决定向投资者分配利润 150 000 元。

这项经济业务的处理，一方面使企业应付给投资者的利润增加，应记入"应付股利"账户的贷方；另一方面使企业利润分配数增加，应记入"利润分配"账户的借方。财会编制"转账凭证"(会计分录代替)如下：

借：利润分配——应付股利 150 000.00

　　贷：应付股利 150 000.00

【训练 2-51】 2014 年 12 月 31 日进行年终决算，确定本年未分配利润数额(该厂"利润分配——提取盈余公积"明细账户借方余额为 60 000 元、"利润分配——应付股利"明细账户借方余额为 150 000 元)。

这项经济业务的处理，将"利润分配"账户所属的"提取盈余公积""应付股利"等明细账户的借方余额结转到"利润分配——未分配利润"明细分类账户的借方。财会编制"转账凭证"(会计分录代替)如下：

借：利润分配——未分配利润 210 000.00

　　贷：利润分配——提取盈余公积 60 000.00

　　　　　　　　——应付股利 150 000.00

将训练 2-48 至训练 2-51 登记"丁"字账，如图 2-24 所示。

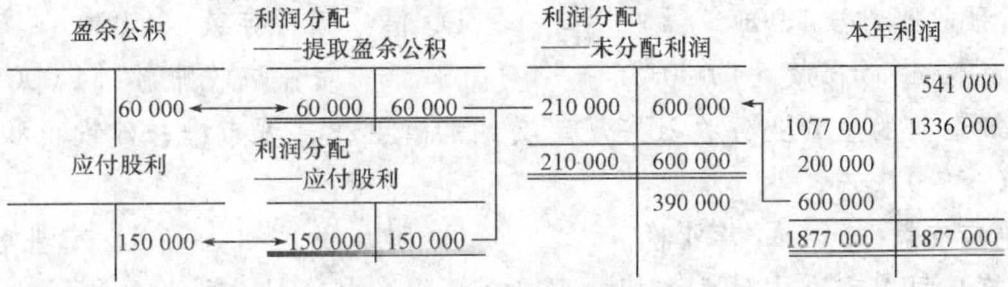

图 2-24 "丁"字账

根据以上有关利润分配的业务的记账凭证登记的利润分配账户见表 2-126。

表 2-126 利润分配账户

账户名称：利润分配　　　　单位：元

2014 年		凭证号数	摘 要	借 方	贷 方	借或贷	余 额
月	日						
12	1		期初余额			平	0
	31	48	结转本年利润		600 000.00	借	600 000.00
	31	51	提取盈余公积	60 000.00		借	540 000.00
	31	51	计提应付利润	150 000.00		贷	390 000.00

课外学习：主要经济业务事项账务处理。

理论复习

一、单项选择题

1. 企业在销售产品的过程中，办理托收承付的银行手续费应计入(　　)。

A. 营业费用　　B. 财务费用　　C. 管理费用　　D. 生产成本

2. 制造企业外购材料时支付的增值税应计入“应交税金——应交增值税(　)”核算。

A. 进项税额　　B. 销项税额　　C. 已交税金　　D. 进项税额转出

3. “主营业务成本”账户的借方登记从“(　　)”账户中结转的本期已售商品的生产成本。

A. 生产成本　　B. 库存商品　　C. 管理费用　　D. 原材料

4. 与“制造费用”账户不可能发生对应关系的是(　　)。

A. 生产成本　　B. 原材料　　C. 库存商品　　D. 应付职工薪酬

5. 材料已验收入库，发票账单已收到，但款项尚未支付，应贷记的账户是(　　)。

A. 其他应付款　　B. 预付账款　　C. 应付账款　　D. 应收账款

6. 销售费用属于期间费用，按月归集，月末全部转入(　　)账户，以确定当期经营成果。

A. 生产成本　　B. 本年利润　　C. 期间费用　　D. 管理费用

7. 宏伟建筑公司汽车运输队对外提供运输劳务，收到客户签发的一张金额为 4 000 元的转账支票，其会计分录为(　　)。

A. 借：银行存款　4 000
　　贷：其他业务收入　4 000

B. 借：银行存款　4 000
　　贷：预收账款　4 000

C. 借：预收账款　4 000
　　贷：银行存款　4 000

D. 借：银行存款　4 000
　　贷：应收账款　4 000

8. 核算建筑企业的主营业务收入按规定交纳的营业税、城市维护建设税和教育费附加，应通过(　　)账户。

A. 其他应交款　　B. 营业税　　C. 附加税　　D. 营业税金及附加

9. 欣欣建筑公司以现金支付业务招待费 3 000 元，其会计分录为(　　)。

A. 借：管理费用　3 000
　　贷：库存现金　3 000

B. 借：销售费用　3 000
　　贷：库存现金　3 000

C. 借：财务费用　3 000
　　贷：库存现金　3 000

D. 借：管理费用　3 000
　　贷：库存现金　3 000

10. 某企业以银行存款支付税款滞纳金 3 000 元，该会计分录为(　　)。

A. 借：营业外支出　3 000
　　贷：银行存款　3 000

B. 借：管理费用　3 000
　　贷：银行存款　3 000

C. 借：财务费用　3 000
　　贷：库存现金　3 000

D. 借：管理费用　3 000
　　贷：库存现金　3 000

11. 兴旺公司年初未分配利润为 100 万元，本年净利润为 1 000 万元，按 15%计提盈余公积，宣告发放现金股利为 80 万元，该企业期末未分配利润为(　　)万元。

A. 855　　B. 870　　C. 854　　D. 867

12. 企业接受其他单位或个人捐赠固定资产时，应贷记的账户之一是(　　)。

A.“营业外收入”账户　　B.“实收资本”账户

C.“资本公积”账户　　D.“盈余公积”账户

13. 企业从银行借入6个月期限的银行借款，应贷记的会计科目是(　　)。

A. 长期借款　　B. 银行存款　　C. 短期借款　　D. 应付账款

14. 甲企业为增值税一般纳税人。本期外购原材料一批，购买价格为10 000元，增值税为1 700元，入库前发生的挑选整理费用为600元。该批原材料的入账价值为(　　)元。

A. 10 000　　B. 11 700　　C. 10 600　　D. 12 200

15. 某企业“原材料”账户月初余额为380 000元，本月验收入库的原材料共计240 000元，发出材料共计300 000元。则该企业“原材料”账户月末余额为(　　)。

A. 余额在借方，金额为460 000元　　B. 余额在贷方，金额为460 000元

C. 余额在借方，金额为320 000元　　D. 余额在贷方，金额为300 000元

16. 下列不属于“营业外收入”账户核算范围的是(　　)。

A. 罚款净收益　　B. 销售商品收入

C. 处置无形资产净收益　　D. 捐赠利得

17. 不影响本期营业利润计算的项目是(　　)。

A. 主营业务成本　　B. 管理费用

C. 主营业务收入　　D. 所得税费用

18. 企业支付的产品广告费，应通过(　　)科目核算。

A. 管理费用　　B. 销售费用　　C. 制造费用　　D. 主营业务成本

19. 主营业务成本是指(　　)。

A. 销售商品过程中支付的运费　　B. 为销售产品支付的广告费

C. 已售产品的成本　　D. 企业在产品的成本

20. 已经完成全部生产过程并已验收入库，可供对外销售的产品是(　　)。

A. 生产成本　　B. 营业成本　　C. 库存商品　　D. 原材料

21. 企业按10%计提法定盈余公积，编制会计分录，其借方科目为(　　)。

A. 利润分配——未分配利润　　B. 利润分配——提取法定盈余公积

C. 利润分配　应付股利　　D. 盈余公积

22. 企业设置“固定资产”账户是用来反映固定资产的(　　)。

A. 磨损价值　　B. 累计折旧　　C. 原始价值　　D. 净值

23. 下列费用中，不构成产品成本，而应直接计入当期损益的是(　　)。

A. 直接材料费　　B. 直接人工费　　C. 期间费用　　D. 制造费用

24. 企业销售商品时代垫的运杂费应记入(　　)。

A. 应收账款　　B. 预付账款　　C. 其他应收款　　D. 应付账款

25. 直接参加产品生产的工人职工薪酬应计入(　　)科目。

A. 生产成本　　B. 制造费用　　C. 管理费用　　D. 生产费用

二、多项选择题

1. 按照权责发生制原则，下列各项应确认为本月费用的有(　　)。

A. 本月支付的下半年房租费

B. 本月计提的短期借款利息

C. 本月支付以前已经预提的短期借款利息

D. 年初已经支付，分摊计入本月的报纸杂志费

2. 下列能引起资产和所有者权益同时增加的业务有(　　)。

A. 收到国家投资存入银行　　B. 提取盈余公积金

C. 收到外商投入设备一台　　D. 将资本公积金转增资本

E. 收到外单位的现金投资

3. 企业购入材料的采购成本包括(　　)。

A. 材料买价　　B. 增值税进项税额

C. 采购费用　　D. 采购人员差旅费

E. 销售机构经费

4. 在“营业税金及附加”账户借方登记的内容有(　　)。

A. 增值税　　B. 消费税

C. 城市维护建设税　　D. 营业税

E. 所得税

5. 下列项目应在“管理费用”账户中核算的有(　　)。

A. 工会经费　　B. 董事会经费

C. 业务招待费　　D. 车间管理人员的工资

E. 业务人员差旅费

6. 关于“本年利润”账户，下列说法正确的是(　　)。

A. 借方登记期末转入的各项支出额　　B. 贷方登记期末转入的各项收入额

C. 贷方余额为实现的累计净利润额　　D. 借方余额为发生的亏损额

E. 年末经结转后该账户没有余额

7. 在下列账户中，月末应该没有余额的有(　　)。

A. 生产成本　　B. 制造费用　　C. 管理费用　　D. 应付职工薪酬

E. 财务费用

8. 在下列业务中属于其他业务收入的有(　　)。

A. 出售固定资产收入　　B. 出售材料收入

C. 出售无形资产收入　　D. 提供产品修理服务收入

E. 罚款收入

9. 下面可以与“应交税费”账户贷方产生对应关系的账户有(　　)。

A. 所得税费用　　B. 营业税金及附加

C. 本年利润　　D. 生产成本

10. 企业利润的三个层次包括(　　)。

A. 营业利润　　B. 利润总额　　C. 净利润　　D. 营业外利润

E. 利润分配

11. 下列属于营业利润构成要素的项目有(　　)。

A. 主营业务收入　　B. 营业利润　　C. 销售费用　　D. 主营业务成本

12. 下列税金中应在“营业税金及附加”账户中核算的有(　　)。

A. 所得税　　B. 营业税　　C. 增值税　　D. 城市维护建设税

E. 消费税

13. 不管在权责发生制下还是在收付实现制下均应作为本期收入和费用的有(　　)。

A. 本月售货，价款已收到　　B. 以存款支付本月保险费

C. 上月售货，价款本月收到　　D. 以存款支付下月办公楼租金

E. 以现金支付本月办公费

14. 财务费用是指企业为筹集生产经营资金而发生的各项费用，包括(　　)。

A. 利息支出　　B. 广告费

C. 财务人员办公费　　D. 金融机构手续费

15. 下列项目中构成材料采购成本的有(　　)。

A. 买价　　B. 采购费用　　C. 采购人员差旅费　D. 增值税

三、判断题

1. "本年利润"账户11月末的贷方余额，表示自年初至11月末累计实现的利润。(　　)

2. 设立企业必须拥有一定数量的资本金，但企业设立后投资者投入的资本金可以随时抽回。(　　)

3. 企业收到投资者投入的资本，超过其占注册资本份额的部分，也应确认为企业的实收资本或股本。(　　)

4. 企业外购存货的采购成本，包括买价、运杂费、增值税等相关税费。(　　)

5. 增值税一般纳税人当期应纳的增值税额，应等于当期的销项税额减当期准予抵扣的进项税额。(　　)

6. 企业预付的房屋租金时，应从管理费用中列支。(　　)

7. "管理费用"账户的借方发生额应于期末时采用一定的方法分配计入产品成本。(　　)

8. 车间管理人员的工资记入管理费用。(　　)

9. 从一般纳税企业购入原材料的采购成本包括买价、采购费用、增值税。(　　)

10. "材料采购"账户期末一定没有余额。(　　)

技能练习

实训 2.15

【实训目的】 实训资金筹集业务的核算。

【实训任务】 根据资料编制会计分录并填制记账凭证。

【实训资料】 渤海公司2014年发生下列经济业务：

(1)1月2日，收到中兴公司以人民币形式投入的资本350 000元。财会收到了进账单(收账通知)和收款收据。

(2)1月4日，收到中华投资公司投入全新车床一台，价值300 000元，交付使用。财会收到中华投资公司的"普通发货票"1张(略)。

(3)由于季节性资金需求，于2014年1月1日向银行借款100 000元，期限3个月，年利率12%，到期一次还本付息。财会收到银行专用"借款借据"(代收账通知)。

(4)1月31日，财会填制了"银行借款利息计算单"，计提1月份应负担的短期借款利息

1 000 元。

(5)4 月 1 日，开出转账支票归还短期借款本金 100 000 元，利息 3 000 元，计 103 000 元。

实训 2.16

【实训目的】 实训供应过程业务的核算和材料采购成本的计算。

【实训任务】

(1)根据资料编制甲、乙材料的“运输费分配表”。

(2)根据资料编制甲、乙材料的“材料采购成本计算单”。

(3)根据资料编制会计分录并填制记账凭证。

【实训资料】 渤海公司 2014 年 12 月发生下列经济业务：

(1)5 日，财会收到“增值税专用发票(发票联)”和“信汇①(回单联)”。业务内容：从白塔钢铁厂购入甲材料 5 000 千克，每千克 5.50 元，乙材料 6 000 千克，每千克 4.18 元，增值税税率为 17%，

(2)7 日，财会收到“转账支票(存根)”和“运输费发票”。业务内容：支付上述甲、乙材料的运输费 1 650 元，运输费按材料重量比例分配。

(3)9 日，财会收到“材料采购成本计算单”和“材料入库单”。业务内容：结转上述甲、乙材料的实际采购成本。

(4)11 日，财会收到“增值税专用发票”和“运输费发票”。业务内容：向 A 工厂购入丙材料 2 000 千克，每千克 14.10 元，增值税税率为 17%，A 工厂代垫运输费 900 元(运输费不考虑增值税，下同)。采用托收承付结算方式结算，材料已运到，但“托收承付(付款通知)”尚未到达(即货款尚未支付)。

(5)13 日，财会收到“材料入库单”和“材料采购成本计算单”。业务内容：结转上述丙材料的实际采购成本。

(6)16 日，财会收到“托收承付⑤(付款通知)”。业务内容：承付上述丙材料的价款、增值税款和代垫运输费。

(7)18 日，财会收到了“信汇①(回单联)”。业务内容：归还上月欠 B 工厂的采购材料款 64 000 元。

实训 2.17

【实训目的】 实训生产过程业务核算和产品生产成本计算。

【实训任务】

(1)根据资料编制“制造费用分配表”。

(2)根据资料编制 A 产品的“产品成本计算单”。

(3)根据资料编制会计分录并填制记账凭证。

(4)根据编制的记账凭证登记生产成本明细账。

【实训资料】 渤海公司 2014 年 12 月份发生下列经济业务：

(1)1 日，财会收到“领料单”。业务内容：生产 A 产品耗用甲材料 2 000 千克，生产 B 产品耗用甲材料 1 000 千克，车间一般消耗甲材料 150 千克，厂部一般消耗甲材料 350 千克。甲材料每千克 5.51 元。

(2)6 日，财会收到“转账支票(存根)”和“普通发票(发票联)”。业务内容：支付下季度

的报纸杂志订阅费 1 500 元。

(3)15 日，财会收到“现金支票(存根)”。业务内容是：提取现金 15 000 元备发工资。

(4)15 日，财会收到“工资结算单”。业务内容：以现金发放职工工资 15 000 元。

(5)30 日，财会编制“工资费用分配表”，分配本月份职工工资 15 000 元，其中：生产 A 产品工人工资 4 000 元，生产 B 产品工人工资 6 000 元，车间管理人员工资 2 000 元，行政管理部门人员工资 3 000 元。

(6)31 日，财会编制“职工福利费计算表”，按本月份职工工资总额的 14%计提应付职工福利费。

(7)31 日，财会编制“固定资产折旧计算表”，计提本月固定资产折旧 3 000 元，其中：车间固定资产折旧 2 000 元，行政管理部门固定资产折旧 1 000 元。

(8)31 日，财会编制“待摊费用分配表”，摊销应由本月负担的报刊订阅费 500 元。其中：车间报刊订阅费 200 元，行政管理部门报刊订阅费 300 元。

(9)31 日，财会编制“制造费用分配表”，按 A 产品和 B 产品生产工人工资[见上述“(5)”]的比例分配结转本月份制造费用。

(10)31 日，财会收到“产品成本计算单”和“产成品入库单”。业务内容：本月投产的 A 产品1 000 件，全部完工，B 产品 80 件均未完工，计算并结转完工入库 A 产品的生产成本。

实训 2.18

【实训目的】 实训销售过程业务的核算。

【实训任务】

(1)利用资料中经济业务，根据公式(主营业务利润＝主营业务收入－主营业务成本－主营业务税金及附加)计算本月主营业务利润。

(2)根据资料中经济业务填制记账凭证。

【实训资料】 渤海公司 2014 年 4 月份发生了下列经济业务：

(1)8 日，财会收到“增值税专用发票(记账联)”和“进账单(收账通知)”。业务内容：销售 A 产品 600 件，每件售价 200 元，增值税税率为 17%。

(2)11 日，财会收到“增值税专用发票(记账联)”和“托收承付①(回单)”。业务内容：向兴盛工厂销售 A 产品 200 件，每件售价 200 元，增值税税率为 17%。

(3)15 日，财会收到“托收承付④(收账通知)”。业务内容：收到兴盛工厂承付的 A 产品货款及增值税 46 800 元。

(4)16 日，财会收到“信汇①(回单)”和“广告费发票(发票联)”。业务内容：向省电视台支付广告费 2 800 元。

(5)19 日，财会收到“转账支票(存根)”和“运输费发票”。业务内容：销售产品送货上门，支付产品运输费 500 元。

(6)6 日，财会收到“缴税单(回单)”和“纳税申报表(回单)”。业务内容：以银行存款支付上月应交增值税 4 600 元，应交城市维护建设税 332 元。

(7)30 日，财会编制“应交税费计算表”，计提本月应交城市维护建设税 286 元。

(8)30 日，财会编制“产品销售成本计算单”，本月销售 A 产品 800 件，A 产品单位成本为 156 元。结转 A 产品销售成本。

实训 2. 19

【实训目的】 实训财务成果形成与分配业务的核算。

【实训任务】

(1)根据实训资料(1)和实训资料(2)开设损益类账户、“本年利润”账户和“利润分配”账户(采用“T”形账)。

(2)根据资料中经济业务填制记账凭证。

(3)列式计算该厂 2014 年营业利润、利润总额和净利润。

(4)登记“本年利润”总分类账户和“利润分配”明细类账户。

【实训资料】 新民化工厂有关财务成果形成与分配的经济业务。

(1)新民化工厂 2014 年 11 月 30 日有关损益类账户的累计发生额(1～11 月份累计发生额)见表 2-127。

表 2-127 1～11 月份累计发生额

元

账户名称	借方累计发生额	贷方累计发生额
主营业务收入	500 000.00	500 000.00
主营业务成本	365 000.00	365 000.00
营业税金及附加	35 000.00	35 000.00
其他业务收入	6 000.00	6 000.00
其他业务成本	3 500.00	3 500.00
销售费用	20 000.00	20 000.00
管理费用	4 000.00	4 000.00
财务费用	1 000.00	1 000.00
营业外收入	4 000.00	4 000.00
营业外支出	1 500.00	1 500.00

(2)2014 年 11 月 30 日，“本年利润”账户的贷方余额为 80 000 元。

(3)2014 年 12 月份发生下列经济业务：

1)5 日，财会收到“增值税专用发票(记账联)”和“信汇④(收账通知)”。业务内容：销售 C 产品 2 000 千克，每千克 100 元。增值税税率为 17%。

2)8 日，财会收到“增值税专用发票(发票联)”和“进账单(收款通知)”。业务内容：销售生产剩余甲材料 500 千克，每千克 9.00 元，增值税税率为 17%。

3)11 日，财会收到“收款收据(付款单位报销联)”。业务内容：以现金支付产品展览费 500 元。

4)15 日，财会收到“专用收款收据(付款单位报销联)”和“转账支票(存根)”。业务内容：向希望工程捐款 1 800 元。

5)18 日，财会收到“专用收款收据(收款单位记账依据)”。业务内容：以现金方式收到违约罚款 800 元。

6)30 日，财会编制“银行借款利息计算单”计提本月负担的短期借款利息 600 元。

7)30 日，财会编制“财产保险费摊销表”摊销应由本月负担的财产保险费 1 200 元。

8)30 日，财会编制“城市维护建设税计算表”，计提本月应交城市维护建设税 780 元。

9)31 日，财会编制“产品销售成本计算单”，结转本月销售 C 产品的生产成本。C 产品单位生产成本为 50 元。

10)31 日，财会编制“材料销售成本计算单”，结转本月销售甲材料的采购成本，甲材料的单位采购成本为 5.51 元。

11)31 日，财会编制“损益类账户期末余额表”，将损益账户的期末余额转入“本年利润”账户。

12)31 日，财会编制“所得税计算表”，按全年利润的 25%计提应交所得税，并将计提的所得税费用转入“本年利润”账户。

13)31 日，将“本年利润”账户的年末余额转入“利润分配——未分配利润”明细账户。

14)31 日，按全年净利润的 15%计算提取盈余公积。

15)31 日，按全年净利润的 35%计算登记应付给投资者利润。

16)将“利润分配——提取盈余公积、利润分配——应付股利”明细账户的年末余额，分别转入“利润分配——未分配利润”明细账户。

实训 2.20

【实训目的】 实训主要经营过程综合业务的核算。

【实训任务】

(1)根据资料中经济业务填制记账凭证。

(2)列式计算该公司 12 月份营业利润、利润总额和净利润。

(3)登记“本年利润”总分类账户和“利润分配”明细类账户(采用“T”形账)。

【实训资料】 渤海公司 2014 年 12 月发生的经济业务如下：

(1)1 日，仓库发出 A 材料 50 000 元，用于生产甲农药 32 000 元，乙农药 18 000 元。

(2)4 日，仓库发出 B 材料 3 000 元，供车间使用。

(3)10 日，从银行存款中提取现金 24 000 元，备发工资。

(4)10 日，以现金支付职工工资 24 000 元。

(5)11 日，向永明厂购入 A 材料 26 300 元，增值税税率为 17%，该厂垫付运杂费 1 000 元，货款以银行存款支付，材料已验收入库，按其实际采购成本转账。

(6)12 日，向实盛达公司购入 B 材料 46 800 元，增值税税率为 17%，货款尚未支付，材料已到达，但尚未验收入库。

(7)13 日，以现金支付上述购入 B 材料的搬运费为 700 元，B 材料验收入库，并按其实际采购成本转账。

(8)14 日，收到兴华商场还来欠款 4 000 元存入银行。

(9)15 日，以银行存款支付上月应交税费为 2 300 元。

(10)16 日，按合同规定用银行存款预付给实盛达公司订货款 20 000 元。

(11)19 日，企业销售材料一批，价款 30 000 元，增值税税率为 17%，货款及税款收到转账支票一张。

(12)20 日，企业按合同规定预收兴华商场订购农药款 14 000 元，存入银行。

(13)21 日，张平出差预借现金 2 000 元。

(14)30 日，张平出差归来，报销差旅费 1 800 元，归还现金 200 元。

(15)31 日，本月份职工工资分配如下：甲农药生产工人工资 8 000 元，乙农药生产工人工资 10 000 元，车间职工工资 3 000 元，行政管理部门职工工资 1 000 元，下设的销售网点人员工资 2 000 元，合计 24 000 元。

(16)31 日，按职工工资总额的 14%计提职工福利费。

(17)31 日，计提本月固定资产折旧 2 600 元，其中，车间使用固定资产折旧 1 800 元，行政管理部门用固定资产折旧 800 元。

(18)31 日，摊销本月负担车间用厂房租金为 1 400 元，厂部办公楼租金 1 200 元。

(19)31 日，将制造费用按生产工人工资比例分配到甲农药、乙农药两种产品成本中。

(20)31 日，甲农药已全部加工完，共计 20 000 千克，按其实际生产成本转账。

(21)31 日，出售产成品给兴华商场，计甲农药 18 000 千克，每千克售价 30 元，乙农药 4 400 瓶，每瓶售价 31 元，增值税税率 17%，货款尚未收到，同时结转出售农药的生产成本，计甲农药每千克 20 元，乙农药每瓶 10 元。

(22)31 日，用现金支付销售产品包装费、装卸费等销售费用 1 000 元。

(23)31 日，预提临时借款利息 4 000 元。

(24)31 日，出售多余C材料 4 000 元，增值税额 680 元，款项存入银行，同时结转该材料的实际成本为 2 400 元。

(25)31 日，收到实达公司支付的合同违约罚金 1 600 元。

(26)31 日，计提本月应交城市维护建设税 7 000 元，教育费附加 3 000 元。

(27)31 日，以现金方式收到违约金 300 元。

(28)31 日，将 12 月份各损益账户余额转至“本年利润”账户，计算出 12 月份利润总额。

(29)31 日，“本年利润”账户 12 月份期初贷方余额为 400 000 元，按全年利润总额的 25%计提应交所得税，并将“所得税费用”账户余额转入“本年利润”账户。

(30)31 日，将“本年利润”账户的年末余额转入“利润分配——未分配利润”明细账户。

(31)31 日，按全年税后利润额的 10%提取盈余公积金。

(32)31 日，按全年税后利润额的 20%计算登记应付投资者利润。

(33)31 日，“利润分配——提取盈余公积、利润分配——应付股利”明细账户的年末余额，分别转入“利润分配——未分配利润”明细账户。

项目三　登记会计账簿

各企业、事业单位通过会计凭证的填制和审核，能反应每一笔经济业务的发生、执行和完成情况。但分散的一张张会计凭证很难全面、系统、连续地反映一定时期的全部经济业务。要全面、系统、连续地反映一定时期的经济业务，就必须设置和登记会计账簿。本项目主要介绍了会计核算方法之二——登记账簿和财产清查。其主要包括会计账簿的概念、分类、格式、登记规则、错账更正、对账与结账、财产清查等。学习本项目的目的是了解会计账簿的意义和种类；熟悉不同会计账簿的账页格式；理解会计账簿登记规则；掌握会计账簿的登记方法、错账更正方法、对账方法和结账方法、财产物资、货币资金及往来款项的清查方法。重点是账簿的登记规则、账簿的登记方法、错账更正方法、银行存款余额调节表的编制和财产清查结果的账务处理。难点是各种明细账的登记方法和结账技术的掌握、银行存款余额调节表的编制及应收款项清查结果的账务处理。学习中，应结合实训题重点训练记账、对账及结账技能，强化运用会计账簿的能力；在掌握财产清查结果处理步骤的基础上，结合实例学习财产清查结果的账务处理和如何编制银行存款余额调节表。

任务一　认知会计账簿

一、设置和登记会计账簿的意义

(一)会计账簿的概念

会计账簿是以会计凭证为依据，对各项经济业务进行全面、连续系统地记录和核算的簿籍，是由专门的格式及一定形式联结在一起的账页所组成。

(二)设置和登记会计账簿的意义

企业、事业等单位，通过会计凭证的填制和审核，已经将每日发生的经济业务，记录和反映在会计凭证之中。但是，会计凭证数量很多，资料分散，每张凭证只能记录个别的经济业务，还不能系统地反映一个企事业等单位的经济活动情况。为了系统地反映企业、事业等单位的经济活动情况，需要把会计凭证所记录的大量的分散的资料，通过归类、整理、更加系统地加以记录、反映，这一要求在会计工作中是凭借登记会计账簿这个专门方法来实现的。设置和登记会计账簿是编制会计报表的基础，是连接会计凭证与会计报表的中间环节，在会计核算中具有重要的意义。通过账簿的设置和登记，可以记载、储存会计信息，分类、汇总会计信息，检查、校正会计信息，编报、输出会计信息。具体意义体现在以下几个方面的作用发挥上：

(1)可以为经营管理提供系统、完整的会计核算资料，可以正确地计算成本费用和经营成果，为财务成果的分配提供依据。

(2)利用账簿提供的资料进行账实核对，可以检查账实是否相符，从而有利于保证各项财产物资和资金的安全完整和合理使用。

(3)账簿所提供的资料既是编制会计报表的主要依据，又是进行会计分析和会计检查的必要依据。

(4)通过设置和登记账簿，既便于保存会计资料和日后查阅使用，又便于会计核算工作的分工。

二、设置会计账簿的原则

不同的企业，经济业务内容不尽相同，因此，不同企业的会计账簿在种类、格式方面也不尽相同。企业应根据自身经营活动的特点，设置能满足需要、组织严密、精简灵便、层次分明、相互钩稽和制约的账簿体系。

三、会计账簿的种类

(一)会计账簿按用途分类

会计账簿按用途不同可以分为序时账簿、分类账簿和备查账簿三类。

(1)序时账簿又称日记账，是按照经济业务发生和完成的时间顺序，逐日逐笔登记的会计账簿。在我国，大多数单位一般只设库存现金日记账和银行存款日记账。

(2)分类账簿是对全部经济业务事项按照会计要素的具体类别而设置的分类账户进行登记的账簿。按照总分类账户分类登记经济业务事项的是总分类账簿，简称总账；按照明细分类账户分类登记经济业务事项的是明细分类账簿，简称明细账。分类账簿提供的核算信息是编制会计报表的主要依据。

(3)备查账簿简称备查簿，是对某些在序时账簿和分类账簿等主要账簿中都不予登记或登记不够详细的经济业务事项进行补充登记时使用的账簿。例如，租入固定资产备查簿是用来登记以经营租赁方式租入、不属于本企业财产、不能记入本企业固定资产账户的机器设备。应收票据贴现备查簿是用来登记本企业已经贴现的应收票据，这是由于尚存在着票据付款人到期不能支付票据款项而使本企业产生连带责任的可能性(即负有支付票据款项的连带义务)，而这些应收票据已不能在企业序时会计账簿或分类会计账簿中反映，所以要备查登记。

(二)会计账簿按外形特征分类

会计账簿按外形特征的不同可以分为订本账、活页账和卡片账三类。

(1)订本账。订本账是启用之前就已将账页装订在一起，并对账页进行了连续编号的账簿。订本式账簿账页固定，不能随意增减，因而，必须预先估计每一个账户需要的账页页数来预留空白账页。如果预留太多，造成浪费；如果预留太少，影响连续登记。这种会计账簿一般适用于总分类账(表 3-1)、银行存款日记账(表 3-2)、库存现金日记账(表 3-3)等。

(2)活页账。活页账是在账簿登记完毕之前并不固定装订在一起，而是装在活页账夹中。当账簿登记完毕之后(通常是一个会计年度结束之后)，才将账页予以装订，加具封面，并给各账页连续编号。这类会计账簿的优点是记账时可根据实际需要，随时将空白账页装入会计账簿，或抽去不需用的账页，也便于分工记账；缺点是如果管理不善，可能会造成账页散失或故意抽换账页。各种明细分类账一般采用活页账形式。

(3)卡片账。卡片账是将账户所需格式印刷在硬卡上。严格地说，卡片账也是一种活页账，只不过其不是装在活页账夹中，而是装在卡片箱内，可根据需要随时增加卡片数量。卡片式会计账簿除具有活页式账的优缺点外，其不需要每年更换，可跨年度使用。在我国，单位一般只对固定资产的核算采用卡片账形式。

(三)会计账簿按账页格式分类

会计账簿按账页格式不同可以分为两栏式账簿、三栏式账簿、多栏式账簿和数量金额式账簿四类。

(1)两栏式账簿。两栏式账簿是指只有借方和贷方两个基本金额栏的账簿。普通日记账(分录簿)一般采用两栏式账簿。

(2)三栏式账簿。三栏式账簿是设有借方、贷方和余额三个基本栏目的账簿。各种日记账、总分类账以及资本、债权、债务明细账都可采用三栏式账簿(表 3-4)。三栏式账簿又分为设对方科目和不设对方科目两种。区别是在摘要栏和借方科目栏之间是否有一栏“对方科目”。有“对方科目”栏的，称为设对方科目的三栏式账簿；不设“对方科目”栏的，称为不设对方科目的三栏式账簿。

(3)多栏式账簿。多栏式账簿是在账簿基本栏目借方、贷方按需要分设若干专栏，用来记录和反映经济业务明细项目的账簿。收入、费用明细账一般均采用这种格式账簿(表 3-5)。

(4)数量金额式账簿。数量金额式账簿的借方、贷方和余额三个栏目内，都分设数量、单价和金额三小栏，借以反映财产物资的实物数量和价值量。原材料、库存商品、产成品等明细账一般都采用数量金额式账簿(表 3-6)。

表 3-1 总　账

会计科目＿＿＿＿＿＿

年		凭证号	摘要	借方												贷方												核对号	借或贷	金额											
月	日			十	亿	千	百	十	万	千	百	十	元	角	分	十	亿	千	百	十	万	千	百	十	元	角	分			十	亿	千	百	十	万	千	百	十	元	角	分

表 3-2　银行存款日记账

年		凭证号	摘要	对方科目	结算种类	结算凭证号	借方										贷方										核对号	金额									
月	日						千	百	十	万	千	百	十	元	角	分	千	百	十	万	千	百	十	元	角	分		千	百	十	万	千	百	十	元	角	分

表 3-3 现金日记账

年		凭证号	摘要	对方科目	借方										贷方										核对号	金额									
月	日				千	百	十	万	千	百	十	元	角	分	千	百	十	万	千	百	十	元	角	分		千	百	十	万	千	百	十	元	角	分

表 3-4 明细账

总页________

会计科目____________明细科目____________子目__________ 分页________

年		凭证号	摘要	借方											贷方											核对号	借或贷	金额										
月	日			亿	千	百	十	万	千	百	十	元	角	分	亿	千	百	十	万	千	百	十	元	角	分			亿	千	百	十	万	千	百	十	元	角	分

表 3-5 ____________明细账

账号		总页数	
页数			

年		凭证		摘要																																																													核对
月	日	种类	号数		百	十	万	千	百	十	元	角	分	百	十	万	千	百	十	元	角	分	百	十	万	千	百	十	元	角	分	百	十	万	千	百	十	元	角	分	百	十	万	千	百	十	元	角	分	百	十	万	千	百	十	元	角	分	百	十	万	千	百	十	元	角	分	

表 3-6 材料明细账

编号	
名称	
材质	
规格	

最高存量________　　　　　　　　　　　　　　　　总页________

最低存量________ 贮备天数________ 计量单位________ 分页________

年		凭证号	摘要	收入										付出																				核对号	余额									
				数量	单价	金额								生产耗用										其他拨出											数量	单价	金额							
月	日					十	万	千	百	十	元	角	分	数量	单价	金额								数量	单价	金额											十	万	千	百	十	元	角	分
																十	万	千	百	十	元	角	分			十	万	千	百	十	元	角	分											

四、会计账簿的基本内容

各种账簿所记录的经济内容不同，账簿的格式又多种多样，不同账簿格式所包括的具体内容也不尽一致，但各种账簿格式应具备下列一些基本内容：

(1)封面。封面主要标明账簿的名称，如总账、债权债务明细账等。

(2)扉页。扉页主要列明科目索引、账簿启用和经管人员一览表。一般将科目索引列于账簿最前面，将账簿启用登记表列于账簿最后面。“会计账簿启用和经管人员一览表”的格式见表 3-7。

表 3-7　会计账簿启用和经管人员一览表

<table>
<tr><td>企业名称</td><td colspan="3"></td><td rowspan="6">粘贴印花</td></tr>
<tr><td>账簿名称</td><td></td><td>编号</td><td></td></tr>
<tr><td>账簿册数</td><td colspan="3">共　　册第　　册</td></tr>
<tr><td>账簿页数</td><td colspan="3">自　　页起至　　页止共　　页</td></tr>
<tr><td>启用日期</td><td>年　月　日</td><td>停用日期</td><td>年　月　日</td></tr>
<tr><td>会计主管</td><td></td><td>记账员</td><td></td></tr>
<tr><td colspan="5">交 接 记 录</td></tr>
<tr><td>移交日期</td><td>移交人</td><td>接管日期</td><td>接管人</td><td>监交人</td></tr>
<tr><td></td><td></td><td></td><td></td><td></td></tr>
<tr><td></td><td></td><td></td><td></td><td></td></tr>
<tr><td rowspan="2">备注</td><td colspan="3" rowspan="2"></td><td>单位公章</td></tr>
<tr><td></td></tr>
</table>

(3)账页。账页是账簿用来记录经济业务事项的载体，包括账户的名称、登记账户的日期栏、凭证种类和号数栏、摘要栏(记录经济业务内容的简要说明)、金额栏(借、贷方金额、余额及余额的方向)、总页次、分户页次等基本内容。

五、会计账簿与账户的关系

账户存在于账簿之中，账簿中的每一账页就是账户的存在形式和载体，没有账簿，账户就无法存在；账簿序时、分类地记载经济业务，是在个别账户中完成的。因此，账簿只是一个外在形式，账户才是它的真实内容。会计账簿与账户的关系是形式和内容的关系。

六、认知会计账簿的使用规则

(一)会计账簿的启用规则

会计账簿是企业重要的经济档案。会计人员启用新的会计账簿时，应在会计账簿的扉页上填制“会计账簿启用和经管人员一览表”，详细填明企业名称、会计账簿名称、会计账簿编号、会计账簿页数和启用日期等，并填明会计主管人员、记账人员姓名，加盖公章，由会计主管人员和记账人员签章。如记账人员更换时，应在主管会计监督下办理交接手续，并在表内注明交接日期。移交人和接管人双方都应签章，以明确责任。启用订本式账簿，应当从第一页到最后一页顺序编定页数，不得跳页、缺号。使用活页式账页，应当按顺序编号，并需定期装订成册。实行会计电算化的单位，用计算机打印的会计账簿也必须连续编号，经审核后装订成册，并由记账人员、会计机构负责人、会计主管人员签字或者盖章。装订后，再按实际使用的账页顺序编定页码，另加目录，记明每个账户的名称和页次。

(二)会计账簿的记账规则

会计人员应当根据审核无误的会计凭证登记会计账簿。登记会计账簿的记账规则如下：

(1)准确完整。登记会计账簿时，应当将会计凭证日期、编号、业务内容摘要、金额和其他有关资料逐项记入账内，做到数字准确、摘要清楚、登记及时、字迹工整。

(2)注明记账符号。登记完毕后，要在记账凭证上签名或者盖章，并注明已经登账的符号(如“√”)，表示已经记账。

(3)书写留空。账簿中书写的文字和数字上面要留有适当空格，不要写满格，一般应占格距的1/2。

(4)正常记账使用蓝黑墨水。为了保持账簿记录的持久性，防止涂改，登记账簿要用蓝黑墨水或者碳素墨水书写，不得使用圆珠笔(银行的复写账簿除外)或者铅笔书写。

(5)下列情况，可以用红色墨水记账：

1)按照红字冲账的记账凭证，冲销错误记录；

2)在不设借贷等栏的多栏式账页中，登记减少数；

3)在三栏式账户的余额栏前，如未印明余额方向的，在余额栏内登记负数余额；

4)根据国家统一的会计制度的规定可以用红字登记的其他会计记录。

(6)顺序连续登记。各种账簿应按页次顺序连续登记，不得跳行、隔页。如果发生跳行、隔页，应当将空行、空页划线注销或者注明“此行空白”“此页空白”字样，并由记账人员签名或者盖章。

(7)结出余额。凡需要结出余额的账户，结出余额后，应当在“借或贷”等栏内写明“借”或者“贷”等字样。没有余额的账户，应在“借或贷”栏内写“平”字，并在“余额”栏用“0”表示。

(8)过次承前。每一账页登记完毕结转下页时，应当结出本页合计数及余额，写在本页最后一行和下页第一行有关栏内，并在摘要栏内注明“过次页”和“承前页”字样；也可以将本页合计数及金额只写在下页第一行有关栏内，并在摘要栏内注明“承前页”字样。对需要结计本月发生额的账户，结计“过次页”的本页合计数应当为自本月初起至本页末止的发生额合计数；对需要结计本年累计发生额的账户，结计“过次页”的本页合计数应当为自年初起至本页末止的累计数；对既不需要结计本月发生额，也不需要结计本年累计发生额的账户，可以只将每页末的余额结转次页。

(9)实行会计电算化的单位，总账和明细账应当定期打印。发生收款和付款业务的，在输入收款凭证和付款凭证的当天必须打印出库存现金日记账和银行存款日记账，并与库存现金核对无误。

(10)会计账簿记录发生错误，不准涂改、挖补、刮擦或者用药水消除字迹，不准重新抄写，必须按会计制度规定的方法进行更正。

七、更换与保管会计账簿

(一)更换会计账簿

会计账簿的更换通常在新会计年度建账时进行。总账、日记账和多数明细账应每年更换一次。但有些财产物资明细账和债权、债务明细账，由于材料品种、规格和往来单位较多，更换新账，重抄一遍工作量较大，因此，可以跨年度使用，不必每年度更换一次。备查账簿可以连续使用。

(二)保管会计账簿

账簿日常应由各自分管的记账人员专门保管，未经领导和会计负责人或有关人员批准，不允许非经管人员翻阅、查看、摘抄和复制。会计账簿除非特殊需要或司法介入要求，一般不允许携带外出。

年终，各种账户在结转下年、建立新账后，一般都要把旧账送交总账会计集中统一管理。会计账簿暂由本单位财务会计部门保管 1 年，期满之后，由财务会计部门编造清册移交本单位的档案部门保管。各种会计账簿的保管年限和销毁的审批程序，应按《会计档案管理办法》(2015 修订)的规定严格执行。

课外学习：会计档案。

理论复习

一、单项选择题

1. 关于会计账簿启用与保管叙述，下列不正确的做法是(　　)。

A. 启用账簿时，要填写“账簿启用登记表”

B. 为明确会计人员责任，登记某种账簿的人员，不必对该账簿的保管负责，应由保管会计档案的人员负责

C. 每日登记账簿，注意书写整齐清洁，不得涂污，避免账页破损，保持账本完整

D. 按有关规定使用账簿，账簿不得外借

2. 应付账款明细账一般采用的格式是(　　)。

A. 两栏式　　B. 三栏式

C. 多栏式　　D. 数量金额式

3. 下列账簿中，一般采用活页账形式的是(　　)。

A. 日记账　　B. 总分类账

C. 明细分类账　　D. 备查账

4. 下列账簿中可以采用卡片账的是(　　)。

A. 原材料总分类账　　B. 现金日记账

C. 固定资产明细分类账　　D. 固定资产总分类账

5. 按经济业务发生时间的先后顺序，逐日逐笔进行登记的账簿是(　　)。

A. 明细分类账　　B. 总分类账

C. 序时账　　D. 备查账

6. 在我国总分类账要选用(　　)。

A. 活页账簿　　B. 自己认为合适的账簿

C. 卡片式账簿　　D. 订本式账簿

7. 关于账簿的使用的叙述，下列说法错误的是(　　)。

A. 订本账预留太多则导致浪费，预留太少则影响连续登记

B. 活页账登记方便，可以根据业务多少添加，因此收付款业务多的单位的现金日记账和银行存款日记账可以采用此种格式

C. 固定资产明细账一般采用卡片账

D. 总分类账一般使用订本账

8. 关于会计账簿的记账规则的表述，下列选项不正确的是(　　)。

A. 记账时使用蓝黑水或碳素黑水的钢笔书写，不得使用圆珠笔(银行的复写账簿除外)或铅笔

B. 账页登记满时，应办理转页手续

C. 使用活页式账簿时，应先将其装订成册，以防止散失

D. 在不设借贷等栏的多栏式账页中，登记减少数时，可以使用红色墨水记账

9. 对全部经济业务事项按照会计要素的具体类别而设置的分类进行登记的账簿称为(　　)。

A. 备查账簿　　B. 序时账簿

C. 分类账簿　　D. 三栏式账簿

10. 账簿中书写的文字和数字不要顶格书写，一般应占格距的(　　)。

A. 1/2　　B. 2/3

C. 1/3　　D. 3/5

11. 下列不宜采用三栏式账页格式的明细账是(　　)。

A. 应收账款明细账　　B. 应付账款明细账

C. 短期借款明细账　　D. 管理费用明细账

12. 会计账簿可按不同的标准进行分类，下列属于按用途划分的账簿类别是(　　)。

A. 数量金额式明细账　　B. 活页账

C. 订本账　　D. 序时账

13. 不可以采用三栏式账页的是(　　)。

A. 总账　　B. 应付账款明细账

C. 库存现金日记账　　D. 原材料明细账

14. 下列项目中，(　　)是连接会计凭证和会计报表的中间环节。

A. 复式记账　　B. 设置会计科目和账户

C. 设置和登记账簿　　D. 编制会计报表

15. 在我国，总分类账要选用(　　)。

A. 活页式账簿　　B. 自己认为合适的账簿

C. 卡片式账簿　　D. 订本式账簿

二、多项选择题

1. 账簿按用途不同可分为(　　)。

A. 序时账簿　　B. 分类账簿

C. 订本账簿　　D. 备查账簿

E. 活页账簿

2. (　　)明细账应采用数量金额式账页登记数量金额增减变动及其结存情况。

A. 原材料　　B. 固定资产　　C. 库存商品　　D. 应收账款

E. 实收资本

3. 会计账簿登记规则包括(　　)。

A. 记账必须依据审核无误的会计凭证

B. 按页次顺序连续记账，不得跳行

C. 一般只能用蓝黑墨水的钢笔或碳素墨水笔书写，不得用圆珠笔(银行复写账簿除外)和铅笔书写

D. 每一账页登记完毕结转下页时，应当结出本页合计数及余额

4. 下列明细账用多栏式格式的有(　　)。

A. 原材料明细账　　B. 管理费用明细账

C. 主营业务收入明细账　　D. 制造费用明细账

E. 生产成本明细账　　F. 应交税费明细账

5. 采用订本式账簿的有(　　)。

A. 总分类账　　B. 现金日记账

C. 银行存款日记账　　D. 原材料明细账

6. 采用三栏式明细账的有(　　)。

A. 应付账款明细账　　B. 应收账款明细账

C. 实收资本明细账　　D. 生产成本明细账

三、判断题

1. 现金日记账的格式可以采用三栏式，也可以采用多栏式。　(　　)

2. 会计记录所使用的文字只能是中文，不允许使用民族文字或外国文字。　(　　)

3. 登记账簿时，发生的空行、空页一定要补充书写，不得注销。　(　　)

4. 账簿即是会计账户。　(　　)

5. 三栏式账簿一般适用于费用、成本等明细账。　(　　)

6. 总分类账、库存现金日记、银行存款日记账一般都采用活页式账簿。　(　　)

任务二　登记日记账

财务负责人给了你现金日记账和银行存款日记账各1本，让你尝试登记日记账的工作。

序时会计账簿可以分为特种日记账和普通日记账两种。特种日记账是为记录某一类经济业务专门设置的日记账。目前，常用的特种日记账有库存现金日记账和银行存款日记账两种；普通日记账是用来记载每笔经济业务会计分录的会计账簿。这种会计账簿的特点是把会计分录序时、整齐地排列在账页上。因此，人们又称这种会计账簿为分录簿。

一、库存现金日记账的账页格式及登记方法

(一)库存现金日记账的账页格式

库存现金日记账是用来核算和监督库存现金每天的收入、支出和结存情况的账簿，其格式有三栏式和多栏式两种。无论采用三栏式还是多栏式(库存)现金日记账，都必须使用订本账。其中常用的格式是三栏式。其账页格式见表3-8。

表 3-8　库存现金日记账

第 1 页

14 年		凭证号数	摘　要	对方科目	借　　方							贷　　方							余　　额						
月	日				万	千	百	十	元	角	分	万	千	百	十	元	角	分	万	千	百	十	元	角	分
6	1		期初余额																		5	0	0	0	0
	1	银付 1	提　现	银行存款		9	0	0	0	0	0														
	1	现付 2	发工资	应付职工薪酬									9	0	0	0	0	0							
	1	现收 1	收回欠款	应收账款		1	8	0	0	0	0														
	1	现付 3	付办公费	管理费用										8	0	0	0	0							
	1		本日合计		1	0	8	0	0	0	0		9	8	0	0	0	0		1	5	0	0	0	0

(二)库存现金日记账的登记方法

库存现金日记账由出纳人员根据同现金收付有关的记账凭证，按时间顺序逐日逐笔进行登记，并根据“上日余额＋本日收入－本日支出＝本日余额”的公式，逐日结出现金余额，与库存现金实存数核对，以检查每日现金收付是否有误。

库存现金日记账具体登记方法如下：

(1)将发生经济业务的日期记入“日期”栏，年度记入该栏的上端，月、日分两小栏登记。以后只有在年度、月份变动或填写新账页时，再填写年度和月份。

(2)在“凭证号数”栏，登记该项经济业务所填制的记账凭证的种类和编号，以表示登记会计账簿的依据。对于现金存入银行或从银行提取现金业务，因为只填制付款凭证，所以提现的凭证号数也是“银付×号”。

(3)在“摘要”栏内，简明地记入经济业务的内容。

(4)根据记账凭证上的会计分录，在“对方账户”栏填上对应账户的名称，表明该项业务的来龙去脉。

(5)根据现金收款凭证上应借账户金额登记到“借方”栏，根据现金付款凭证上应贷账户金额登记到“贷方”栏。

(6)根据“上日余额＋本日收入(即本日借方合计)－本日支出(即本日贷方合计)＝本日余额”的计算公式计算出“本日余额”登记到“余额”栏。

【训练 3-1】 大海公司 2014 年 6 月 1 日发生了下列经济业务：

(1)填制现金支票(5566 号)从银行提取现金 9 000 元，备发工资。财会根据现金支票存根填制了借“库存现金”，贷“银行存款”的付款凭证(第 1 号)。

(2)以库存现金发放职工工资 9 000 元。财会根据工资结算单填制了借“应付职工薪酬”，贷“库存现金”的付款凭证(第 2 号)。

(3)以资金方式收回前欠货款 1 800 元。财会根据收款收据填制了借“库存现金”，贷“应收账款”的收款凭证(第 1 号)。

(4)以库存现金 800 元购买办公用品直接交付行政部门使用。财会根据发货票填制了借“管理费用”，贷“库存现金”的付款凭证(第 3 号)。

财会根据上述经济业务的收、付款凭证登记的库存现金日记账见表 3-8。其库存现金日记账 6 月 1 日末余额的算式是：

1 日末余额＝500＋10 800－9 800＝1 500(元)

二、银行存款日记账的账页格式及登记方法

(一)银行存款日记账的账页格式

银行存款日记账是用来核算和监督银行存款每日的收入、支出和结余情况的账簿。银行存款日记账应按企业在银行开立的账户和币种分别设置，每个银行账户设置一本日记账。银行存款日记账一般采用三栏式账簿。其账页格式见表 3-9。

表 3-9　银行存款日记账

第 1 页

14 年		凭证号数	摘　要	结算凭证		对方科目	借　方	贷　方	余　额
月	日			种类	号数				
6	1		期初余额						259 509.25
6	1	银付 1	提　现	现支	5566	库存现金		9 000.00	250 509.25

(二)银行存款日记账的登记方法

银行存款日记账的登记方法与库存现金日记账基本相同，所不同的仅是“结算凭证”栏要根据银行的结算凭证来登记。

训练 3-1 中填制现金支票(5566 号)从银行提取现金 9 000 元，备发工资(财会填制了借“库存现金”，贷“银行存款”的付款凭证)这项业务，其银行存款日记账的登记方法见表 3-9。

三、普通日记账的格式和登记方法

普通日记账是逐日逐笔序时登记除特种日记账以外经济业务的会计账簿。在不设特种日记账的企业，则要序时地逐笔登记企业的全部经济业务，因此，普通日记账也称分录簿。普通日记账一般采用“两栏式会计账簿”。其账页格式见表 3-10。

表 3-10　普通日记账

第 1 页

××年		凭证号数	摘　要	总账科目	明细科目	借　方							贷　方						
月	日					万	千	百	十	元	角	分	万	千	百	十	元	角	分

普通日记账的登记方法与转账凭证的填制方法基本相同，这里就不再叙述了。

理论复习

一、单项选择题

1. 库存现金日记账的收入方除根据库存现金收款凭证登记外，有时还要根据（　　）登记。

A. 银行存款付款凭证　　B. 银行存款收入凭证
C. 库存现金付出凭证　　D. 转账凭证

2. 银行存款日记账的收入方除根据银行存款收款凭证登记外，有时还要根据（　　）登记。

A. 现金付款凭证　　B. 现金收款凭证
C. 银行存款付款凭证　　D. 转账凭证

3. 库存现金和银行存款日记账的格式最常见的是（　　）。

A. 多栏式　　B. 三栏式
C. 数量金额式　　D. 收付分页

二、多项选择题

1. 企业从银行提取现金 8 000 元，此项业务应登记（　　）。

A. 库存现金日记账　　B. 银行存款日记账
C. 总分类账　　D. 明细分类账
E. 备查账

2. 现金日记账和银行存款日记账的登记要求主要有（　　）。

A. 由出纳人员负责登记
B. 以审核无误的收、付款凭证为依据
C. 应逐日逐笔顺序登记
D. 必须逐日结出收入合计和支出合计

3. 可以作为库存现金日记账的记账凭证的有（　　）。

A. 库存现金收款凭证
B. 库存现金付款凭证
C. 银行存款收款凭证
D. 银行存款付款凭证
E. 转账凭证

三、判断题

1. 在现金日记账中，如果摘要栏的内容是“从银行提取现金”；则对方科目栏应填写“库存现金”。（　　）

2. 货币资金的日记账可以取代其总账。（　　）

3. 现金日记账的格式可以采用三栏式，也可以采用多栏式。（　　）

4. 日记账是逐笔序时登记的，故月末不必与总账核对。（　　）

5. 银行存款日记账属于特种日记账。（　　）

技能练习

实训 3.1

【实训目的】 实训日记账的登记方法。

【实训任务】

(1)根据资料中的经济业务填制收款凭证和付款凭证。

(2)登记库存现金日记账和银行存款日记账并结出每日发生额、余额及本月发生额和余额。

【实训资料】

(1)渤海公司 2014 年 12 月 28 日库存现金日记账和银行存款日记账的累计发生额和余额资料见表 3-11 和表 3-12。

表 3-11 库存现金日记账

第 页

2014 年		凭证号数	摘 要	对方科目	借 方							贷 方							余 额						
月	日				万	千	百	十	元	角	分	万	千	百	十	元	角	分	万	千	百	十	元	角	分
12	1		期初余额																		2	0	0	0	0
	28		1～28 日合计		8	6	0	0	0	0	0	8	0	0	0	0	0	0		6	2	0	0	0	0

表 3-12　银行存款日记账

第　页

2014 年		凭证号数	摘　要	结算凭证		对方科目	借　方	贷　方	余　额	
月	日			种类	号数					
12	1		期初余额						5 000.00	
	28		1～28 日合计				680 000.00	600 000.00	85 000.00	

(2)渤海公司 2014 年 12 月 29 日至 31 日发生下列业务：

1)29 日，财会取得借款借据(代收账通知)。业务内容：向银行借款 50 000 元，存入银行存款户，期限为 3 个月，利率为 12%。

2)29 日，财会取得转账支票存根(＃0001)和增值税专业发票(发票联)。业务内容：购进 A 材料 6 000 元，增值税税率为 17%。

3)29 日，财会取得现金支票存根(＃1001)。业务内容：从银行提取现金 2 000 元。

4)29 日，财会取得普通发票(发票联)。业务内容：以现金 150 元购一批办公用品直接交付厂办公室使用。

5)30 日，财会取得进账单(存＃6001 转账支票的收款通知)和增值税专业发票(记账联)。业务内容：销售一批产品收入 80 000 元，增值税税率为 17%。

6)30 日，财会取得普通发票(记账联)。业务内容：销售废旧材料一批收入现金 1 300 元。

7)30 日，财会取得现金交款单(回单联)。业务内容：将现金 1 300 元存入银行。

8)30 日，财会取得借款借据。业务内容：李明出差向财会借取现金 800 元。

9)30 日，财会取得业务内容：王志新报销差旅费为 1 400 元，交回多余现金 100 元。

10)31 日，财会取得转账支票存根(＃0002)。业务内容：以银行存款 60 000 元归还到期的银行短期借款。

11)31 日，财会取得现金支票存根(＃1002)。业务内容：从银行提取现金 8 000 元。

12)31 日，财会取得工资结算单。业务内容：以现金发放工资 10 000 元。

13)31 日，财会取得信汇①(回单)。业务内容：归还上月欠购货款 2 000 元。

14)31 日，财会取得托收承付④(收账通知)。业务内容：收到上月东风工厂欠销货款 30 000 元。

任务三　登记总账和明细账

财务负责人给了你 1 本总账和几本明细账，让你这几天把这个月的总账和明细账登记好。

常用的分类账簿有总分类账簿和明细分类账簿两种类型。

一、总分类账簿的账页格式及登记方法

1. 总分类账簿的账页格式

总分类账简称为“总账”，是按照总分类账户分类登记以提供总括会计信息的账簿。总分类账的账页格式有三栏式和多栏式两种。最常用的账页格式为三栏式，设置借方、贷方和余额三个基本金额栏目。总分类会计账簿一般采用三栏式账页的订本式账簿。其账页格式见表 3-13(不设对方科目的总账账页)和表 3-14(设对方科目的总账账页)。

表 3-13　总　　账

会计科目：库存现金　　　　　　　　　　　　　　　　　　　　第 1 页

14 年		凭证号数	摘　要	借　方							贷　方							借或贷	余　额						
月	日			万	千	百	十	元	角	分	万	千	百	十	元	角	分		万	千	百	十	元	角	分
6	1		期初余额															借			5	0	0	0	0
	1	银付 1	提现		9	0	0	0	0	0								借		9	5	0	0	0	0
	1	现付 2	发工资									9	0	0	0	0	0	借			5	0	0	0	0
	1	现收 1	收回欠款		1	8	0	0	0	0								借		2	3	0	0	0	0
	1	现付 3	付办公费										8	0	0	0	0	借		1	5	0	0	0	0

表 3-14　总　　账

会计科目：库存现金　　　　　　　　　　　　　　　　　　　　第 1 页

14 年		凭证号数	摘　要	对方科目	借　方							贷　方							借或贷	余　额						
月	日				万	千	百	十	元	角	分	万	千	百	十	元	角	分		万	千	百	十	元	角	分
6	1		期初余额																借			5	0	0	0	0
	1	银付 1	提　现	银行存款		9	0	0	0	0	0								借		9	5	0	0	0	0
	1	现付 2	发工资	应付职工薪酬									9	0	0	0	0	0	借			5	0	0	0	0
	1	现收 1	收回欠款	应收账款		1	8	0	0	0	0								借		2	3	0	0	0	0
	1	现付 3	付办公费	管理费用										8	0	0	0	0	借		1	5	0	0	0	0

2. 总分类会计账簿的登记方法

总分类会计账簿按采用的账务处理程序不同可以根据记账凭证直接登记，也可以根据

科目汇总表、汇总记账凭证等登记。本项目只介绍根据记账凭证登记总账的方法，其他方法将在项目四中介绍。

总分类会计账簿具体登记步骤和方法如下：

(1)根据记账凭证上的借方或贷方记录，翻到总分类账中所要借记或贷记账户的所在页码。

(2)在各该账户的“日期”“凭证号数”以及“借方金额”或“贷方金额”各栏中，分别登记凭证的日期、号数和金额。

(3)根据已经记账的账户记录，计算账户的余额，记入“余额”栏，并按方向在“借或贷”栏内记上“借”或“贷”字。

【训练 3-2】 业务内容见训练 3-1，其库存现金总账的登记方法见表 3-13 和表 3-14。

上述将记账凭证上的借贷金额分别转记到总分类账中的有关账户的过程，在会计实务中称之为“过账”。

二、明细分类账簿的账页格式及登记方法

明细分类账簿也称明细账，是根据二级账户或明细账户开设账页，分类、连续地登记经济业务以提供明细核算资料的账簿。其格式有三栏式、数量金额式、多栏式和横线登记式(或称平行式)等多种。其实际上是为了补充总分类账的不足而设置的。明细分类账可以采用活页式会计账簿或卡片式会计账簿。

(一)三栏式明细账的账页格式及登记方法

三栏式明细分类账是设有借方、贷方和余额三个金额栏目，用以分类核算各项经济业务，提供详细核算资料的账簿，其账页格式与三栏式总账格式相同，不设数量栏，只登记金额不登记数量。其一般适用于只能或只需采用金额进行明细核算的账户，如“应收账款”“应付账款”等债权债务方面的明细核算。三栏式明细账登记方法与上述总分类账基本相同。其账页格式见表 3-15。

表 3-15 明 细 账

会计科目：__________明细科目：__________子目：__________ 第 页

×年		凭证号数	摘 要	借 方							贷 方							借或贷	余 额						
月	日			万	千	百	十	元	角	分	万	千	百	十	元	角	分		万	千	百	十	元	角	分

(二)数量金额式明细账的账页格式及登记方法

1. 数量金额式明细账的账页格式

数量金额式明细分类账的借方(收入)、贷方(发出)和余额(结存)都分别设有数量、单价和金额三个专栏。这种明细账一般适用于既要进行金额核算，又要进行实物数量核算的财产物资的明细核算，如“原材料”“库存商品”等账户的明细分类核算。其账页格式见表 3-16。

表 3-16 明 细 账

存货名称：　　　　　　　　　　　存货编号：　　　　　　　　　　　存货规格：

存放地点：　　　　　　　　　　　　　　　　　　　　　　　　　　　计量单位：

××年		凭证号数	摘　要	收　入			发　出			结　存		
月	日			数量	单价	金额	数量	单价	金额	数量	单价	金额

2. 数量金额式明细账的登记方法

数量金额式明细账登记的主要特点是在登记金额的同时，还要登记数量和单价，其“日期”“凭证号数”以及“摘要”各栏登记的方法与三栏式会计账簿的登记方法基本相同，只是“结存”栏的登记方法有所不同。“结存”栏中的“单价”是库存所有存货的平均单价，只要是有新进的存货入库，就得重新计算平均单价，即移动加权平均单价。其移动平均单价的计算公式如下：

移动平均单价＝(本次进货前存货实际成本＋本次进存货实际成本)/(本次进货前存货数量＋本次购进存货数量)

将计算出的移动平均单价登记在“结存”栏中的“单价”栏内，发出存货时，发出存货的金额按最近一次计算的移动平均单价计算。其计算公式如下：

本次发出存货成本＝本次发出存货数量×移动平均单价

将本次发出存货的数量、平均单价和发出存货成本依次登记在“发出”栏中的“数量”“单价”和“金额”各栏。

对于发出存货的成本确定，除采用上述移动加权平均法外，按《企业会计准则——基本准则》(2006)的规定，还可以采用先进先出法、个别计价法或月末一次加权平均法确定。

【训练 3-3】 大海公司 2014 年 5 月份发生下列几项有关经济业务：

(1)5 日，验收入库甲材料(规格 TTY)60 件，单价 5.20 元。财会根据验收单编制了第 1 号转账凭证。

(2)10 日，仓库发出甲材料(规格 TTY)50 件，用于生产产品。财会根据发料单编制了第 2 号转账凭证。

(3)24 日，验收入库甲材料(规格 TTY)20 件，单价 4.80 元。财会根据验收单编制了第 3 号转账凭证。

(4)27 日，仓库发出甲材料(规格 TTY)40 件，财会根据发料单编制了第 4 号转账凭证。

财会根据转账凭证采用移动加权平均方法登记了“原材料”明细账，见表 3-17。其平均单价 5.15 和 5.01 的计算过程如下：

5.15＝(100.00＋312.00)/(20＋60)

5.01＝(154.50＋96.00)/(30＋20)。

表 3-17　原材料明细账

存货名称：甲材料　　　　存货编号：0001　　　　存货规格：TTY

存放地点：2 号仓库　　　　计量单位：件

2014 年		凭证号数	摘　要	收入(借方)			发出(贷方)			结存(余额)		
月	日			数量	单价	金额	数量	单价	金额	数量	单价	金额
5	1		期初结存							20	5.00	100.00
	5	转 1	购入	60	5.20	312.00				80	5.15	412.00
	10	转 2	发出				50	5.15	257.50	30	5.15	154.50
	24	转 3	购入	20	4.80	96.00				50	5.01	250.50
	27	转 4	发出				40	5.01	200.40	10	5.01	50.10
	31		本月合计	80		408.00	90		457.90	10	5.01	50.10

如果采用月末一次加权平均法，则

全月的加权平均单价＝(月初结存存货实际成本＋本月收入存货实际成本)/(月初结存存货数量＋本月收入存货数量)

＝(100.00＋408.00)/(20＋80)＝5.08(元)

本月发出存货实际成本＝本月发出存货数量×加权平均单价

＝90×5.08＝457.20(元)

(三)多栏式明细账的账页格式及登记方法

1. 多栏式明细账的账页格式

多栏式明细分类账是将属于同一个总账科目的各个明细科目合并在一张账页上进行登记。多栏式明细账一般采用活页式会计账簿，该会计账簿是在账页的借方或贷方分设若干专栏，对账户登记内容进行明细分类核算。多栏式明细账的格式可以根据管理需要灵活设计。这种格式一般适用于成本费用类科目的明细核算。如“生产成本”“制造费用”“管理费用”等账户。其账页基本格式见表 3-18(设余额栏的多栏式)和表 3-19(不设余额的多栏式)。

表 3-18　＿＿＿＿＿＿明细分类账

明细项目：＿＿＿＿＿＿子目＿＿＿＿＿＿　　　　第　页

××年		凭证号数	摘　要	借　方							贷方	余额
月	日			××	××	××	××	××	…	合计		

表 3-19　＿＿＿＿＿＿明细分类账

明细项目：＿＿＿＿＿＿子目＿＿＿＿＿＿　　　　第　页

××年		凭证号数	摘　要	借方(或贷方)							
月	日			××	××	××	××	××	××	…	合计

不设余额栏的多栏式账页，因为借方和贷方只设一方，所以在登记反方向的数字时，用红字在“借方(或贷方)”相关栏内登记，表示冲减。

2. 多栏式明细账的登记方法

多栏式明细账登记的主要特点是将要登记的金额同时登记在借方或贷方的“相关专栏”和“合计”栏内。

【训练 3-4】 某企业 2014 年 7 月份发生下列几项有关经济业务：

(1)3 日，第一基本生产车间领用原材料 460 元，用于一般消耗。财会根据领料单填制了借“制造费用”，贷“原材料”的转账凭证(第 5 号)。

(2)30 日，计提第一基本生产车间固定资产折旧费为 540 元。财会根据固定资产折旧计算表填制了借“制造费用”，贷“累计折旧”的转账凭证(第 6 号)。

(3)30 日，分配第一基本生产车间管理人员工资 500 元；计提第一基本生产车间管理人员的职工福利费为 80 元。财会根据工资及福利费分配表填制了借“制造费用”，贷“应付职工薪酬——工资”、贷“应付职工薪酬——职工福利”的转账凭证(第 7 号)。

(4)31 日，分配结转本月制造费用为 1 580 元。财会根据制造费用分配表填制了借“生产成本”，贷“制造费用”的转账凭证(第 9 号)。

财会根据转账凭证登记的制造费用明细账见表 3-20(设“余额”栏的多栏式)和表 3-21(不设“余额”的多栏式)。

表 3-20 制造费用 明细分类账

明细项目：第一生产车间 子目________ 第 1 页

2014 年		凭证号数	摘要	借方						贷方	余额
月	日			物料消耗	折旧费	工资	职工福利	…	合计		
7	3	转 5	消耗材料	460.00					460.00		460.00
	30	转 6	计提折旧		540.00				540.00		1 000.00
	30	转 7	分配工资及福利费			500.00	80.00		580.00		1 580.00
	31	转 8	结转制造费用							1 580.00	0
	31		本月合计	460.00	540.00	500.00	80.00		1 580.00	1 580.00	0

表 3-21 制造费用 明细分类账

明细项目：第一生产车间 子目________ 第 1 页

2014 年		凭证号数	摘要	借方(或贷方)					
月	日			物料消耗	折旧费	工 资	职工福利	…	合 计
7	3	转 5	消耗材料	460.00					460.00
	30	转 6	计提折旧		540.00				540.00
	30	转 7	分配工资及福利费			500.00	80.00		580.00
	31		本月合计	460.00	540.00	500.00	80.00		1 580.00
	31	转 8	结转制造费用	—450.00	—540.00	—500.00	—80.00		—1 580.00

(注：“—”代表红字，表示负数)

三、总分类账与明细分类账的关系和平行登记

(一)总分类账户与明细分类账户的关系

总分类账户与明细分类账户所记录的经济业务内容是相同的，所不同的只是提供核算资料有详细程度的差别，两者之间存在相互联系、相互制约的关系。总分类账户是对所属明细分类账户的总括，对其所属明细分类账户具有统驭控制作用；明细分类账户是对其总分类账户的细分，对总分类账户具有补充说明作用；每个明细分类账户所反映的资料都是总分类账户的组成部分，总分类账户登记的金额与其所属明细分类账户登记的金额合计应当相等。

(二)总分类账户与明细分类账户的平行登记

根据总分类账户与其所属的明细分类账户之间的上述关系，在会计核算中，为了便于进行账户记录的核对，保证核算资料的完整性和正确性，总分类账户与其所属的明细分类账户必须采用平行登记的方法。

所谓平行登记是指对所发生的每项经济业务事项都要以会计凭证为依据，一方面记入有关总分类账户；另一方面记入有关总分类账户所属明细分类账户的方法。

总分类账户与明细分类账户平行登记的要点如下：

(1)依据相同(所依据会计凭证相同)。对发生的交易或事项计入总分类账户及其所属明细分类账户时，所依据的会计凭证相同。虽然登记总分类账户及其所属明细分类账户的直接依据不一定相同，但原始依据是相同的。

(2)期间相同(所属会计期间相同)。对每项经济业务，在登记总分类账户时，也必须同时在其所属明细分类账户中进行登记。

(3)方向相同(借贷方向相同)。对每项经济业务在有关总分类账户及其所属明细分类账户进行登记时，它们的记账方向相同，即凡是记入有关总分类账户借方的，也必须记入其所属各有关明细分类账户的借方；凡是记入总分类账户贷方的，也必须记入其所属各有关明会细分类账户的贷方。

(4)金额相等。对每项经济业务，记入有关总分类账户中的金额，必须与记入其所属各有关明细分类账户中的金额之和相等。

总分类账户与明细分类账户平行登记之后可产生的数量关系为：

总分类账户本期发生额＝总分类账户所属明细分类账户本期发生额合计

总分类账户期末余额＝总分类账户所属明细分类账户期末余额合计

在会计核算过程中，通过利用这种相等关系来检查总分类账户和明细分类账户记录的完整性和正确性。

【训练 3-5】 大海公司 2014 年 8 月份“原材料”和“应付账款”两个总分类账户和所属各明细分类账户的月初余额如下：

“原材料”总分类账户为 90 000 元，其所属明细分类账户的月初余额见表 3-22。

表 3-22 所属明细分类账户的月初余额

名 称	数 量	单 价	金 额
甲材料	6 000 千克	10 元	60 000 元
乙材料	6 000 千克	5 元	30 000 元
合 计			90 000 元

“应付账款”总分类账户贷方余额为40 000元，其所属明细分类账户余额为：海迪公司贷方余额为20 000元，腾达公司贷方余额为20 000元。

假设本月发生的原材料收发业务及与供应单位的结算业务如下：

(1)8月5日，仓库发出甲材料3 000千克，单价10元，共计30 000元；乙材料2 000千克，单价5元，计10 000元；共计40 000元。上述材料直接用于制造产品。

(2)8月8日，向海迪公司购进甲材料2 000千克，单价10元，共计20 000元，材料已验收入库，货款未付。

(3)8月14日，向腾达公司购进乙材料1 600千克，单价5元，共计8 000元，材料已验收入，货款未付。

(4)8月20日，通过银行结算偿还海迪公司货款30 000元，腾达公司货款10 000元。

根据上述资料，采用平行登记的方法登记“原材料”总分类账户和“应付账款”总分类账户及其所属明细分类账户。具体做法如下：

(1)将月初余额分别记入“原材料”和“应付账款”两个总分类账户及其所属各明细分类账户，见表3-23～表3-28。

(2)根据上述有关经济业务编制会计分录如下：

1)借：生产成本　　40 000.00

　　贷：原材料——甲材料　　30 000.00

　　　　　　——乙材料　　10 000.00

2)借：原材料——甲材料　　20 000.00

　　贷：应付账款——海迪公司　　20 000.00

3)借：原材料——乙材料　　8 000.00

　　贷：应付账款——腾达公司　　8 000.00

4)借：应付账款——海迪公司　　30 000.00

　　　　　　——腾达公司　　10 000.00

　　贷：银行存款　　40 000.00

(3)根据上列会计分录平行登记“原材料”和“应付账款”总分类账户及其所属各明细分类账户，并分别计算本期发生额和期末余额。登账结果见表3-23～表3-28。

表3-23　总分类账户

会计科目：　　　　第×页

2014年		凭证		摘要	借方	贷方	借或贷	余额
月	日	字	号					
8	1			月初余额			借	90 000.00
	5		(1)	生产领用		40 000.00	借	50 000.00
	8		(2)	购　进	20 000.00		借	70 000.00
	14		(3)	购　进	8 000.00		借	78 000.00
	31			本月发生额及余额	28 000.00	40 000.00	借	78 000.00

表 3-24　原材料明细分类账户

材料名称：甲材料　　　　计量单位：千克

2014 年		凭证		摘　要	单价	收　入		发　出		结　存	
月	日	字	号			数量	金额	数量	金额	数量	金额
8	1			月初余额	10					6 000	60 000.00
	5		(1)	生产领用	10			3 000	30 000.00	3 000	30 000.00
	8		(2)	购　进	10	2 000	20 000.00			5 000	50 000.00
	31			本月发生额及余额	10	2 000	20 000.00	3 000	30 000.00	5 000	50 000.00

表 3-25　原材料明细分类账户

材料名称：乙材料　　　　计量单位：千克

2014 年		凭证		摘　要	单价	收　入		发　出		结　存	
月	日	字	号			数量	金额	数量	金额	数量	金额
8	1			月初余额	5					6 000	30 000.00
	5		(1)	生产领用	5			2 000	10 000.00	4 000	20 000.00
	14		(3)	购　进	5	1 600	8 000.00			5 600	28 000.00
	31			本月发生额及余额	5	1 600	8 000.00	2 000	10 000.00	5 600	28 000.00

表 3-26　总分类账户

会计科目：应付账款　　　　第×页

2014 年		凭证		摘　要	借　方	贷　方	借或贷	余　额
月	日	字	号					
8	1			月初余额			贷	40 000.00
	8		(2)	购进材料		20 000.00	贷	60 000.00
	14		(3)	购进材料		8 000.00	贷	68 000.00
	20		(4)	偿还货款	40 000.00		贷	28 000.00
	31			本月发生额及余额	40 000.00	28 000.00	贷	28 000.00

表 3-27　应付账款明细分类账户

会计科目：应付账款　　　　明细科目：海迪公司　　　　第×页

2014 年		凭证		摘　要	借　方	贷　方	借或贷	余　额
月	日	字	号					
8	1			月初余额			贷	20 000.00
	8		(2)	购进材料		20 000.00	贷	40 000.00
	20		(4)	偿还货款	30 000.00		贷	10 000.00
	31			本月发生额及余额	30 000.00	20 000.00	贷	10 000.00

表 3-28　应付账款明细分类账户

会计科目：应付账款　　　　　　　　　明细科目：腾达公司　　　　　　　　　第×页

2014 年		凭证		摘　要	借　方	贷　方	借或贷	余　额
月	日	字	号					
8	1			月初余额			贷	20 000.00
	14		(3)	购进材料		8 000.00	贷	28 000.00
	20		(4)	偿还货款	10 000.00		贷	18 000.00
	31			本月发生额及余额	10 000.00	8 000.00	贷	18 000.00

(4)将上述平行登记的总分类账户和明细分类账户进行相互核对，编制总分类账户与明细分类账户发生额及余额核对表见表 3-29 和表 3-30。

表 3-29　原材料总分类账户与其所属明细分类账户发生额及余额核对表

明细账户名称	期初余额		本期发生额		期末余额	
	借方	贷方	借方	贷方	借方	贷方
甲材料	60 000.00		20 000.00	30 000.00	50 000.00	
乙材料	30 000.00		8 000.00	10 000.00	28 000.00	
合　计	90 000.00		28 000.00	40 000.00	78 000.00	

表 3-30　应付账款总分类账户与其所属明细分类账户发生额及余额核对表

明细账户名称	期初余额		本期发生额		期末余额	
	借方	贷方	借方	贷方	借方	贷方
海迪公司		20 000.00	30 000.00	20 000.00		10 000.00
腾达公司		20 000.00	10 000.00	8 000.00		18 000.00
合　　计		40 000.00	40 000.00	28 000.00		28 000.00

理论复习

一、单项选择题

下列属于总分类账格式和登记方法的错误要求是(　　)。

A. 总分类账最常用的格式是三栏式

B. 总分类账一般不采用订本账

C. 总分类账应该按照总分类账户登记

D. 总分类账的登记方法取决于单位、企业采用的账务处理程序

二、多项选择题

1. 总分类账户与明细分类账户平行登记的要点有(　　)。

　A. 所依据会计凭证相同

B. 借贷方向相同

C. 所属会计期间相同

D. 计入总分类账户的金额与计入其明细分类账户的合计金额相等

2. 明细分类账登记的依据可以有(　　)。

A. 原始凭证　　　　B. 汇总原始凭证

C. 记账凭证　　　　D. 汇总记账凭证

E. 科目汇总表

3. 总分类账登记的依据可以有(　　)。

A. 记账凭证

B. 原始凭证汇总表

C. 汇总记账凭证

D科目汇总表

4. 总账的登记依据有(　　)。

A. 记账凭证

B. 汇总记账凭证

C. 科目汇总表

D. 原始凭证

5. 总分类账与明细分类账平行登记有四个要点，下列关于“金额相等”的表述中正确的有(　　)。

A. 计入总账的金额与计入所属明细分类账户的合计金额相等

B. 总账账户的期末借方余额等于所属明细账户期末贷方余额

C. 总账账户的本期借方发生额等于所属明细账户本期贷方发生额合计

D. 总账账户的期初贷方余额等于所属明细账户期初借方余额合计

三、判断题

1. 总分类账和明细分类账都是根据记账凭证登记的。　(　　)

2. 明细分类账一般根据记账凭证登记，但有些明细账可以根据原始凭证登记。　(　　)

3. 明细账一般是逐笔登记，也可以定期汇总登记。　(　　)

技能练习

实训 3.2

【实训目的】 实训总分类账簿的登记方法。

【实训任务】

(1)根据实训资料(1)开设总分类账户。

(2)根据实训资料(2)填制记账凭证(可以用项目二中的实训 2.20 填制的记账凭证代替)，并据以登记开设的总分类账户。

(3)编制总分类账户的本期发生额及余额试算平衡表。

【实训资料】

(1)渤海公司 2014 年 11 月 30 日各总分类账户的期末余额资料见表 3-31。

表 3-31　总分类账户的期末余额　　元

账户名称	借方余额	账户名称	贷方余额
库存现金	4 000.00	短期借款	128 300.00
银行存款	139 800.00	应付账款	5 000.00
应收账款	18 000.00	其他应付款	800.00
原材料	210 000.00	应交税费	2 600.00
库存商品	350 000.00	应付利息	800.00
待摊费用	24 000.00	实收资本	2 000 000.00
固定资产	2 200 000.00	盈余公积	153 700.00
		本年利润	400 000.00
		累计折旧	254 600.00
合　计	2 945 800.00	合　计	2 945 800.00

(2)渤海公司 2014 年 12 月份发生的经济业务见项目二中的实训 2.20。

实训 3.3

【实训目的】 实训数量金额式明细账的登记方法。

【实训任务】

(1)根据实训资料(1)开设“原材料”(表 3-32)总账账户和“原材料——甲材料”明细账户。

(2)根据实训资料(2)中的经济业务编制转账凭证，并登记开设的总账账户与明细账户。

(3)结计出所开账户的本期发生额及期末余额并进行账账核对。

【实训资料】

(1)渤海公司 2014 年 1 月 1 日“原材料”账户期初余额为 420 000 元。其中：甲材料 4 500 千克，每千克 60 元，计 270 000 元；乙材料 5 000 千克，每千克 30 元，计 150 000 元。

(2)渤海公司 2014 年 1 月发生的部分经济业务如下：

1)4 日，财会收到“入库单”。业务内容：甲材料 8 000 千克，每千克 65 元。乙材料 5 000 千克，每千克 28 元。

2)9 日，财会收到“领料单”。业务内容：生产 A 产品领用甲材料 9 000 千克，乙材料 7 000 千克。

3)21 日，财会收到“入库单”。业务内容：甲材料 2 000 千克，每千克 64 元；乙材料 2 000 千克，每千克 32 元。

4)24 日，财会收到“领料单”。业务内容：生产 A 产品领用甲材料 1 200 千克，乙材料 4 000 千克。

表 3-32　原材料明细账

材料名称：　　　　　　　　　　材料编号：×××　　　　　　　　　　材料规格：×××

存放地点：×××　　　　　　　　　　　　　　　　　　　　　　　　　计量单位：

年		凭证号数	摘要	收入(借方)			发出(贷方)			结存(余额)		
月	日			数量	单价	金额	数量	单价	金额	数量	单价	金额

实训 3.4

【实训目的】 实训多栏式明细账的登记方法。

【实训任务】

(1)根据资料中的经济业务填制记账凭证。

(2)开设“制造费用”(表 3-33)和“管理费用”明细账户(多栏式)，并根据填制的记账凭证进行登记。

(3)结计“制造费用”，“管理费用”明细账户的本期发生额及期末余额。

【实训资料】 渤海公司 2014 年 3 月发生的部分经济业务如下：

(1)3 日，仓库发出甲材料 1 500 千克，其中：车间一般消耗 500 千克，厂部一般耗用 1 000 千克。甲材料每千克 60 元。

(2)8 日，以银行存款支付固定资产修理费 2 886 元。其中：车间固定资产修理费 2 000 元，行政管理部门固定资产修理费 886 元。

(3)11 日，以现金购买办公用品 812.80 元。其中：车间领用 412.80 元，行政管理部门领用 400 元。

(4)20 日，仓库发出乙材料 2 000 千克，其中：车间一般耗用 1 200 千克，行政管理部门一般耗用 800 千克。乙材料每千克 30 元。

(5)26 日，以银行存款支付电话费 900 元。其中：车间办公用 300 元，行政管理部门办公用 600 元。

(6)31 日，计提本月固定资产折旧 3 000 元，其中，车间固定资产折旧 2 000 元，行政管理部门固定资产折旧 1 000 元。

(7)31日，摊销应由本月负担的固定资产修理费为1 500元。其中，车间固定资产修理费为1 200元，行政管理部门固定资产修理费为300元。

(8)31日，分配本月份车间管理人员工资1 230元，行政管理部门人员工资2 678元。

(9)31日，按14%的比例计提车间管理人员和行政管理部门人员的职工福利费。

(10)31日，按生产工时(A产品生产工时6 000小时、B产品生产工时4 000小时)的比例分配结转本月制造费用。

(11)31日，将本月发生的管理费用转入“本年利润”账户。

表3-33　制造费用明细分类账

明细项目：×车间＿＿＿＿子目＿＿＿＿＿＿　　　　第　页

年		凭证号数	摘　要	借　方							贷方	余额
月	日								其他	合计		

实训3.5

【实训目的】 实训登记总账和明细账，了解有关总账和所属明细账的关系。

【实训任务】

(1)根据实训资料(1)开设有关总分类账户(用“T”形账户)及明细分类账户(用“T”形账户)，登记期初余额。

(2)根据实训资料(2)编制会计分录。

(3)根据会计分录按业务发生日期依次登记总分类账户及明细分类账户。

(4)结出各总分类账户及明细分类账户的本期发生额及期末余额，并进行“原材料”和“应付账款”总分类账户与明细分类账户的核对。

【实训资料】

(1)渤海公司2014年5月末原材料总分类账户的余额为263 600元。其中：甲种材料

3 200 千克，每千克 70 元，计 224 000 元，乙种材料 440 千克，每千克 90 元，计 39 600 元；应付账款总分类账户的余额为 180 000 元，其中：黄星工厂 110 000 元，阳光工厂 70 000 元。

(2)该厂 5 月份发生的部分经济业务如下：

1)5 月 3 日，向黄星工厂购入甲种材料 3 500 千克，计 245 000 元，乙种材料 1 000 千克，计 90 000 元，货款尚未支付。

2)5 月 5 日，以银行存款支付上月应付黄星工厂材料款 90 000 元。

3)5 月 6 日，向阳光工厂购入乙种材料 1 500 千克，计 135 000 元，货款尚未支付。

4)5 月 8 日，以银行存款支付上月应付阳光工厂材料款 70 000 元。

5)5 月 13 日，车间生产产品领用甲种材料 1 100 千克，计 77 000 元，乙种材料 1 900 千克，计 171 000 元。

6)5 月 16 日，以银行存款支付 5 月 3 日应付黄星工厂材料款 335 000 元及 5 月 6 日应付阳光工厂材料款 135 000 元。

7)5 月 24 日，生产产品领用甲种材料 2 800 千克，计 196 000 元，乙种材斜 400 千克，计 36 000 元。

8)5 月 27 日，向阳光工厂购入甲种材料 2 500 千克，计 175 000 元，货款尚未支付。

9)5 月 28 日，生产产品领用甲种材料 2 700 千克，计 189 000 元。

10)5 月 29 日，向阳光工厂购入甲种材料 1 800 千克，计 126 000 元，货款尚未支付。

任务四　对账与结账

接近月底，财务负责人让你把之前做的账对好，对好后做好结账工作。

一、对账

根据记账凭证、记账凭证汇总表或科目汇总表登记日记账、明细账及总账后，为检查记账是否正确，可以定期或不定期地采用对账的方法予以核实。对账的内容包括以下几个方面。

(一)账证核对

账证核对是指账簿记录与会计凭证之间的核对。账簿是根据审核无误的会计凭证登记的，但实际工作中仍然可能发生账证不符的情况。因此，在记完账后，要将账簿记录与会计凭证进行核对，核对的内容主要有账簿记录经济业务的时间、凭证字号、内容、金额、记账方向是否与作为记账依据的会计凭证完全一致。

(二)账账核对

会计账簿的设置就是为了全面、系统、综合地反映企业的经济活动与财务收支情况，各账簿之间具有一定的衔接依存关系即钩稽关系。利用这种关系，可以发现记账工作是否有误。一旦发现错误，应立即更正，做到账账相符。账账核对的内容如下：

(1)核对总分类账簿的记录。按照会计等式“资产＝负债＋所有者权益”和“有借必有贷，借贷必相等”的记账规则，总分类账各账户的期初余额、本期发生额和期末余额之间存在对应的平衡关系，各账户的期末借方余额合计和贷方余额合计也存在平衡关系。通过这种等式的平衡关系，可以检查总账记录是否正确、完整。这项核对工作通常采用编制“总分类账户本期发生额和余额对照表”(简称试算平衡表)来完成。

(2)总分类账簿与序时账簿核对。序时账簿包括现金日记账和银行存款日记账，核对的方法是将现金总账和银行存款总账的期末余额，与出纳人员登记的现金日记账和银行存款日记账的期末余额核对相符。

(3)总分类账簿与所属明细分类账簿的核对。总分类账各账户的期末余额应与其所属的各明细分类账的期末余额之和核对相符。

(4)明细分类账簿之间的核对。主要是指有关实物资产的明细账与财产物资保管部门或使用部门的明细账定期核对，以检查其余额是否相符。核对的方法一般是由财产物资保管部门或使用部门定期编制收发结存汇总表报会计部门核对。

(三)账实核对

账实核对是指将企业的各项财产物资、债权债务等账面余额与实有数额之间互相核对。核对的内容主要有以下几项：

(1)现金日记账账面余额与库存现金数额是否相符，这项工作是出纳人员在每次结账时必做的工作。

(2)银行存款日记账账面余额与银行对账单的余额是否相符，这项工作是出纳人员在每月结账时必做的工作。

(3)各项财产物资明细账账面余额与财产物资的实有数额是否相符，这项工作可以由会计人员与保管人员定期或不定期地进行。

(4)债权债务明细账账面余额与对方单位的账面记录是否相符，可以在年末结账时通过向对方单位发询证函的方式进行。

二、结账

结账是在将本期内所发生的经济业务全部登记入账的基础上，按照规定的方法对该期内的账簿记录进行小结，结算出本期发生额和余额，并将其余额结转下期或者转入新账。为了正确反映一定时期内在账簿记录中已经记录的经济业务，总结有关经济业务活动和财务状况，各单位必须在会计期末进行结账，不得为赶编会计报表而提前结账，更不得先编制会计报表后结账。

(一)结账前的准备工作

(1)查明在这个时期内所发生的经济业务是否都已全部取得凭证，并记入有关的账簿。所有已经发生的债权、债务；已经生产完工的产成品的成本；通过财产清查而发现的财产物资的盘盈盘亏等，都应当在结账前全部登记入账。

(2)对于采用权责发生制的单位，为了正确计算当期的成本，考核经营成果，应检查是否已将所发生的全部收入、费用作了账项调整并登记入账，如待摊费用是否已经摊销，应预提的费用是否已预提等。

(3)检查各种收入、费用、成本账户的余额是否都已在有关账户之间进行了结转，如将“制造费用”账户的借方余额转入“生产成本”账户；将损益类账户的余额转入“本年利润”账户等。

(二)结账的内容

(1)结算收入、费用类账户。对于收入和费用两类账户，会计期末应将其余额结平，据以计算确定本期的利润或亏损，将经营成果在账面上揭示出来，为编制利润表提供有关依据。

(2)结算资产、负债和所有者权益类账户。对于资产、负债和所有者权益三类账户，会计期末应分别结出其总分类账户和明细账户的本期发生额及期末余额，并将期末余额结转为下期的期初余额，为编制资产负债表提供有关依据。

(三)结账的主要程序

(1)检查本期内所发生的所有经济业务是否已经全部根据会计凭证记入有关账簿。不能为赶编会计报表而提前结账，也不能先编制会计报表后结账。

(2)调整账项。对于应由本期负担的待摊费用，应按规定的标准摊入本期费用；对于应由本期负担尚未支付的费用，应按规定的标准预提记入本期费用；对于属于本期的应收收入和预收收入，也应按规定标准确认，记入本期收入。

(3)本期发生的收入、费用类账户余额，期末结转“本年利润”账户，以计算和确定企业单位最终的财务成果。

(4)计算资产、负债和所有者权益类账户的本期发生额和期末余额，以反映企业单位本期的财务状况。

(四)结账的方法

(1)对不需要按月结计本期发生额的账户，如各项应收应付款明细账和各项财产物资明细账等，每次记账后，要随时结出余额，每月最后一笔业务登记完毕后的余额即为月末余额。月末结账时，只需要在最后一笔经济业务记录之下划通栏单红线即可，不需要再结计一次余额。

(2)对现金、银行存款日记账和需要按月结计发生额的收入、成本、费用等明细账，每月结账时，要在最后一笔经济业务记录下面划通栏单红线，结出本月发生额和余额，并在摘要栏内注明“本月合计”字样。

(3)需要结计本年累计发生额的明细账户，每月结账时，应在“本月合计”行下结出自年初起至本月末止的累计发生额，登记在月份发生额下面，并在摘要栏内注明“本年累计”或“累计”字样，并在下面划通栏单红线。12 月末的“本年累计”就是全年累计发生额，全年累计发生额下划通栏双红线。

(4)总账账户平时只需结出月末余额。年终结账时，为了总括地反映全年资金运动情况的全貌，核对账目，要将所有总账账户结出全年发生额和年末余额，在摘要栏内注明“本年合计”字样，并在合计数下划通栏双红线。

(5)年度终了结账时，有余额的账户，要将其余额结转下年，并在摘要栏注明“结转下年”字样，在下一会计年度新建会计账簿的第一行余额栏内填写上年结转的余额，并在摘要栏注明“上年结转”字样，不需要编制记账凭证，也不必将余额再记入本年账户的借方或贷方，使本年有余额的账户的余额变为零。并将空行用斜红线画去，盖上记账人员印章。账簿的结账过程见表 3-34。

表 3-34　大海公司现金日记账

2014年		凭证		摘要	收入	支出	余额
月	日	字	号				
1	1			上年结转			6 562.50
…	…	…	…	……	……	……	
1	29	现收	26	提现金	2 000		8 562.50
1	29	现付	28	购办公用品		1 500	7 062.50
				本日合计	2 000	1 500	
1	30	现收	27	收到押金	3 000		10 062.50
1	30	现付	29	付招待费		2 000	8 062.50
				本日合计	3 000	2 000	
1	31			本月合计	50 000	48 500	
…	…	…	…	……	……	……	
11	30			本月累计	600 000	598 500	
…	…	…	…	……	……	……	
12	31			本月合计	80 000	82 000	
				本年累计	680 000	680 000	
				结转下年			

理论复习

一、单项选择题

1. 企业结账的时间应为(　　)。

　A. 每项经济业务终了时　　B. 一定会计期间终了时

　C. 每日终了时　　D. 会计报表编制后

2. 年末结账时，应在“本年累计”行下划(　　)。

　A. 通栏单红线　　B. 通栏双红线

　C. 在金额下划单红线　　D. 在金额下划双红线

3. 下列表述中不正确的是(　　)。

　A. 每一账页登记完毕结转下页时，应当结出本页合计数及余额，写在本页最后一行和下页第一行有关栏内，并在摘要栏内注明“过次页”和“承前页”字样

　B. 对不需要按月结计本期发生额的账户，需要随时结出余额

　C. 总账账户年终结账时需要结出全年发生额和年末余额

　D. 年度终结账时，有余额的账户，需要编制记账凭证将其余额结转下年

4. 关于对账的意义，下列说法不正确的是(　　)。

A. 能够保证账簿记录的准确无误和编制会计报表数字的真实可靠

B. 能够发现会计工作中的薄弱环节，有利于会计核算质量的不断提高

C. 能够加强单位内部控制，建立健全经济责任制

D. 能够提高会计人员的工作效率

5. 账账核对不包括(　　)。

A. 总账各账户余额核对　　B. 总账与明细账之间的核对

C. 总账与备查账之间的核对　　D. 总账与日记账的核对

6. 年终结账时，要在总账摘要栏内注明“本年合计”字样，结出全年发生额和年末余额，并在合计数(　　)。

A. 上方通栏划单红线　　B. 下方通栏划单红线

C. 上方通栏划双红线　　D. 下方通栏划双红线

7. 关于结账的表述，下列说法错误的是(　　)。

A. 结账前，应将本期内发生的经济业务全部计入有关账簿，若预计本期不会再发生任何业务可以提前结账

B. 结账前应根据权责发生制要求调整有关账项

C. 结账前要将损益类科目全部转入“本年利润”账户

D. 在本期全部经济业务登记入账的基础上，需要结算出资产、负债和所有者权益科目的本期发生和余额，并结转下期

二、多项选择题

1. 对账的主要内容有(　　)。

A. 账账核对　　B. 账证核对　　C. 账实核对　　D. 账表核对

2. 年度结束后，对于会计账簿的保管应该做到(　　)。

A. 装订成册　　B. 加上封皮　　C. 统一编号　　D. 立即销毁

E. 归档保管

3. 在实际工作中，账账核对工作主要内容包括(　　)。

A. 总账与日记账核对　　B. 总账与明细账核对

C. 明细账与备查账核对　　D. 会计账与实物保管账核对

4. 账实核对的内容包括(　　)。

A. 现金日记账账面余额与库存现金余额是否相符

B. 银行存款日记账账面余额与银行对账单的余额是否相符

C. 有关债权债务明细账账面余额与对方单位的账面记录是否相符

D. 明细分类账簿之间的核对

三、判断题

1. 月末企业银行存款日记账与银行对账单核对属于账账核对。　　(　　)

2. 结账以后，对于期末无余额的账户，应在“借或贷”栏内写“无”字。　　(　　)

3. 单位为了将本期与下期的会计记录分开，结账时一般划结账线，月结划单红线，年结划双红线。划线只在账页中的金额部分划线。　　(　　)

4. 年终结账时，有余额的账户，应将其余额直接记入新账余额内，不需要编制记账凭证。　　(　　)

技能练习

实训 3.6

【实训目的】 综合实训总账、明细账和日记账的登记方法和对账、结账方法。

【实训任务】

(1)根据实训资料(1)开设资产、负债和所有者权益类总分类账户和库存现金、银行存款日记账账户并登记期初余额。

(2)根据实训资料(2)开设有关明细分类账户并登记期初余额。

(3)根据实训资料(3)开设损益类账户的总分类账户并登记借、贷方累计发生额。

(4)根据实训资料(4)中的经济业务填制记账凭证(收款凭证、付款凭证或转账凭证),并装订成册。

(5)根据记账凭证及业务内容登记开设的总分类账、明细分类账和库存现金、银行存款日记账。(实际上运用的是记账凭证账务处理程序)

(6)按规定进行对账和结账。

【实训资料】 渤海公司 2014 年 12 月份的有关资料如下:

(1)该公司 12 月 1 日,总分类账户期初余额资料见表 3-35。

表 3-35　总分类账户期初余额　　元

账户名称	借方余额	账户名称	贷方余额
库存现金	4 000.00	短期借款	180 000.00
银行存款	139 500.00	应付账款	60 000.00
应收账款	88 000.00	其他应付款	800.00
原材料	560 000.00	应交税费	6 300.00
库存商品	349 000.00	应付利息	800.00
待摊费用	7 000.00	实收资本	1 010 000.00
固定资产	908 700.00	盈余公积	143 700.00
制造费用	0	本年利润	400 000.00
生产成本	0	累计折旧	254 600.00
合　计	2 056 200.00	合　计	2 056 200.00

(2)该公司 12 月 1 日,有关明细账户期初余额如下(表 3-36):

应收账款——大华公司(借方)　1 000 元
　　　　——文圣工厂(借方)　87 000 元

原材料——C 铝材 2 000 千克,每千克 100 元,计 200 000.00 元
　　　——D 铝材 3 000 千克,每千克 120 元,计 360 000.00 元

生产成本——甲铝制品(平)　0
　　　　——乙铝制品(平)　0

表 3-36 “制造费用”明细账户设置的费用项目 元

摘 要	项 目						
	物料消耗	工资	福利费	办公费	折旧费	…	合计

(3)该公司11月30日，损益类总分类账户和部分明细分类账户1～11月份的累计发生额资料见表3-37和表3-38。

表 3-37 损益类总分类账户1～11月份累计发生额 元

账户名称	借方累计发生额	贷方累计发生额
主营业务收入	3 500 000	3 500 000
主营业务成本	2 045 000	2 045 000
营业税金及附加	535 000	535 000
其他业务收入	6 000	6 000
其他业务成本	3 500	3 500
销售费用	20 000	20 000
管理费用	504 000	504 000
财务费用	1 000	1 000
营业外收入	4 000	4 000
营业外支出	1 500	1 500

表 3-38 “管理费用”明细账户1～11月份累计借方发生额表 元

摘 要	项 目						
	物料消耗	工资	福利费	办公费	折旧费	…	合计
1～11月份累计发生额	300 000.00	100 000.00	14 000.00	22 000.00	69 000.00		505 000.00

(4)该公司12月份发生的经济业务如下：

1)1日，收到盛达公司投入资金600 000元，财会收到了第1061号转账支票送存银行，收到进账单(回单联)。

2)2日，财会收到增值税专用发票、第0001号转账支票(存根联)各1张，购进C铝型材3 000千克，每千克买价90元，D铝型材2 000千克，每千克买价110元，增值税税率为17%，材料未到达。

3)3日，财会收到第0002号转账支票(存根联)1张，支付上述C、D两种铝型材运费8 000元，按两种铝型材重量比例分配，编制运费分配表(运费不考虑增值税，下同)。

4)4日，财会收到了收料单，上述购入的C、D两种铝型材运到验收入库。

5)5日，财会收到第01号借款借据(代收款凭证)，向银行借入9个月期限的借款60 000元。

6)6日，财会收到增值税专用发票(记账联)，销售给大华公司甲铝制品70件，每件售价2 000元，增值税税率为17%，货款尚未收到。

7)7日，财会收到领料单，生产甲铝制品领用C铝型材1 400千克，生产乙铝制品领用

D 铝型材 900 千克(提示：先登记原材料明细账，然后根据登记结果按移动加权平均单价计算发出材料成本，下同)。

8)8 日，财会收到第 001 号信汇凭证①(回单联)归还上月欠华兴公司货款 60 000 元。

9)9 日，财会收到第 0003 号转账支票(存根联)和电费发票各 1 张，支付电费共 10 000 元，其中：车间水电费为 8 500 元，行政管理部门水电费为 1 500 元。

10)10 日，财会收到第 0004 号转账支票(存根联)和水费发票各 1 张，支付水费共 2 000 元，其中：车间水电费为 1 500 元，行政管理部门水电费为 500 元。

11)11 日，财会收到电话费发票 1 张，以现金支付行政管理部门电话费为 650 元。

12)12 日，财会收到第 0004 号转账支票(存根联)和财产保险缴费单各 1 张，支付本月财产保险费 1 000 元。

13)13 日，财会收到第 805 号信汇凭证④(收账通知)，收到 12 月 7 日销售的甲铝制品的货款。

14)14 日，财会收到增值税专用发票(记账联)，销售给文圣工厂甲铝制品 40 件，每件售价 1 980 元，增值税税率为 17%，货款尚未收到。

15)15 日，财会收到增值税专用发票、收料单各 1 张，从华阳公司购进 C 铝型材 6 000 千克，每千克买价 100 元，D 铝型材 3 000 千克，每千克买价 91 元，增值税税率为 17%，款暂欠。

16)16 日，财会收到第 1001 号现金支票(存根联)和工资结算单各 1 张，从银行提取现金 39 000 元发放工资，当日发放完毕。

17)17 日，财会收到领料单，仓库发出 D 材料 1 000 千克，其中：生产乙产品领用 800 千克，车间一般耗用 80 千克，管理部门耗用 120 千克。

18)18 日，财会收到增值税专用发票(记账联)，销售甲铝制品 1 件，每件销售价 2 000 元，增值税税率 17%，款项收到现金。

19)19 日，财会收到现金出库单(回单联)，将库存现金 2 350 元送存银行。

20)31 日，财会编制短期借款利息计算表，预提短期借款利息 1 500 元。

21)31 日，财会编制设备租金摊销表，摊销生产车间设备租金 7 000 元。

22)31 日，财会编制工资费用分配表，分配本月职工工资 39 000 元，其中生产甲产品工人工资 8 000 元，生产乙产品工人工资 12 000 元，车间管理人员 10 000 元，厂部管理人员工资 9 000 元。

23)31 日，财会编制职工福利费计算表，按工资总额的 14%计提本月职工福利费。

24)31 日，财会编制固定资产折旧计算表，计提固定资产折旧 20 000 元，其中车间固定资产折旧 15 000 元，管理部门固定资产折旧 5 000 元。

25)31 日，编制制造费用分配表，将本月归集的制造费用按生产甲、乙两种铝制品生产工人工资比例分配计入甲、乙两种铝制品的成本。

26)31 日，财会收到了产品成本计算单和产成品入库单各 1 张，乙产品 1 000 件全部完工入库，结转其完工入库产品成本。

27)31 日，财会收到增值税专用发票(记账联)和第 806 号信汇凭证④(收账通知)各 1 张，销售乙产品 500 件，每件售价 300 元，增值税税率为 17%。

28)31 日，财会收到第 0005 号转账支票(存根联)和广告费发票各 1 张，支付产品广告费 3 840 元。

29)31 日，财会编制营业税金及附加计算表，计提本月负担的城市维护建设税 10 200 元。

30)31 日，财会编制产品销售成本结转单，结转本月销售甲铝制品（甲铝制品单位生产成本为 1 200 元）和乙铝制品（乙铝制品单位生产成本为 142.20 元）的生产成本。

31)31 日，财会编制损益类账户本月发生额计算表，将本月所有损益类账户的借、贷方发生额转入“本年利润”账户。

32)31 日，财会编制全年所得税计算表，按全年利润总额的 25%计提所得税，并转入“本年利润”账户。

33)31 日，将“本年利润”账户余额转入“利润分配——未分配利润”明细账户。

34)31 日，财会编制全年利润分配计算表，按年税后利润 10%计提盈余公积金，按年税后利润的 40%计提分配给投资人的利润。

35)31 日，将“利润分配——提取盈余公积”和“利润分配——应付利润”明细账户的余额转入“利润分配——未分配利润”明细账户。

任务五　更正错账

你在查账过程中发现一些错账，该怎么办？

一、查找错账的方法

错账的出现是有多种情况的，有些错账，当你发现时，就已经知道错在哪里了，而有些错账，当你发现时，只知道错了，但错在哪里还不知道。第一种情况，可以直接采取适当的方法对其错账进行更正，而第二种情况，则要先查找出错账所在，然后再进行更正。查找错账的方法，一般有基本查找法和技术查找法两种。基本查找法又包括正查法和逆查法两种。正查法就是对发现错账月份的所有经济业务，按其发生的先后顺序逐笔进行查找；逆查法与正查法的查找顺序相反。技术查找法一般有差额法、除 2 法和除 9 法三种。

(1)差额法。差额法是根据错账差额查找漏记账目的方法。即查找账簿中的全部金额有无与错账的差额相同的数字，检查其是否漏记或重记。例如，若借方漏记 400 000。则借方合计 295 000；贷方合计 695 000，双方差额为 400 000，即可根据 400 000 这个数字直接查找错账。

(2)除 2 法。除 2 法是用正确与错误金额之差除以 2 后得出的商数来判明、查找错账的一种方法。其用来查找记错方向而产生的记账错误。如果某一数字记反了方向，就会使一方发生额增大，另一方发生额减少，差错数一定是记反方向数字的两倍，所以将其差错数除以 2 之后，若能整除，其商数即可能是记反方向的数字，再据此数字进行查找具体的记反方向的错账。例如，若借方 80 000 记入贷方。则借方合计 615 000；贷方合计 775 000。双方差额为 160 000。160 000÷2＝80 000。即可根据 80 000 这个数字去查找错账。

(3)除 9 法。除 9 法是用正确与错误金额之差除以 9 后得出的商数来判断、查找错账的一种方法。其是用来查找数字错位（如 100 记为 1 000 或 1 000 记为 100 等）或位数颠倒（如 58 记为 85 或 85 记为 58 等）而产生的记账错误。多记一位或少记一位数都使原来金额增加

9倍或减少9倍(多记或少记两位时，是99的倍数；多记或少记三位时，是999的倍数等)，都能被9整除；记错位数而产生的差额也都是9的倍数，都能被9整除。将出现错账差额除以9，如能整除，说明错账可能是由于数字错位或位数颠倒而引起的，再以被9除后所得的商作为线索去具体查找错账。查找出错账以后，应根据错账的不同性质，采用不同的方法进行更正。若4 985颠倒为4 958。则借方合计695 000；贷方合计694 973。双方差额为27。27÷9=3。共特征：求得的商数为被颠倒两数之差(本例为8-5=3)，即可根据商数的这一特征去查找错账。

二、更正错账的方法

会计人员填制会计凭证和登记账簿，必须严肃认真、一丝不苟，尽最大努力把账记好算对；防止差错，保证核算质量。

在记账过程中，如果账簿记录发生错误，不得任意用刮擦、挖补、涂改或用退色药水等方法去更正字迹，必须根据错误的具体情况，相应采用正确的方法予以更正。更正错账的方法主要有三种方法，即划线更正法、红字更正法、补充登记法。会计人员要根据账簿错误的不同情况选用不同的错账更正方法。

(一)划线更正法

划线更正法适用于记账凭证没有错误，在记账或结账过程中发现只是账簿登记中文字或数字有错误的情况。更正时，首先在账簿原错误处划一条红横线注销，但要保持原错误数字清楚可辨，然后在划红线处的上方写上正确数字或文字，并在更正处加盖并记账及相关人员个人名章，以明确责任。使用此法时需要特别注意，错误的数字必须要用红线将该数据全部划去，不能只更改其中某个错误数字。如果记账凭证中的文字或者数字发生错误，在尚未记账前，也可用划线更正方法更正。

例如，将3 275元误记为3 257元，应在3 257元上划一条红线以示注销，然后在其上方空白处填写正确的数字，而不是只将后两位数字更正为“75”。

(二)红字更正法

红字更正法又称红字冲销法，是指用红字冲销原错误会计分录，以更正或调整原会计账簿记录的一种方法。一般适用于两种情况，第一，记账后发现记账凭证中应借应贷科目或金额发生错误时，可以用此方法进行更正。更正时，首先用红字金额填写一张与错误记账凭证完全相同的记账凭证，在“摘要”栏中写明“更正×月×日×号凭证的错误”，并据以用红字金额登记入账，冲销原有的错误记录；然后再用蓝字重新填一张正确的记账凭证，再据以登记入账。第二，原记账凭证中应借、应贷科目并无错误，但发现所记金额大于应记金额时，可将多记金额部分填制一张红字金额记账凭证，并据以登记入账，以冲销多记金额，并在“摘要”栏内注明“冲销×月×日×号凭证多记数”。使用此方法时注意，不得以蓝字金额填制与原错误记账凭证记账方向相反的记账凭证去冲销错误记录或冲销原错误金额，因为蓝字记账凭证反方向记载的会计分录反映某些特殊经济业务，而不反映错账更正内容。

(1)在记账后发现的记账凭证中应借、应贷的会计科目有错误。更正时，先用红字编制一张内容与错误的记账凭证完全相同的记账凭证，在“摘要”栏注明更正某月某日第×号凭证错账，用红字金额记入有关账户，以冲销原来的错误记录；然后再用蓝字编制一张正确的记账凭证，在“摘要”栏中注明更正某月某日第×号凭证错账，并记入有关账户。

【训练 3-6】 行政管理部门领用一般消耗用材料 2 500 元。

填制记账凭证时，将借方账户“管理费用”误写为“制造费用”账户，并已登记入账。发现这一错误时，应先用红字金额填制一张内容与错误记账凭证一样的记账凭证，记账凭证如下(用分录表示)：

借：制造费用　　2 500.00

　　贷：原材料　　2 500.00

(注：□表示红字金额，下同)

然后用蓝字金额填制一张正确的记账凭证，记账凭证如下(用分录表示)：

借：管理费用　　2 500.00

　　贷：原材料　　2 500.00

然后根据上述两张记账凭证登记有关会计账簿。

(2)在记账凭证中，应借、应贷账户未错，但所填金额大于应记金额。具体更正方法是将多记的金额(错误金额大于正确金额的差额)，用红字填制一张与原错误记账凭证应借、应贷会计科目完全相同的记账凭证，并注明冲销某月某日某号记账凭证多记金额，然后登记入账。

【训练 3-7】 行政管理部门领用一般消耗用材料 2 500 元。

填制记账凭证时，将借方账户“管理费用”和贷方账户“原材料”的金额误记为 3 400 元，并已登记入账。发现这一错误时，应将多记金额 900(3 400－2 500)用红字填制记账凭证如下(用分录表示)：

借：管理费用　　900.00

　　贷：原材料　　900.00

(三)补充登记法

补充登记法又称补充更正法，是在记账以后，发现记账凭证和账簿记录中应借应贷的会计科目正确，但所记金额小于应记金额时，可采用补充登记法更正。更正时，将少记的金额用蓝字填制一张与原记账凭证应借应贷科目完全相同的记账凭证，在“摘要”栏内注明“补记×月×日×号凭证少记数”，并据以登记入账，这样便将少记的金额补充登记记入账簿。

【训练 3-8】 行政管理部门领用一般消耗用材料 2 500 元。

原错误的记账凭证为：

借：管理费用　　1 600.00

　　贷：原材料　　1 600.00

发现这一错误时，应将少记的 900 元(2 500－1 600＝900)用蓝字编制记账凭证如下(用分录表示)：

借：制造费用　　900.00

　　贷：原材料　　900.00

理论复习

一、单项选择题

1. 记账后，发现记账凭证上应借、应贷的会计科目并无错误，但所填金额有错，致使账簿记录错误，下列正确的更正方法是(　　)。

A. 若所填金额大于应填金额，则应采用红字更正法

B. 若所填金额小于应填金额，则应采用红线更正法

C. 若所填金额大于应填金额，则应采用补充登记法

D. 若所填金额小于应填金额，则应采用划线更正法

2. 在结账前，若发现账簿记录有文字或数字错误，而记账凭证没有错误，应采用(　　)更正。

A. 划线更正法　　B. 补充登记法

C. 红字更正法　　D. 涂改更正法

二、多项选择题

1. 采用划线更正法，其要点是(　　)。

A. 在错误的文字或数字(单个数字)上划一条红线注销

B. 在错误的文字或数字(整个数字)上划一条红线注销

C. 在错误的文字或数字上划一条蓝线注销

D. 将正确的文字或数字用蓝字写在划线文字或数字的上面

E. 更正人在划线处盖章

2. 收回货款 2 600 元存入银行，记账凭证的分录为：借：银行存款 2 660，贷：其他应收款 2 660 并且已登记入账。更正时需要编制的会计分录有(　　)。

A. 用蓝字金额借记“银行存款”账户 60 元，贷记“应收账款”账户 60 元

B. 用红字金额借记“银行存款”账户 60 元，贷记“其他应收款”账户 60 元

C. 用红字金额借记“银行存款”账户 2 660 元，贷记“其他应收款”账户 2 660 元

D. 用蓝字金额借记“银行存款”账户 2 600 元，贷记“应收账款”账户 2 600 元

3. 采用补充登记法的要点有(　　)。

A. 记账凭证中的账户名称错误　　B. 记账凭证中的账户名称正确

C. 记账凭证中所记金额大于应记金额　　D. 记账凭证中所记金额小于应记金额

4. 在(　　)情况下，可使用补充登记法更正错误。

A. 在记账后　　B. 所填金额大于应填金额

C. 所填金额小于应填金额　　D. 发现记账凭证中应借、应贷科目无误

E. 发现记账凭证中应借、应贷科目有误

5. 若记账出现错误，可供选择的更正方法有(　　)。

A. 核对账目法　　B. 补充登记法　　C. 划线更正法　　D. 红字更正法

6. 收回货款 1 500 元存入银行，记账凭证中误将金额填为 15 000 元，并已入账，错账的更正方法有(　　)。

A. 用红字更正法更正

B. 用红字借记“银行存款”账户 1 500 元，贷记“应收账款”账户 1 500 元

C. 用蓝字借记“应收账款”账户 15 000 元，贷记“银行存款”账户 15 000 元

D. 用红字借记“银行存款”账户 13 500 元，贷记“应收账款”账户 13 500 元

三、判断题

1. 结账之前，如果发现账簿中所记文字或数字有过账笔误或计算错误，而记账凭证并没有错，可用划线更正法更正。（　）

2. 红字更正法是在错误的文字或数字上划一红线注销，然后在其上端用蓝或黑字填写正确的文字或数字，并由记账人员盖章，以明确责任。（　）

3. 发现以前年度记账凭证中会计科目和金额有错误，并导致账簿登记出现差错，不必用红字冲销，直接用蓝字填制一张正确的记账凭证。（　）

技能练习

实训 3.7

【实训目的】 实训错账更正方法。

【实训任务】 审核渤海公司的下述 5 笔经济业务从填制记账凭证到登记会计账簿是否有错误，如果有错误，采用适当的错账更正方法予以更正。

【实训资料】

(1)渤海公司 2014 年 12 月发生的部分经济业务如下：

1)8 日，销售多余材料收到现金 1 170 元，其中：价款 1 000 元，增值税 170 元。

2)13 日，以银行存款归还欠黄星工厂的货款 69 000 元。

3)18 日，收到光华工厂归还的货款 75 400 元。

4)21 日，从银行提取现金 3 000 元。

5)27 日，以现金支付甲材料的运输费为 468 元。

(2)渤海公司根据上述经济业务填制的记账凭证(会计分录代替)如下：

1)8 日，收字 001 号收款凭证的会计分录：

借：库存现金　　1 170.00

　贷：主营业务收入　　1 000.00

　　　应交税费——应交增值税(销项税额)　　170.00

2)13 日，付字第 101 号付款凭证的会计分录：

借：应付账款——黄星工厂　　96 000.00

　贷：银行存款　　96 000.00

3)18 日，收字第 002 号收款凭证的会计分录：

借：银行存款　　74 500.00

　贷：应收账款——光华工厂　　74 500.00

4)21 日，付字第 102 号付款凭证的会计分录：

借：银行存款　　3 000.00

　贷：库存现金　　3 000.00

5)27 日，付字第 003 号付款凭证的会计分录：

借：在途物资——甲材料　　468.00

　　贷：库存现金　　468.00

(3)渤海公司已根据上述记账凭证登记了相关账户。①～④项经济业务完全按照会计分录的账户名称、借贷金额登记入账，第⑤项经济业务在登记“库存现金”账户时，在贷方把 468.00 登记为 486.00。

任务六　财产清查及账务处理

今天财务负责人带你去仓库和公司各处盘点公司的资产，盘点过程中发现下列情况：①银行存款日记账和银行对账单对不上，怎么办？②现金短缺了 100 元，怎么办？③公司电脑少了一台，机器设备又多出来一台，怎么办？④原材料盘点也有赢有亏，怎么办？

一、认知财产清查

(一)财产清查的意义

财产清查是指通过对货币资金、实物资产和往来款项的盘点或核对，确定其实存数，查明账存数与实存数是否相符的一种专门方法。

会计是一个以提供财务信息为主的经济信息系统。在对会计信息系统质量的要求中，财务信息的真实性与可靠性是最重要的。根据财务管理的要求，各经济单位应通过账簿记录来反映和监督各项财产物资的增减变化及结存情况。但是只有账簿记录正确还不能说明账簿所做的记录真实可靠，由于种种主观客观因素，常常会出现账实不符的现象，例如，财产物资的自然损耗；计算机或其他计量设备不能正常工作；不可抗力的发生；由于会计人员的个人素质导致的收发错误，会计凭证和会计账簿的漏记、重记、错记；非法分子的营私舞弊、贪污、盗窃等。尽管复式簿记系统本身有一定的内部牵制机制，但由于以上因素的存在，为了进一步核实日常核算信息是否真实可靠，必须进行财产清查。在账实相符的基础上编制财务报表。加强财产清查工作，对于加强企业管理、充分发挥会计的监督作用具有重要的意义。

(1)通过财产清查，可以查明各项财产物资的实有数量，确定实有数量与账面数量之间的差异，查明原因和责任，以便采取有效措施，消除差异，改进工作，从而保证账实相符，提高会计资料的准确性。

(2)通过财产清查，可以查明各项财产物资的保管情况是否良好，有无因管理不善，造成霉烂、变质、损失浪费，或者被非法挪用、贪污盗窃的情况，以便采取有效措施，改善管理，切实保障各项财产物资的安全完整。

(3)通过财产清查，可以查明各项财产物资的库存和使用情况，合理安排生产经营活动，充分利用各项财产物资，加速资金周转，提高资金使用效果。

(二)财产清查的种类

1. 按照清查的范围分类

财产清查按照清查的范围分类可分为全面清查和局部清查。

(1)全面清查。全面清查就是对全部财产进行盘点和核对。全面清查的对象包括固定资产、各种存货、库存现金、银行存款、各种往来结算款、缴拨款等。由于全面清查的内容多、范围广、费用高，一般在以下几种情况下，才需要进行全面清查：

1)年终决算之前，要进行一次全面清查，以保证会计报表信息的真实性；

2)单位破产、撤销、合并或改变隶属关系时，要进行全面检查，以明确经济单位的责任；

3)开展资产评估、清理核算资产等活动，需要进行全面清查，以便按需要组织资金供应；

4)单位主要负责人调离工作，需要进行全面清查，以便明确责任；

5)要核定企业资本金也要进行全面清查。

(2)局部清查。局部清查就是根据管理的需要，对部分财产物资进行盘点和核对。一般情况下是对流动性较大的财产和一些贵重物资进行清查。

1)每日终了，应由出纳员将库存现金点清，做到日清月结；

2)每月应由出纳员将银行存款和银行借款同银行核对一次；

3)材料、在产品和产成品应有计划每月重点抽查，贵重的财产物资应每月清查盘点一次；

4)各结算账户，应在年度中至少同对方核对一到两次；

5)通常情况下，对于流动性较大的材料物资，除年度清查外，年内还要轮流盘点或重点抽查。

2. 按照清查的时间分类

财产清查按照清查的时间分类可分为定期清查和不定期清查。

(1)定期清查。定期清查是按照预先计划在某些固定的时间如年末、季末、月末结账时依照会计程序的要求对财产物资所进行的清查。定期清查可以是全面清查，也可以是局部清查，企业在编制年度财务会计报告前，应当进行全面清查，季末、月末进行局部清查。通过定期清查，可以在编制会计报表前发现账实不符的情况，从而调整有关账簿记录，保证了会计报表资料的真实性。例如，库存现金要进行每日账实核对；每月结账时，要对银行存款日记账进行对账等。

(2)不定期清查。不定期清查是事先无规定的清查时间，根据特定的需要进行临时性财产清查。通常遇到下列几种情况才进行不定期清查，以便于分清责任，查明情况：

1)在单位更换出纳和财产物资保管人员时，针对保管的资产进行清查，以明确保管人员的经管责任；

2)当单位发生意外灾害或损失，对受损财产进行清查，以查明财物受损情况；

3)当单位撤销、合并或改变隶属关系时，应对相关单位的各项财产物资、货币资金、债权、债务进行及时清查，以摸清家底；

4)经济管理部门如财政、税务、银行以及审计部门对企业进行检查时，根据检查的要求和范围进行不定期清查。

不定期清查可以是全面清查，也可以是局部清查。

(三)财产清查的一般程序

(1)建立财产清查组织。为了保证财产清查工作有计划、有步骤、有组织地进行，在总会计师及有关主管厂长的领导下，成立由财会部门牵头，有设备、技术、生产、行政及有关部门参加的财产清查领导小组，具体负责财产清查的领导和组织工作。该领导小组的主要任务是：制定财产清查工作计划，确定清查对象的范围，规定清查工作的时间和进度，明确具体清查人员的分工和职责，规定清查工作的数量和质量；在清查工作中，及时掌握工作进程，检查和监督工作，研究和解决清查工作中出现的问题；在财产清查工作结束后，写出财产清查工作的书面报告，对发生的盘盈盘亏提出处理意见。

(2)组织清查人员学习有关政策规定，掌握有关法律、法规和相关业务知识，以提高财产清查工作的质量。

(3)确定清查对象、范围，明确清查任务。

(4)制定清查方案，具体安排清查内容、时间、步骤、方法，以及必要的清查前准备。

1)准备完整的账簿资料。财产清查是为了检查财产物资的账面记录是否与实际情况相符，因此，在财产清查工作开始前，会计人员必须将所有经济业务登记入账，将有关账簿登记齐全并结出余额，通过认真核对账目，做到账证相符，账账相符，为财产清查提供可靠的依据。

2)做好必要的物资准备工作。财产物资保管部门和人员，应将截止到财产清查时点之前的各项财产物资的出入办好出入手续，全部登记入账，结出余额，并与会计部门的有关总分类账核对相符，同时，财产物资保管人员应将其保管的各种财产物资堆放整齐，编号贴签，标明品种、规格和结存数量，以便进行实物盘点。

(5)清查时本着先清查数量、核对有关账簿记录等，后认定质量的原则进行。

(6)填制盘存清单。

(7)根据盘存清单填制实物、往来账项清查结果报告表。

(四)财产物资的盘存制度

财产物资的盘存制度包括永续盘存制和实地盘存制两种。

(1)永续盘存制。永续盘存制也称账面盘存制，是以账簿记录为依据来确认财产物资结存数量的方法。采用这种方法，对存货项目设置经常性的库存记录，即分品名规格设置存货明细账，逐笔或逐日地根据凭证登记收入或发出的物资，并随时结出账面结存数，即

账面期末余额＝账面期初余额＋本期增加额－本期减少额

通过会计账簿资料，就可以完整地反映存货的收入、发出和结存情况。在没有发生丢失和被盗的情况下，存货账户的余额应与实际库存相符。采用永续盘存制，并不排除对存货的实物盘点，为了核对存货账面记录，加强对存货的管理，每年至少应对存货进行一次全面的盘点，具体次数视企业内部控制要求而定。

(2)实地盘存制。实地盘存制也称定期盘存制，是指会计期末通过对全部财产物资进行盘点，以确定期末财产物资的结存数量，然后分别乘以各项物资的盘存单价，计算出期末物资的总金额，倒轧出本期已耗用或已销售的成本，即

本期发出成本＝账面期初余额＋本期购进成本－期末实际结存成本

采用这种方法，平时对有关科目只记借方不记贷方，期末通过实地盘点确定结存数量，

据以计算期末成本，计算出当期耗用或销售的成本，记入有关科目的贷方。

(3)永续盘存制与实地盘存制的比较。

1)永续盘存制的优点是有利于加强对财产物资的管理，账簿记录以凭证为依据，可以随时了解财产物资收入、发出和结存状况。通过账簿记录中的账面结存数，结合不定期的实地盘点，将实际盘存数和账面数相核对，可以查明溢余或短缺的原因；通过账簿记录还可以随时反映出财产物资过多或不足，以便及时合理地组织货源，加速资金周转。永续盘存制的缺点是核算工作量大，需要较多的人力、物力。

2)实地盘存制的主要优点是简化了日常核算工作，但加大了期末工作量。不仅如此，实地盘存制的主要缺点，一是不能随时反映财产物资收入、发出和结存状况，不便于管理人员掌握情况；二是容易掩盖物资管理中存在的自然和人为损失。由于各项财产物资的减少数没有严密的手续，倒挤出的各项财产物资的减少数中成分复杂，除正常损耗外，可能还有毁损和丢失，不便于实施会计监督；三是只能期末盘点时结转发出成本，而不能随时结转。所以，实地盘存制的实用性较差，一般只适用于一些价值低、品种杂、进出频繁的物资，其他财产物资一般不宜采用。

企业可根据财产物资的类别和管理要求，对有些财产物资实行永续盘存制，对另一些实行实地盘存制，但不管采用何种方法，前后各期应保持一致。

二、掌握财产清查的方法

财产清查一般包括被清查对象数量清查和价值清查两个方面内容。对于固定资产、材料物资等各种财产物资数量的清查一般采用实地盘点法或技术推算法，对其价值的确定一般采用账面价值法、评估确认法或协商议价法。对于各种结算款项一般采用查询核实法。

(一)存货的清查方法

进行存货清查，首先就要清查实存数量和金额，确定账存数量和金额，然后对账存数量和金额与实存数量及金额进行比较，便可以查出实存数和账存数是否相符。

存货的清查主要通过实地盘点法进行。由于存货具备不同的特点，因此盘点的方法也就有所不同。对于各项存货实存数的清查一般有以下两种方法。

1. 实地盘点法

实地盘点法是指对各项存货通过逐一盘点，或通过计量器具确定其实存数的方法。这种方法适用范围较广，要求严格，数字准确可靠，清查质量高，但工作量大，可事先按存货的实物形态进行科学的码放，如五五排列，三三制码放等，可以提高清查的效率。其适用于可以逐一点数、量尺、过磅的存货的清查。

2. 技术推算法

技术推算法是通过技术的方法对存货的实存数进行推算的方法。如通过量方计尺对存货的实存数进行推算。这种方法适用于大量成堆，难以逐一清点的存货。

进行实物盘点时，要根据实物的特点采用相应的方法清查，不仅要查清实物数量，防止重点和漏点，同时还要注意质量，检查有无缺损、霉烂、变质等情况。清点在产品、半成品时，还要注意其配套情况和完工程度。另外，不要把本企业代其他单位保管的存货混为本企业的存货。

盘点时，实物的保管人员必须在场，并参加盘点工作。各项存货的盘点结果，应逐一如实地登记在“盘存单”上，并由参加盘点的人员和存货保管人员同时签章生效。“盘存单”是记录存货盘点结果的书面文件，也是反映存货在盘点日实有数的原始凭证，其格式见表 3-39。

表 3-39　盘 存 单

单位名称：　　　　　　　　　　　　盘点时间：　　　　　　　　　　　　编号：

财产类别：　　　　　　　　　　　　存放地点：

编号	名称	计量单位	数量	单价	金额	备注

“盘存单”中各项财产类别、编号、名称和计量单位都必须和核算中所采用的一致，以便于与账面资料进行核对。盘点结束后，将“盘存单”中所记录的实存数额与账面结存余额核对，填制“实存账存对比表”，确定存货盘盈或盘亏的数额。在实际工作中，只要求将账实不符的存货编制“实存账存对比表”，对于账实相符的存货则不需编表，以简化手续。“实存账存对比表”的格式见表 3-40。

表 3-40　实存账存对比表

单位名称：　　　　　　　　　　年　月　日

<table>
<tr><th rowspan="3">编号</th><th rowspan="3">类别及名称</th><th rowspan="3">计价单位</th><th rowspan="3">单价</th><th colspan="2" rowspan="2">实存</th><th colspan="2" rowspan="2">账存</th><th colspan="4">对比结果</th><th rowspan="3">备注</th></tr>
<tr><th colspan="2">盘盈</th><th colspan="2">盘亏</th></tr>
<tr><th>数量</th><th>金额</th><th>数量</th><th>金额</th><th>数量</th><th>金额</th><th>数量</th><th>金额</th></tr>
<tr><td></td><td></td><td></td><td></td><td></td><td></td><td></td><td></td><td></td><td></td><td></td><td></td><td></td></tr>
<tr><td></td><td></td><td></td><td></td><td></td><td></td><td></td><td></td><td></td><td></td><td></td><td></td><td></td></tr>
</table>

“实存账存对比表”是财产清查的重要报表，是调整账面记录的原始凭证，也是分析盈亏原因、明确经济责任的重要依据。

(二)固定资产的清查方法

企业应定期或者至少于每年年末对固定资产进行全面的清查。固定资产的清查采用实地盘点方式。固定资产清查前，先将固定资产总分类账和明细分类账、固定资产台账核对，保证账账相符。

固定资产的清查与存货的清查有相似之处。首先应对固定资产进行实地盘点，并进行账实核对，确认固定资产的真实性及完整性。其次，对固定资产的损失进行核实，并取得有关部门鉴定确认的固定资产清查盘点表或规定应取得的其他资料。固定资产清查中，应特别注意对一些不动产的审核，如房屋、土地等须取得产权证，以便对资产的产权进行确认。另外，对固定资产的清查还应注意企业是否按规定足额提取了折旧，对于未足额计提或超额计提折旧的均应进行账务调整，以保证企业资产的真实性。

对盘盈、盘亏、毁损的固定资产，应当查明原因，写出书面报告，并根据企业的管理权限，经股东大会或董事会，或经理(厂长)会议或类似机构批准后，在期末结账前处理完毕。

固定资产盘点结束应填制“固定资产——清查评估明细表”作为调整账面记录的原始凭证

和分析盈亏原因、明确经济责任的依据。“固定资产——清查评估明细表”的格式见表 3-41。

表 3-41　固定资产——清查评估明细表

资产占有单位名称：　　　　　　　　　　评估基准日：　　　　　　　　　　年　月　日

金额单位：人民币元

设备编号	设备名称	规格型号	生产厂家	计量单位	数量	购置日期	启用日期	账面价值		调整后账面值		评估价值			增值率	备注
								原值	净值	原值	净值	原值	成新率	净值		

(三)货币资金的清查方法

1. 库存现金的清查方法

库存现金的清查，是通过实地盘点的方法，确定库存现金的实存数，再与库存现金日记账的账面余额核对，以查明库存现金是否账实相符。

库存现金的清查工作包括两个方面的内容：一是日常的现金清查工作，要求出纳人员对现金的收、付、存情况做到日清月结，即每日终了清点库存现金实有额，并与库存现金日记账核对，这是现金出纳人员的分内职责；二是对库存现金进行定期不定期的清查。

为了明确经济责任，对库存现金进行清查时，出纳人员必须在场，一方面逐一清查现金实有数，并与库存现金日记账核对，查明是否账实相符；另一方面检查现金管理制度的遵守情况，如库存现金是否超过规定的限额，有无坐支行为，是否存在白条抵库现象等。

现金盘点后应立即填制“现金盘点报告表”。“现金盘点报告表”是重要的原始凭证，既起“盘存单”的作用，又起“实存账存对比表”的作用。“现金盘点报告表”应由盘点人员和出纳人员共同签章方能生效。其格式见表 3-42。

表 3-42　现金盘点报告表

单位名称　　　　　　　　　　　年　月　日

实存金额	账存金额	对比结果		备　注
		盘　盈	盘　亏	
负责人签章		盘点人员签章		出纳人员签章

2. 银行存款的清查方法

银行存款的清查方法与库存现金的清查方法不同。通过与开户银行转来的“对账单”进行核对，查明银行存款的实有数额。核对前，首先把清查日止所有银行存款的收、付业务登记入账。对发生的错账、漏账应及时查清更正。然后与银行的“对账单”逐笔核对，若二者余额相符，一般说明无错误；若发现二者不相符时，有两种可能，一种可能是某一方账簿记录发生错记漏记，应予及时查清更正；另一种可能是由于双方凭证传递时间上的差异，而发生未达账项所致。

所谓未达账项是指在企业和银行之间，由于凭证的传递时间不同，而导致了双方记账时间不一致，即一方已接到有关结算凭证并已经登记入账，而另一方由于尚未接到有关结算凭证尚未入账的款项。概括地说，未达账项有两大类型：一是企业已经入账而银行尚未入账的款项；二是银行已经入账而企业尚未入账的款项。具体来讲有四种情况：①企业已收款入账，银行未收款入账的款项；②企业已付款入账，银行未付款入账的款项；③银行已收款入账，企业未收款入账的款项；④银行已付款入账，企业未付款入账的款项。

上述①、④两种情况会使企业银行存款日记账账面余额大于银行对账单所示的存款余额；②、③两种情况会使企业银行存款日记账账面余额小于银行对账单所示的存款余额。无论何种情况出现的未达账项，都有可能导致开户行和企业账面金额不同。故在核对双方账面余额时，必须注意有无未达账项。把双方账目上都有的记录排除掉，挑出有可能是未达账项的记录，并根据未达账项编制"银行存款余额调节表"，以检查银行存款日记账的正确性。

"银行存款余额调节表"的编制方法是，在该表上以开户行和企业现有银行存款余额为基础，各自补记对方已入账而自己未入账的款项，然后检查经过调节后的账面余额是否相等。用公式表示如下：

银行存款日记账账面余额＋银行已收企业未收款项－银行已付企业未付款项＝

银行对账单余额＋企业已收银行未收款项－企业已付银行未付款项

采用这种方法，若双方调节后的余额相等，说明双方记账相符，若不等，则说明记账有误，应予以更正。

【训练 3-9】 某企业 2014 年 9 月 30 日，接到其开户行银行对账单，银行对账单余额为 3 204 963 元，企业银行存款日记账余额为 2 037 336 元。经核对找出以下未达账项：

(1)企业将销售收入的银行支票 200 000 元送开户行，银行尚未入账；

(2)企业因购买原材料，支付工资签发银行支票，其金额分别为 1 030 217 元、139 457 元，银行尚未入账；

(3)银行代企业收到一笔应收款 20 000 元，企业尚未收到入账通知；

(4)银行代企业支付办理结算的手续费和电报费分别为 600 元、1 450 元，企业尚未收到付款通知。

根据上述资料编制"银行存款余额调节表"，见表 3-43。

表 3-43 银行存款余额调节表

账号：×××　　　　2014 年 9 月 30 日　　　　单位：元

项　目	金额	项　目	金额
企业银行存款日记账余额	2 037 336	银行对账单余额	3 204 960
加：银行已收入账企业尚未入账	20 000	加：企业已收入账银行尚未入账	200 000
减：银行已付入账企业尚未入账	1 450	减：企业已付入账银行尚未入账	1 030 217
	600		319 457
调节后余额	2 055 286	调节后余额	2 055 286

编制"银行存款余额调节表"的目的，只是为了检查账簿记录的正确性，并不是要更改账簿记录，对于银行已经入账而本单位尚未入账的业务和本单位已经入账而银行尚未入账的业务，均不做账务处理，待业务凭证到达后，再作处理。需要特别注意的是，如果发现长期搁置的未达账项，有可能是错账，应及时查阅凭证和有关资料，查明原因，及时与银行联系，予以解决。

上述银行存款的清查方法同样适用于银行借款的清查。

(四)往来款项的清查方法

各种结算往来款项一般采用发函询证的方法进行核对。首先取得或编制往来款项明细表进行复核加总，然后将明细表数额与企业总账、明细账合计数进行核对，是否相符。

企业按经济往来单位编制“往来款项对账单”，送往各经济往来单位，一式两份，其中一份为回单，对方核对后，如果数字相符，在回单上加盖公章退回，表示已核对无误；如果经核对，数字不相符，对方应在回单上注明情况，或另抄对账单退回企业，进一步查明原因，再进行核对，直到相符为止。“往来款项对账单”的格式如图 3-1 所示。

往来款项对账单

________单位：

贵单位 2014 年 12 月 24 日到我公司购 A 产品 1 000 件，已付货款 12 000 元，尚有 5 000 元货款未付，请核对后将回联单寄回。

清查单位：(盖章)

2015 年 2 月 27 日

沿此虚线裁下，将以下回联单寄回。

往来款项对账单（回联）

________清查单位：

贵单位寄来的“往来款项对账单”已收到，经核对，相符无误。

单位（盖章）

2015 年 3 月 3 日

图 3-1 “往来款项对账单”的格式

根据查询结果，填制“往来款项清查报告表”，经过分析研究后，据以处理。“往来款项清查报告表”的格式见表 3-44。

表 3-44 往来款项清查报告表

年 月 日

总分类账户		明细分类账户		清查结果		核对不符原因			备注
名称	金额	名称	金额	核对相符金额	核对不符金额	未达账项金额	有争议款项金额	其他	

另外，在财产清查中还要注意对账龄进行分析，对长期挂账的应收账款查明原因，确实不能收回的要及时处理，以免虚增资产；无法偿还的应付账款核销记入营业外收入。

三、财产清查结果的处理

财产清查后会出现两种情况：一是实存数与账存数一致；二是实存数与账存数存在差异。对于前者即账实相符，自然不必进行账务处理；如果实存数与账存数存在差异时则会出现如下情况：①盘亏，即实存数小于账存数；②盘盈，即实存数大于账存数；③毁损，即虽然实存数等于账存数，但是实存的财产物资，由于某种原因如质量问题等，不能达到标准、不能正常使用等。

账实不符说明企业在经营管理上存在一些问题。面对这种情况，对于财产清查结果的处理又分为业务处理和账务处理两种。

(一)财产清查结果的业务处理

(1)财产清查结果处理的要求。

1)分析产生差异的原因和性质，提出处理建议；

2)积极处理多余积压财产，清理往来款项；

3)总结经验教训，建立健全各项管理制度；

4)及时调整账簿记录，保证账实相符。

(2)财产清查结果处理的步骤。财产清查结果的处理分为以下两步进行：

第一步，审批之前，根据“清查结果报告表”“盘点报告表”等已经查实的数据资料，编制记账凭证，记入有关账簿，使账簿记录与实际盘存数相符，同时根据企业的管理权限，将处理建议报股东大会或董事会，或经理(厂长)会议或类似机构批准。

第二步，审批之后，根据审批的意见。进行差异处理，调整账项。

(二)财产清查结果的账务处理

为了监督财产清查结果的账务处理，需要设置“待处理财产损溢”账户。该账户属于双重性质账户，下设“待处理流动资产损溢”和“待处理固定资产损溢”两个明细账户。该账户借方用来登记发生的待处理盘亏和毁损资产的金额，待盘亏、毁损的原因查明，并经审批后，再从该账户的贷方转入有关账户的借方；该账户的贷方用来登记发生的待处理盘盈资产(盘盈的固定资产除外)的金额，待查明盘盈的原因，并经审批后从该账户的借方转入有关账户的贷方。“待处理财产损溢”账户的结构如图 3-2 所示。清查结果经批准处理后，该账户无余额。

待处理财产损溢

借方	贷方
发生额：发生的待处理财产盘亏或毁损； 批准转销的待处理财产盘盈数	发生额：发生的待处理财产盘盈数； 批准转销的待处理财产盘亏毁损数
结余数：尚未批准处理的盘亏和毁损数与盘盈数的差额	结余数：尚未批准处理的盘盈数与盘亏和毁损数的差额

图 3-2　待处理财产损溢账户结构图

1. 存货清查结果的账务处理

(1)存货盘盈的账务处理。当发现材料、半成品、产成品等存货盘盈时，应根据“实存账存对比表”，将盘盈存货的价值记入各有关账户的借方，同时，记入“待处理财产损溢”的贷方；报经批准后，记入“管理费用”账户的贷方，如图 3-3 所示。

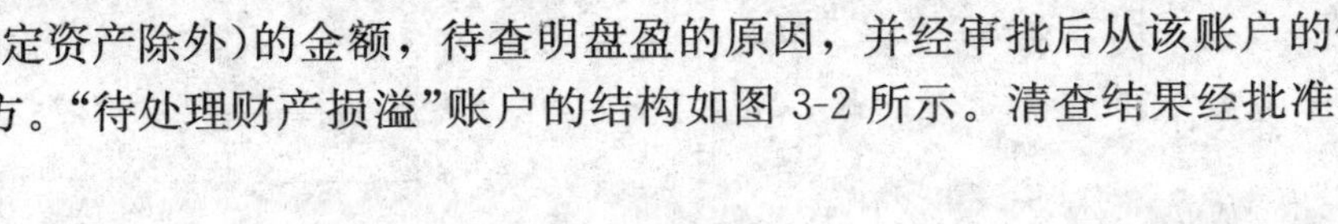

图 3-3　存货盘盈的账务处理图

【训练 3-10】 大海公司 2014 年 1 月 30 日，在财产清查中，盘盈甲材料 658 元。这项经济业务在批准前编制会计分录如下：

借：原材料——甲材料　　658.00

　　贷：待处理财产损溢——待处理流动资产损溢　　658.00

经查明盘盈的原因是由于计量差错所导致的，按规定冲减管理费用。经有关部门核实批准后，编制会计分录如下：

借：待处理财产损溢——待处理流动资产损溢　　658.00

　　贷：管理费用　　658.00

(2)存货盘亏、毁损的账务处理。对于材料、半成品、产成品等存货的盘亏和毁损，应根据"实存账存对比表"，将盘亏存货的价值记入各有关账户的贷方，同时，记入"待处理财产损溢——待处理流动资产损溢"账户的借方；报经批准后，根据存货的盘亏和毁损的原因，分别以下情况进行账务处理：

1)属于计量差错等自然损耗产生的定额内合理损耗，经批准后可计入管理费用。

2)属于超定额短缺的，能确定过失人的应由过失人负责赔偿；属于保险责任范围的，应向保险公司索赔；扣除过失人或保险公司赔款和残料价值后的余额，应计入管理费用。

3)属于非常损失所造成存货毁损，扣除保险公司赔款和残料价值后，应计入营业外支出。

由责任人造成的损失和由保险公司赔偿的可先记入"其他应收款"账户的借方，以后收到赔偿款时再从该账户的贷方转出。其批准后的账务处理如图 3-4 所示。

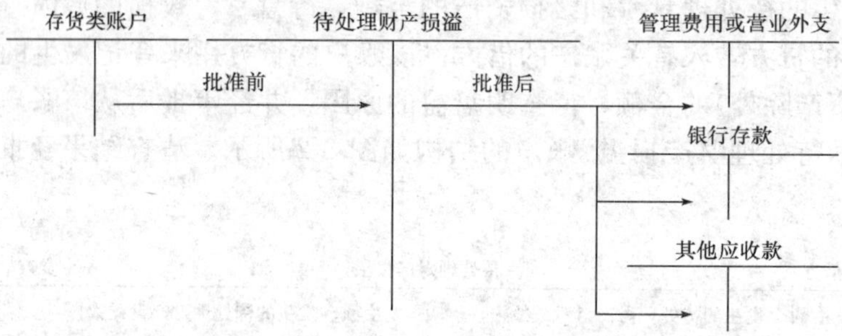

图 3-4　存货盘亏、毁损的账务处理图

【训练 3-11】 大海公司 2014 年 1 月 30 日，在财产清查中，发现乙材料短缺 5 687 元，该企业增值税税率为 17%。这项经济业务在批准前编的制会计分录如下：

借：待处理财产损溢——待处理流动资产损溢　　6 653.79

　　贷：原材料——乙材料　　5 687.00

　　　　应交税费——应交增值税(进项税额转出)　　966.79

由于乙材料发生了短缺，没有按原定用途投入生产，那么在原来购进时记入"应交税费——应交增值税(进项税额)"的进项税额就不能再用于抵扣销项税额，所以，应从进项税额中转出。

短缺的乙材料经查明原因如下：

(1)定额内损耗为 584 元；

(2)保管员过失造成的损失为 275.95 元；

(3)非常事故造成的损失为 5 793.84 元，其中，保险公司同意赔款 2 766.50 元，其余为非常损失。

在有关部门批准后编制的会计分录如下：

借：管理费用　　584.00

　　其他应收款——某管理员　　275.95

　　其他应收款——保险公司　　2 766.50

　　营业外支出　　3 027.34

　　贷：待处理财产损溢——待处理流动资产损溢　　6 653.79

2. 固定资产清查结果的账务处理

盘盈的固定资产，按照《企业会计准则第 28 号——会计政策、会计估计变更和差错更正》规定，作为前期差错处理，直接调整以前年度损益，盘亏、毁损的固定资产，在减去过失人或者保险公司等赔款和残料价值之后，计入当期营业外支出。

如果盘盈、盘亏、毁损的固定资产，在期末结账前尚未经批准处理的，在对外提供财务会计报告时应按上述原则进行处理，并在会计报表附注中作出说明；如果以后批准处理的金额与已处理的金额不一致，应根据其差额调整会计报表相关项目的年初数。

(1)固定资产盘盈的账务处理。当发现固定资产盘盈时，应根据“固定资产盘盈、盘亏报告表”，按重置完全价值减去累计折旧的差额分别记入“固定资产”账户的借方和“以前年度损益调整”的账户贷方，如图 3-5 所示。

图 3-5　固定资产盘盈的账务处理图

【训练 3-12】 大海公司 2014 年 1 月 30 日，在财产清查中，盘盈机器设备一台，市价为 200 000 元，该设备七成新，估计净值为 140 000 元。根据“固定资产盘盈、盘亏报告表”编制会计分录如下：

借：固定资产　　140 000.00

　　贷：以前年度损益调整　　140 000.00

盘盈的固定资产除要编制上述转账凭证外，还要调整相关的应交所得税，按规定的所得税税率计算应调整所得税额后借记“以前年度损益调整”账户，贷记“应交税费——应交所得税”账户，同时调整留存收益，借记“以前年度损益调整”账户，贷记“盈余公积”等账户。

(2)固定资产盘亏、毁损的账务处理。当发现固定资产盘亏、毁损时，应根据“固定资产盘盈、盘亏报告表”，按固定资产账面原始价值贷记“固定资产”账户，按已计提的折旧借记“累计折旧”账户，按固定资产账面原始价值减去累计折旧的差额借记“待处理财产损溢——待处理固定资产损溢”账户。

报经批准转销时，借记“营业外支出”账户，贷记“待处理财产损溢——待处理固定资产损溢”账户，如图 3-6 所示。

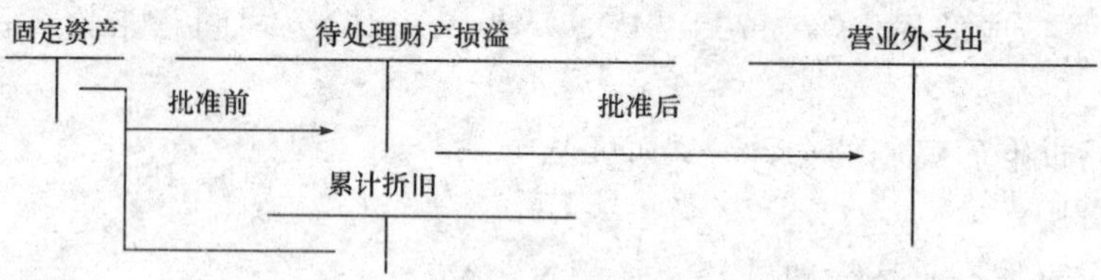

图 3-6　固定资产盘亏、毁损的账务处理图

【训练 3-13】　大海公司 2014 年 1 月 30 日，在财产清查中，盘亏机器设备一台。原价 50 000 元，已提折旧 40 000 元，净值 10 000 元。批准前，根据"固定资产盘盈、盘亏报告表"编制会计分录如下：

借：待处理财产损溢——待处理固定资产损溢　　10 000.00
　　累计折旧　　40 000.00
　　贷：固定资产　　50 000.00

经查明，盘亏原因是自然灾害所导致的。损失经批准后作为营业外支出。据此编制会计分录如下：

借：营业外支出　　10 000.00
　　贷：待处理财产损溢——待处理固定资产损溢　　10 000.00

3. 库存现金清查结果的账务处理

财产清查发现有待查明原因的现金短缺或溢余，应通过"待处理财产损溢——待处理流动资产损溢"账户核算。属于现金短缺，应按实际短缺的金额，借记"待处理财产损溢——待处理流动资产损溢"账户，贷记"库存现金"账户；属于现金溢余，按实际溢余的金额，借记"库存现金"账户，贷记"待处理财产损溢——待处理流动资产损溢"账户。待查明原因后作如下处理：

如为现金短缺，属于应由责任人赔偿的部分，借记"其他应收款——×××"或"库存现金"等账户，贷记"待处理财产损溢——待处理流动资产损溢"账户；属于无法查明的其他原因，根据管理权限，经批准后处理，借记"管理费用——现金短款"账户，贷记"待处理财产损溢——待处理流动资产损溢"账户。

【训练 3-14】　大海公司 2014 年 1 月 1 日，对出纳会计的库存现金日记账进行清查，发现现金总额比账面余额少 2 100 元。后经调查发现，该现金短少，应由出纳李颖负责赔偿 800 元，公司应承担管理责任 1 300 元，经批准，同意 1 200 元作管理费用列支。

这项经济业务批准前编制会计分录如下：

借：待处理财产损溢——待处理流动资产损溢　　2 100.00
　　贷：库存现金　　2 100.00

经批准后编制会计分录如下：

借：其他应收款——李颖　　800.00
　　管理费用　　1 300.00
　　贷：待处理财产损溢——待处理流动资产损溢　　2 100.00

如为现金溢余，属于应支付给有关人员和单位的，应借记"待处理财产损溢——待处理流动资产损溢"账户，贷记"其他应付款——×××"账户；属于无法查明原因的现金溢余，经批准后，借记"待处理财产损溢——待处理流动资产损溢"账户，贷记"营业外收入"账户。

【训练 3-15】 大海公司 2014 年 1 月 28 日，对出纳会计的库存现金日记账进行清查，发现现金总额比账面余额多出 630 元，经查实，无来源，决定作营业外收入处理。

这项经济业务批准前编制的会计分录如下：

借：库存现金　　630.00

　　贷：待处理财产损溢——待处理流动资产损溢　　630.00

经批准后编的制会计分录如下：

借：待处理财产损溢——待处理流动资产损溢　　630.00

　　贷：营业外收入　　630.00

4. 往来款项清查结果的账务处理

企业应当定期或者至少在每年年度终了，对应收应付款项进行全面检查，对于长期无法收回和长期无法支付的款项要及时进行处理。在财产清查中，查明确实无法收回的应收账款和无法支付的应付款项，不通过“待处理财产损溢”账户核算，对于经确认无法收回的应收账款，称为坏账。由于发生坏账而产生的损失，称为坏账损失。对坏账损失有两种核算方法，一种是采用备抵法，通过设置“坏账准备”账户进核算，平时计提坏账准备，发生坏账损失时冲销坏账准备；另一种是直接核销法，平时不计提坏账准备，发生坏账损失时直接计入资产减值损失。

采用备抵法企业应当设置“坏账准备”科目，核算应收款项的坏账准备计提、转销等情况。“坏账准备”科目的贷方登记当期计提的坏账准备金额，借方登记实际发生的坏账损失金额和冲减的坏账准备金额，期末余额一般在贷方，反映企业已计提但尚未转销的坏账准备。企业在会计期末采用应收账款余额百分比法或账龄分析法或赊销百分比法计算出本期应计提的坏账准备金额，然后进行计提坏账准备的账务处理，借记“资产减值损失”科目，贷记“坏账准备”科目。当企业查明确实无法收回的应收账款确认为坏账时，借记“坏账准备”科目，贷记“应收账款”科目。

采用直接转销法的企业在确认坏账时直接计入资产减值损失，借记“资产减值损失”科目，贷记“应收账款”科目。

另外，对于在财产清查中查明确实无法支付的应付账款，按规定报经批准后，可以转为营业外收入。

【训练 3-16】 大海公司采用备抵法核算坏账损失，某年年末应收账款账户余额为 1 200 000 元，按 1%的比例计提坏账准备金 12 000 元。该企业编制了如下会计分录：

借：资产减值损失　　12 000.00

　　贷：坏账准备　　12 000.00

【训练 3-17】 大海公司在财产清查中查明应收久远公司的货款 6 000 元，因该债务单位撤销，确实无法收回，经批准予以核销，该企业已提坏账准备金。该企业编制了如下会计分录：

借：坏账准备　　6 000.00

　　贷：应收账款——久远公司　　6 000.00

【训练 3-18】 大海公司在财产清查中发现应收甲单位货款 800 元，该单位现已撤销，确实无法收回，经批准予以核销，该企业未提坏账准备金。该企业编制了如下会计分录：

借：资产减值损失　　800.00

　　贷：应收账款——甲单位　　800.00

【训练 3-19】 大海公司在财产清查中发现一笔应付久远公司的货款 2 000 元，因债权单位已撤销，无法支付，按规定应予核销。

根据有关确认凭证及审批手续，作如下会计分录：

借：应付账款——久远公司　　2 000.00

　　贷：营业外收入　　2 000.00

理论复习

一、单项选择题

1. 在财产清查中，如果查明短缺的原因是由于保管人员失职所造成的，经批准后应转入(　　)。

A. 管理费用　B. 其他应收款　C. 营业外支出　D. 生产成本

2. 在财产清查中发现的存货盘亏，如果是属于定额内的自然损耗，应于批准时列入(　　)。

A. 其他应收款　B. 营业外支出　C. 管理费用　D. 财务费用

3. 对银行存款进行清查，应该采用的方法是(　　)。

A. 定期盘点法　B. 与银行核对账目法

C. 实地盘点法　D. 和往来单位核对账目法

4. 现金清查中，无法查明原因的短款，经批准后记入(　　)。

A. 管理费用　B. 财务费用　C. 其他应收款　D. 营业外支出

5. 现金清查中，无法查明原因的长款，经批准后记入(　　)。

A. 管理费用　B. 其他应付款　C. 其他应收款　D. 营业外收入

6. 对往来款项进行清查，应该采用的方法是(　　)。

A. 技术推算法　B. 与银行核对账目法

C. 实地盘点法　D. 发函询证法

7. 财产清查结果，经查明是因计量器具原因造成的盘亏时，应转作(　　)处理。

A. 待处理财产损益　B. 营业外支出　C. 其他应收款　D. 管理费用

8. 财产清查是通过实地盘点，来查明(　　)是否相符的一种方法。

A. 账证　B. 账账　C. 账实　D. 账表

9. 财产清查中盘盈存货一批，价值 200 元，批准处理后应转入(　　)。

A. 营业外收入　B. 其他业务收入　C. 管理费用　D. 主营业务收入

10. 现金清查中，发现现金短缺 500 元，经研究决定由出纳人员赔偿 300 元，余款报损，则批准处理后的会计分录为(　　)。

A. 借：现金　500
　　贷：待处理财产损溢　500

B. 借：待处理财产损溢　500
　　贷：现金　500

C. 借：其他应收款　300
　　营业外支出　200
　　贷：待处理财产损溢　500

D. 借：其他应收款　300
　　管理费用　200
　　贷：待处理财产损溢　500

11. 在财产清查中填制的“账存实存对比表”是(　　)。

A. 调整账面记录的原始凭证　B. 调整账面记录的记账凭证

C. 登记总分类账的直接依据　D. 登记日记账的直接依据

12. 采用实地盘存制，平时对财产物资的记录(　　)。

A. 只登记增加数，不登记减少数　　B. 只登记减少数，不登记增加数

C. 先登记增加数，后登记减少数　　D. 先登记减少数，后登记增加数

13. 企业在遭受自然灾害后，对其受损的财产物资进行的清查，属于(　　)。

A. 局部清查和定期清查　　B. 全面清查和定期清查

C. 局部清查和不定期清查　　D. 全面清查和不定期清查

14. 库存现金的清查是通过(　　)进行的。

A. 实地盘点法　B. 账账核对法　C. 技术分析法　D. 往询法

15. 恒大公司月末银行存款日记账余额为80 000元，经查有四笔未达账项：企业已付银行未付款3 000元；企业已收银行未收款5 000元；银行已收企业未收款10 000元；银行已付企业未付款4 000元，则调节后恒大公司存款余额为(　　)元。

A. 82 000　B. 84 000　C. 86 000　D. 74 000

16. 对企业与其开户银行之间的未达账项，进行账务处理的时间是(　　)。

A. 查明未达账项时　　B. 收到银行对账单时

C. 编好银行存款余额调节表时　　D. 实际收到有关结算凭证时

17. 年终决算前进行的财产清查属于(　　)。

A. 局部清查和定期清查　　B. 全面清查和定期清查

C. 全面清查和不定期清查　　D. 局部清查和不定期清查

18. 下列说法正确的是(　　)。

A. 现金应该每日清点一次　　B. 银行存款每月至少同银行核对两次

C. 贵重物资每天应盘点一次　　D. 债权债务每年至少核对二、三次

19. 一般来说，单位撤销合并或改变隶属关系时，要进行(　　)。

A. 全面清查　B. 局部清查　C. 定期清查　D. 技术推算盘点

20. 在财产清查中，通过“账存实存对比表”发现，账存甲材料100 000元，实存甲材料110 000元，原因待查，在未批准处理前，下列账务处理中正确是(　　)。

A. 借：原材料——甲材料　10 000
　　贷：待处理财产损溢——流动资产损溢　10 000

B. 借：原材料——甲材料　10 000
　　贷：营业外收入　10 000

C. 借：固定资产——甲材料　10 000
　　贷：待处理财产损溢——流动资产损溢　10 000

D. 借：待处理财产损溢——流动资产损溢　10 000
　　贷：原材料——甲材料　10 000

二、多项选择题

1. 不定期清查通常在下列(　　)情况下进行。

A. 企业更换保管、出纳人员时　　B. 发生自然灾害或意外损失时

C. 上级主管单位或审计部门进行检查时　D. 年末编制会计报表时

2. 财产清查按清查范围分，可分为(　　)。

A. 全面清查　　B. 局部清查

C. 定期清查　　D. 不定期清查

3. 全面清查的对象包括(　　)。

A. 货币资金　　B. 实物资产　　C. 往来款项　　D. 在途物资

E. 委托加工、保管物资

4. 对于盘亏的财产物资，经批准后进行会计处理，可能涉及的借方账户有(　　)。

A. 管理费用　　B. 营业外支出　　C. 营业外收入　　D. 其他应收款

E. 待处理财产损溢

5. 实地盘点法一般适用于(　　)。

A. 库存现金的盘点　　B. 银行存款的盘点

C. 各项实物资产的盘点　　D. 往来款项的盘点

E. 短期借款的盘点

6. 现金出纳员每日清点现金，属于(　　)。

A. 定期清查　　B. 全面清查

C. 局部清查　　D. 不定期清查

7. 财产清查中发现因保管人员失职造成材料短缺时，审批后的会计分录应为(　　)。

A. 借：其他应付款　　B. 借：其他应收款

C. 借：管理费用　　D. 借：营业外支出

E. 贷：待处理财产损溢

8.“待处理财产损溢”账户借方核算的内容有(　　)。

A. 发生待处理财产的盘亏数或毁损数　　B. 结转已批准处理财产的盘盈数

C. 发生待处理财产的盘盈数　　D. 结转已批准处理的财产盘亏数或毁损数

9. 下列清查事项中，属于定期清查的有(　　)。

A. 单位更换财产保管人员时的清查　　B. 发生非常损失时的清查

C. 年终结算时的全面清查　　D. 月末银行存款的清查

10. 应通过“固定资产清理”科目核算的有(　　)。

A. 盘亏固定资产　　B. 出售固定资产

C. 报废固定资产　　D. 盘盈固定资产

11. 企业银行存款日记账余额小于银行对账单余额，主要是因为存在(　　)。

A. 企业已入账，但银行尚未入账的收入款项

B. 企业已入账，但银行尚未入账的支出款项

C. 银行已入账，但企业尚未入账的收入款项

D. 银行已入账，但企业尚未入账的支出款项

三、判断题

1. 定期清查和不定期清查，都可以是全面清查，也可以是局部清查。(　　)

2. 财产清查如果账实不符，说明记账肯定出现了差错。(　　)

3. 存货盘亏查明属于定额内的自然损耗，经批准后应转入“营业外支出”账户。(　　)

4. 对于银行已经登记入账，企业尚未登记入账的未达账项，可根据“银行存款余额调节表”登记企业的银行存款日记账。(　　)

5. 属于自然灾害造成的存货毁损，扣除保险公司赔款和残值后的净损失，应计入“管理费用”账户。(　　)

6. 未达账项是指银行已经记账，而企业因未接到有关凭证而尚未记账的账项。(　　)

7. 银行存款日记账账面余额与银行对账单余额不一致，则说明单位与银行之间必定有一方存在账面记录错误。 （　）

8. 财产清查中的盘盈盘亏，在没有查清原因以前先不入账。 （　）

9. 对实物财产进行清查时，既要清查数量，又要检查质量。 （　）

10. “银行存款余额调节表”不但起对账的作用，而且是调节银行存款日记账账面余额的凭证。 （　）

技能练习

实训 3.8

【实训目的】 实训银行存款的清查。

【实训任务】 根据资料编制银行存款余额调节表(表 3-45)。

【实训资料】 渤海公司 2014 年 12 月份银行存款日记账和 12 月 31 日银行转来的对账单分别见表 3-46 和表 3-47。

表 3-45　银行存款余额调节表

账号：　　　　　　　　　　年　月　日　　　　　　　　　　单位：元

项　目	金额	项　目	金额
企业银行存款日记账余额 加：银行已收入账企业尚未入账 减：银行已付入账企业尚未入账		银行对账单余额 加：企业已收入账银行尚未入账 减：企业已付入账银行尚未入账	
调节后余额		调节后余额	

表 3-46　银行存款日记账

第 1 页

2014 年		凭证号数	摘　要	结算凭证		对方科目	借　方	贷　方	余　额
月	日			种类	号数				
12	1		期初余额						109 132.88
12	2	银收 1	收到销货款	转支	6655#	应收账款	100 000.00		209 132.88
	4	银付 5	支付购货款	信汇	3322#	材料采购		44 000.00	165 132.88
	10	银付 8	提取现金	现支	8886#	库存现金		10 000.00	155 132.88
	13	银收 4	保险公司赔款	转支	3456#	其他应收款	45 600.00		200 732.88
	28	银付 7	采购办公用品	转支	5556#	管理费用		16 543.40	184 189.48
	29	银付 9	销售商品	托收	1111#	主营业务收入	65 000.00		249 189.48
			本月合计				210 600.00	70 543.40	249 189.48

表 3-47　工商银行对账单　　单位：元

2014 年	凭证	结算凭证		摘　要	发生额		余　额
日期	号码	种类	号数		借　方	贷　方	
1130				承前			109 132.88
1205		转支	6655#		100 000.00		209 132.88
1210	（略）	信汇	3322#			44 000.00	165 132.88
1212		现支	8886#			10 000.00	155 132.88
1215		托收	2346#		68 800.00		223 932.88
1216		转支	3456#		45 600.00		269 532.88
1225		托收	1537#		5 644.56		275 177.44
1230		信汇	2105#			32 176.88	243 000.56
1230				本月合计	220 044.56	86 176.88	243 000.56

客户名称：渤海公司　　　　账号：66789

实训 3.9

【实训目的】 实训原材料清查结果的账务处理。

【实训任务】 对上述财产清查情况进行相应的账务处理，填制记账凭证。

【实训资料】 渤海公司的增值税税率为 17%，2014 年 1 月 31 日进行财产清查，结果如下：

(1)原材料 A 盘点盈余 2 吨，每吨账面价值 1 600 元。

(2)原材料 B 盘点短缺 900 千克，每千克单位成本 6 元。

(3)各类配件共短缺 1 600 件，实际成本总计 8 000 元。

经分析，原材料 A 盈余是由于平时出入库计量不准确所造成的；原材料 B 短缺属自然损耗；各类配件的短缺是仓库管理人员监守自盗所致。

实训 3.10

【实训目的】 实训固定资产清查结果的账务处理。

【实训任务】 对资料中固定资产清查结果进行批准前后的账务处理，填制记账凭证。

【实训资料】 渤海公司 2014 年 4 月 30 日进行财产清查，发现多出设备 1 台，估计净值 66 000 元；短少车床 1 台，该车床账面原值 99 000 元，已提折旧 59 000 元。

实训 3.11

【实训目的】 实训往来款项清查结果的账务处理。

【实训任务】 对资料中往来款项清查结果进行账务处理，填制记账凭证。

【实训资料】

(1)渤海公司 2014 年 9 月 30 日在财产清查中查明应收光华公司的货款 4 000 元，因该债务单位撤销，确实无法收回，经批准予以核销，该企业已提坏账准备金。

(2)渤海公司 2014 年 9 月 30 日在财产清查中发现应收甲单位货款 700 元，该单位现已撤销，确实无法收回，经批准予以核销，该企业未提坏账准备金。

(3)渤海公司 2014 年 9 月 30 日在财产清查中发现一笔应付恒久公司的货款 3 000 元，因债权单位已撤销，无法支付，按规定应予核销。

项目四 编制会计报表

企业对日常发生的各种经济业务，通过设置账户、复式记账、填制和审核会计凭证等一系列专门方法，将其记录在相应的会计账簿上，并通过财产清查保证了账实相符。这些信息对于加强企业管理起到了重要作用。但是，分散在众多的账簿中的数据、资料无法简明扼要地反映企业经济活动的全貌，不便于企业外部的信息使用者分析利用，无法满足他们的决策需求，为此企业还要编制财务报表，并运用上述各种会计核算方法，完成从分析经济业务到形成财务报告的信息处理全过程，在会计实务中形成一个规范的程序。本项目主要介绍了会计核算方法——编制财务报表。其主要包括财务会计报告的概念、种类、编制要求和资产负债表及利润表的编制方法、账务处理程序等。本项目的学习目的是了解财务报表的概念、种类、编制要求；掌握科目汇总表的编制；掌握资产负债表和利润表的概念、格式和编制方法。重点和难点是对资产负债表和利润表编制技能及科目汇总表编制技能的掌握。在学习中结合实训题，通过大量地实训掌握资产负债表和利润表的编制技能及科目汇总表的编制技能。

任务一 认知会计报表

一、财务会计报告的概念与作用

(一)财务会计报告的概念

财务会计报告是指单位根据经过审核的会计账簿记录和有关资料编制由企业对外提供的反映企业某一特定日期的财务状况和某一会计期间的经营成果、现金流量等会计信息的文件。企业对于日常发生的各种经济业务，通过设置会计科目和账户、复式记账、填制和审核会计凭证等一系列的专门方法，将其记录在相应的会计账簿上。通过会计账簿可以反映企业的资产、负债、所有者权益、收入、费用、利润等方面的信息，这对于企业加强管理起到了重要的作用。但是，分散在众多的账簿中的数据、资料无法简明扼要地反映企业经济活动的全貌，不便于企业外部的信息使用者分析利用，无法满足他们的决策需求，为此就要对外提供财务会计报告。

(二)财务会计报告的作用

财务会计报告的目标是向财务会计报告使用者(投资者、债权人、政府及其有关部门和社会公众等)提供与企业财务状况、经营成果和现金流量等有关的会计信息，反映企业管理层受托责任履行情况，有助于财务会计报告使用者作出经济决策。其具体作用体现在以下几个方面：

(1)为有关政府部门提供企业经营管理的各类信息，更好地发挥各类政府部门经济监督和调控的作用。国家有关部门通过对企业提供的财务会计报告资料进行汇总分析，可以了解和掌握各部门、各地区的经济运行情况、各项财经法律制度的执行情况，并针对存在的问题，采取各种经济杠杆和政策进行必要的宏观调控，促进社会资源的有效配置。

(2)为投资者和债权人提供真实、公允的信息，更好地发挥其在投资决策和对资金监督方面的作用。企业的投资者和债权人通过财务会计报告提供的会计信息，可以了解有关企业财务状况、经营成果和现金流量的情况，据以进行正确的投资决策和信贷决策。同时，投资者还可据以评估企业管理层对受托资源的经营管理责任的履行情况。

(3)财务会计报告能够为企业内部各级管理人员全面了解企业经营状况、加强管理、提高经济效益提供可靠的资料。企业管理者通过财务会计报告提供的会计信息，可以掌握本企业有关财务状况、经营成果和现金流量等的情况，据以考核和分析企业财务成本计划或预算的完成情况，总结和分析企业经营中所取得的成绩和存在的问题，评价企业的经济效益。

二、财务会计报告的种类与构成

(一)财务会计报告的种类

1. 财务会计报告按照编报时间分类

财务会计报告按照编报时间分类包括年度、半年度、季度和月度财务会计报告。其中，月报、季报、半年报统称为中期财务会计报告。所以，财务会计报告也可以说包括年度和中期财务会计报告两类。月度和季度报告是指月度和季度终了提供的财务会计报告；半年度财务会计报告是指在每个会计年度的前 6 个月结束后对外提供的财务会计报告；年度财务会计报告是指年度终了对外提供的财务会计报告。

通常情况下，企业年度财务会计报告的会计期间是指公历每年的 1 月 1 日至 12 月 31 日；半年度财务会计报告的会计期间是指公历每年的 1 月 1 日至 6 月 30 日，或 7 月 1 日至 12 月 31 日；季度财务会计报告的会计期间是指公历每一季度；月度财务会计报告的会计期间则是指公历每月 1 日至最后一日。

2. 财务会计报告按照报送对象分类

财务会计报告按照报送对象不同，又可分为对外财务会计报告和对内财务会计报告。对外财务会计报告指企业向外部有关方面提供的财务会计报告，一般称为财务报告。其主要包括资产负债表、利润表、现金流量表以及有关的附注等，这些报告的编制要遵循公认的会计准则和国家统一的会计制度的规定；对内财务会计报告主要指为企业内部经营管理服务，向企业管理当局提供的报告，主要包括期间费用表、制造费用表、产品成本报表和有关附表等，反映内部生产经营的耗费情况，这类报告的种类、格式、内容等，国家没有统一的规定，企业可根据自身情况自主设计表格形式。

(二)财务会计报告的构成

关于财务会计报告应包括哪些内容，《企业会计准则——基本准则》第四十四条规定，企业的财务会计报告包括会计报表、会计报表附注和其他应当在财务会计报告中披露的相关信息和资料。

根据《企业会计准则　第 30 号——财务报表列报》的规定，财务报表至少应当包括下列组成部分：

(1)资产负债表，是反映企业某一特定日期财务状况的会计报表，是一种静态报表；

(2)利润表，是反映企业在一定期间经营成果的会计报表，是一种动态报表；

(3)现金流量表，是反映企业在一定期间内现金及现金等价物流入和流出情况(现金流量情况)的会计报表，是一种动态报表；

(4)所有者权益(或股东权益)变动表，是反映构成所有者权益的各组成部分当期的增减变动情况的会计报表，是一种动态报表；

(5)附注，是指对在会计报表中列示项目所做的进一步说明，以及对未能在这些报表中列示项目的说明等。

三、财务会计报告的编制要求

企业应当以持续经营为基础，根据实际发生的交易和事项，按照财政部《企业会计准则》(2006)的规定进行确认和计量，在此基础上编制财务报告。财务会计报告作为企业提供信息的主要形式，对国家宏观经济管理、企业内部的经营管理决策以及投资人、债权人对企业经营管理进行考察都有十分重要的意义，因此，企业在编制财务会计报告时，一定要做到真实可靠、全面完整、编报及时、便于理解。

(1)真实可靠。如实反映是对信息的基本要求，会计作为一个信息系统，输出的财务会计报告必须做到数字真实、编制准确，以利于报告使用者作出正确的决策。虚假的会计信息不但不能起到应有的作用，还会误导信息使用者，造成决策失误。为此，在企业编制财务会计报告之前必须做好按期结账；认真对账；进行财产清查，保证账实相符；正确进行期末账项调整等工作。

(2)全面完整。为了满足信息使用者的要求，财务会计报告所提供的信息必须全面完整，任何疏漏都可能引起报表使用者的误解，给决策者造成不必要的损失。为此，企业在编制财务会计报告时，应当按照国家统一规定的报告种类、格式和内容编制，做到项目齐全、内容完整。

(3)编报及时。财务会计报告的时效性很强，应在保证质量的前提下，在规定期限内编制完毕，并按规定报送有关领导和有关部门。但绝不能单纯为了编报及时而忽视质量，甚至提前结账。企业应当依照有关法律、行政法规规定的结账日进行结账。年度结账日为公历年度每年的 12 月 31 日；半年度、季度、月度结账日分别为公历年度每半年、每季、每月的最后一天。并且要求月度财务会计报告应当于月度终了后 6 天内(节假日顺延，下同)对外提供；季度财务会计报告应当于季度终了后 15 天内对外提供；半年度财务会计报告应当于年度中期结束后 60 天内(相当于两个连续的月份)对外提供；年度财务会计报告应当于年度终了后 4 个月内对外提供。

(4)便于理解。便于理解是指会计报表提供的信息可以为使用者所理解。企业对外提供的会计报表是为广大会计报表使用者提供过去、现在和未来的有关资料，为企业目前或潜在的投资者和债权人提供决策所需的会计信息，因此，企业编制的会计报表应当清晰明了，便于使用者理解和利用。

另外，《企业财务会计报告条例》规定，企业对外提供的财务会计报告应当依次编定页数，加具封面，装订成册，加盖公章。封面上应当注明：企业名称、企业统一代码、组织形式、地址、报表所属年度或者月份、报出日期，并由企业负责人和主管会计工作的负责人、会计机构负责人(会计主管人员)签名并盖章；设置总会计师的企业，还应当由总会计师签名并盖章。

理论复习

一、单项选择题

1. 中期财务报告可以不提供的报表是(　　)。

A. 资产负债表　　B. 利润表

C. 所有者权益变动表　　D. 现金流量表

2. 反映企业某一特定日期财务状况的会计报表是(　　)。

A. 资产负债表　　B. 现金流量表

C. 基本会计报表　　D. 基本会计报表及附注

3. 编制财务报表时，以“收入－费用＝利润”这一会计等式作为编制依据的财务报表是(　　)。

A. 利润表　　B. 所有者权益变动表

C. 资产负债表　　D. 现金流量表

4. 以“资产＝负债＋所有者权益”这一会计等式作为编制依据的财务报表是(　　)。

A. 利润表　　B. 所有者权益变动表

C. 资产负债表　　D. 现金流量表

5. 下列会计报表中，属于企业对外提供的静态报表的是(　　)。

A. 利润表　　B. 所有者权益变动表

C. 现金流量表　　D. 资产负债表

6. 季度和月度的财务会计报告通常仅指会计报表，会计报表至少应当包括(　　)。

A. 利润表和利润分配表　　B. 资产负债表和利润分配表

C. 资产负债表和利润表　　D. 资产负债表和现金流量表

二、多项选择题

1. 企业财务报告的使用者包括(　　)。

A. 投资者　　B. 债权人　　C. 政府及相关机构　　D. 社会公众

E. 单位管理人员

2. 应按月编制的会计报表有(　　)。

A. 资产负债表　　B. 利润表　　C. 现金流量表　　D. 所有者权益变动表

3. 企业的下列报表中属于对外报表的有(　　)。

A. 资产负债表　　B. 利润分配表　　C. 利润表　　D. 现金流量表

E. 主要产品单位成本表

4. 编制财务会计报表的基本要求是(　　)。

A. 真实可靠　　B. 相关可比　　C. 全面完整　　D. 编报及时

E. 便于理解

三、判断题

1. 财务会计报告是企业会计核算的最终环节。　(　　)

2. 对财务会计报告，企业可以根据需要不定期编制。　(　　)

3. 为及时编制会计报表，企业应在月末提前结账。　(　　)

任务二　认知账务处理程序

一、账务处理程序的概念

账务处理程序也称会计核算组织程序或会计核算形式，是指会计凭证、会计账簿、会计报表相结合的方式。其包括会计凭证和账簿的种类、格式，会计凭证与账簿之间的联系方法，由原始凭证到编制记账凭证、登记明细分类账和总分类账、编制会计报表的工作程序和方法等。账务处理程序解决的是会计核算工作的技术组织方式问题。因此，建立科学、合理、适当的会计核算组织程序，有助于提高会计工作效率，保证会计信息质量，更好地发挥会计的作用。

二、账务处理程序的种类

各单位采用的账务处理程序，应根据本单位经济活动的特点、规模的大小和业务的繁简，以及核算人员的配备等实际情况，本着简化核算手续的要求，自行选用会计核算账务处理程序。

目前，我国企业、单位常采用的账务处理程序主要有以下三种：

(1)记账凭证账务处理程序；

(2)汇总记账凭证账务处理程序；

(3)科目汇总表账务处理程序。

以上三种账务处理程序中，记账凭证账务处理程序是最基本的账务处理程序，是其他账务处理程序的基础。各种账务处理程序既有共同点，又有各自的特点。以上三种账务处理程序的共同之处在于：都要根据原始凭证编制记账凭证，一般都是根据原始凭证(或原始凭证汇总表)和记账凭证登记日记账和明细分类账，都要根据账簿记录编制会计报表。各种账务处理程序的根本区别在于登记总账的依据和程序不同。

三、认知记账凭证账务处理程序

(一)记账凭证账务处理程序的特点

记账凭证账务处理程序是指对发生的经济业务事项，都要根据原始凭证或汇总原始凭证编制记账凭证，然后直接根据记账凭证逐笔登记总分类账的一种账务处理程序。记账凭证账务处理程序的特点主要如下：

(1)对发生的经济业务事项，全部根据原始凭证或原始凭证汇总表编制记账凭证；

(2)直接根据记账凭证逐笔登记总分类账。

由于登记总账的直接依据是记账凭证，记账凭证账务处理程序便由此而得名。

(二)记账凭证账务处理程序的一般程序

记账凭证账务处理程序的一般程序就是指在记账凭证账务处理程序条件下，由原始凭证到编制记账凭证、登记明细分类账和总分类账、编制会计报表的工作程序，也称一般步骤。其一般程序如下：

(1)根据原始凭证编制汇总原始凭证；

(2)根据原始凭证或汇总原始凭证，编制记账凭证；

(3)根据收款凭证、付款凭证逐笔登记库存现金日记账和银行存款日记账；

(4)根据原始凭证、汇总原始凭证和记账凭证，登记各种明细分类账；

(5)根据记账凭证(收款凭证、付款凭证和转账凭证)逐笔登记总分类账；

(6)期末，库存现金日记账、银行存款日记账和明细分类账的余额同有关总分类账的余额核对相符；

(7)期末，根据总分类账和明细分类账的记录，编制会计报表。

记账凭证账务处理程序的一般程序如图 4-1 所示。

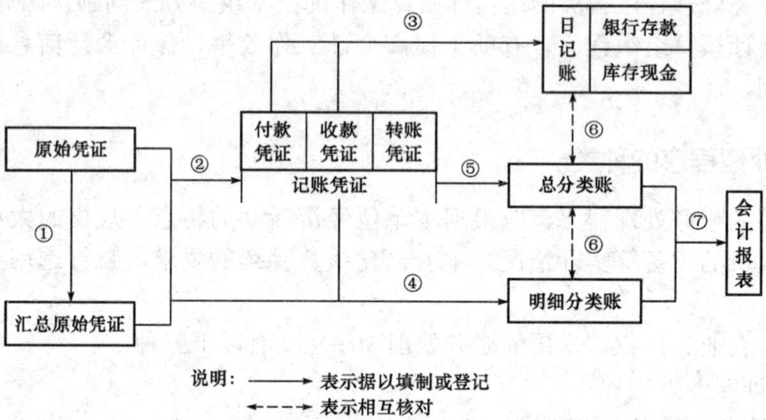

图 4-1　记账凭证账务处理程序的一般程序图

(三)记账凭证账务处理程序的优缺点及适用范围

记账凭证账务处理程序的优点是简单明了，易于理解，总分类账可以较详细地反映经济业务的发生情况；缺点是登记总分类账的工作量较大。直接根据记账凭证登记总账，在业务量大时，登记总账的工作量就大。

记账凭证账务处理程序一般适用于规模较小、经济业务量较少的单位。

四、认知汇总记账凭证账务处理程序

(一)汇总记账凭证账务处理程序的特点

汇总记账凭证账务处理程序是根据原始凭证或汇总原始凭证编制记账凭证，定期根据记账凭证分类编制汇总收款凭证、汇总付款凭证和汇总转账凭证，再根据汇总记账凭证登记总分类账的一种账务处理程序。汇总记账凭证账务处理程序的特点主要如下：

(1)根据原始凭证或汇总原始凭证编制记账凭证；

(2)定期根据记账凭证分类编制汇总收款凭证、汇总付款凭证和汇总转账凭证；

(3)根据汇总记账凭证登记总分类账。

由于登记总账的依据是汇总记账凭证，因此汇总记账凭证账务处理程序便由此而得名。

(二)汇总记账凭证的编制方法

汇总记账凭证是按每个科目设置，并按科目一方(借方或贷方)的对应科目进行汇总。

汇总记账凭证可分为汇总收款凭证(表 4-1)、汇总付款凭证(表 4-2)和汇总转账凭证(表 4-3)三种。

表 4-1　汇总收款凭证

借方科目		年　月			第　号	
贷方科目	金　额			合计	总账页数	
	1～10 日收款 凭证第 1 号 至第 2 号	11～20 日收款 凭证第　号 至第　号	21～30 日收款 凭证第　号 至第　号		借方	贷方
本月合计						

会计主管：×××　　记账：×××　　复核：×××　　制单：×××

表 4-2　汇总付款凭证

贷方科目		年　月			第　号	
借方科目	金　额			合计	总账页数	
	1～10 日付款 凭证第 1 号 至第 2 号	11～20 日付款 凭证第 3 号 至第　号	21～30 日付款 凭证第 4 号 至第　号		借方	贷方
本月合计						

会计主管：×××　　记账：×××　　复核：×××　　制单：×××

表 4-3　汇总转账凭证

贷方科目		年　月			第　号	
借方科目	金　额			合计	总账页数	
	1～10 日收款 凭证第 1 号 至第 2 号	11～20 日收款 凭证第 1 号 至第　号	21～30 日收款 凭证第　号 至第　号		借方	贷方
本月合计						

会计主管：×××　　记账：×××　　复核：×××　　制单：×××

1. 汇总收款凭证的编制方法

为便于汇总，可将汇总收款凭证分为库存现金汇总收款凭证和银行存款汇总收款凭证。库存现金和银行存款的汇总收款凭证，分别按库存现金、银行存款账户的借方设置，定期(如5天或10天)将这一期间内的全部库存现金收款凭证、银行存款收款凭证，分别按与设置科目相对应的贷方科目加以归类、汇总填一次，每月编制一张。月末时，结算出汇总收款凭证的合计数，据以登记总分类账。登记总分类账时，应根据汇总收款凭证上的合计数，记入"库存现金"或"银行存款"总分类账户的借方，根据汇总收款凭证上各贷方科目的合计数分别记入有关总分类账户的贷方。

2. 汇总付款凭证的编制方法

为便于汇总，可将汇总付款凭证分为库存现金汇总付款凭证和银行存款汇总付款凭证。库存现金、银行存款的汇总付款凭证，分别按库存现金、银行存款账户的贷方设置，定期(如5天或10天)将这一期间内的全部库存现金付款凭证、银行存款付款凭证，分别按与设置科目相对应的借方科目加以归类、汇总填列一次，每月编制一张。月末时，结算出汇总付款凭证的合计数，据以登记总分类账。登记总分类账时，根据汇总付款凭证的合计数，记入"库存现金""银行存款"总分类账户的贷方；根据汇总付款凭证中各借方科目的合计数记入相应总分类账户的借方。

3. 汇总转账凭证的编制方法

汇总转账凭证是按转账凭证每一贷方科目分别设置的，用来汇总一定时期内转账业务的一种汇总记账凭证。汇总转账凭证通常按每一科目的贷方分别设置，定期(5天或10天)将这一期间内的全部转账凭证，按与设置科目相对应的借方科目加以归类、汇总填列一次，每月编制一张。月末时，结算出汇总转账凭证的合计数，据以登记总分类账。登记总分类账时，应根据汇总转账凭证的合计数，记入汇总转账凭证所列贷方科目相应的总分类账户的贷方，并分别记入汇总转账凭证中各借方科目的相应总分类账户的借方。

由于汇总转账凭证上的科目对应关系是一个贷方科目与一个或几个借方科目相对应的，因此，为了便于编制汇总转账凭证，要求所有的转账凭证也应按一个贷方科目与一个或几个借方科目的对应关系来填制(即一贷多借)，不应填制一个借方科目与几个贷方科目相对应的转账凭证(即一借多贷)。倘若在汇总期内，某一贷方科目的转账凭证较少时，也可不填制汇总转账凭证，而直接根据转账凭证登记总分类账。

(三)汇总记账凭证账务处理程序的一般程序

汇总记账凭证账务处理程序的一般程序就是指在汇总记账凭证账务处理程序条件下，由原始凭证到编制记账凭证、汇总记账凭证、登记明细分类账和总分类账、编制会计报表的工作程序，也称一般步骤。其一般程序如下：

(1)根据原始凭证编制汇总原始凭证；

(2)根据原始凭证或汇总原始凭证编制收款凭证、付款凭证、转账凭证；

(3)根据收款凭证、付款凭证登记现金日记账和银行存款日记账；

(4)根据收款凭证、付款凭证和转账凭证及所附原始凭证或汇总原始凭证，登记各种明细账；

(5)根据收款凭证、付款凭证、转账凭证定期汇总编制"汇总收款凭证""汇总付款凭证"和"汇总转账凭证"；

(6)根据汇总收款凭证、汇总付款凭证和汇总转账凭证登记总分类账；

(7)期末，库存现金日记账、银行存款日记账和明细分类账的余额同有关总分类账的余额核对相符；

(8)期末，根据总分类账、明细分类账有关资料编制会计报表。

汇总记账凭证账务处理程序的一般程序如图 4-2 所示。

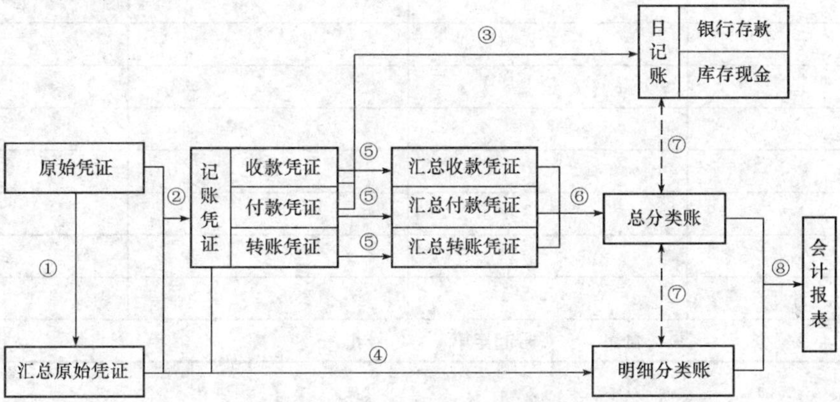

图 4-2　汇总记账凭证账务处理程序的一般程序图

(四)汇总记账凭证账务处理程序的优缺点及适用范围

汇总记账凭证账务处理程序的优点是减轻了登记总分类账的工作量，并且在汇总记账凭证和总分类账中，可以清晰地反映科目之间的对应关系，便于核对和分析账目；缺点是按每一贷方科目编制汇总转账凭证，不利于会计核算的日常分工，当转账凭证较多时，编制汇总转账凭证的工作量较大。

汇总记账凭证账务处理程序一般适用于规模较大、经济业务较多的单位。

五、认知科目汇总表账务处理程序

(一)科目汇总表账务处理程序的特点

科目汇总表账务处理程序又称记账凭证汇总表账务处理程序，其是根据记账凭证定期编制科目汇总表，再根据科目汇总表登记总分类账的一种账务处理程序。科目汇总表账务程序的特点主要如下：

(1)根据记账凭证定期编制科目汇总表；

(2)根据编制的科目汇总表据以登记总分类账。

(二)科目汇总表编制方法

科目汇总表的编制方法是将一定时期内全部记账凭证，依据相关会计科目进行归类(可开设“T”形账户)，汇总计算出每一个会计科目的本期借方发生额和贷方发生额，并将其填入科目汇总表的相应栏内。汇总计算以后，还应汇总借方、贷方发生额，进行发生额的试算平衡。科目汇总表的汇总时间，可以是每月汇总，也可以是每日、3 日、5 日、10 日、半月汇总，主要依据单位业务的多少而定。

科目汇总表的格式主要有两种，具体格式见表 4-4 和表 4-5。

表 4-4　科目汇总表(样式 1)

年　月　日至　日　　　　　　　　第　号

会计科目	本期发生额		总账页数
	借　方	贷　方	
合　计			
附记账凭证　张　自第　号起至第　号止			

此格式适用于按设定时间段汇总的经济单位，如 1 日、3 日、5 日、1 个月等。

表 4-5　科目汇总表(格式 2)

年　月　　　　　　　　第　号

会计科目	总账页数	自 1 日至 10 日		自 10 日至 20 日		自 21 日至月末		本月合计	
		借方	贷方	借方	贷方	借方	贷方	借方	贷方
合　计									

此格式适用于按旬汇总的经济单位。

(三)科目汇总表账务处理程序的步骤

科目汇总表账务处理程序的一般程序就是指在科目汇总表账务处理程序条件下，由原始凭证到编制记账凭证、科目汇总表、登记明细分类账和总分类账、编制会计报表的工作程序，也称一般步骤。其一般程序如下：

(1)根据原始凭证编制汇总原始凭证；

(2)原始凭证或汇总原始凭证编制收款凭证、付款凭证、转账凭证；

(3)根据收款凭证、付款凭证逐日逐笔登记库存现金日记账和银行存款日记账；

(4)根据原始凭证、汇总原始凭证或记账凭证登记各种明细分类账；

(5)根据各种记账凭证定期汇总编制科目汇总表；

(6)根据科目汇总表登记总分类账；

(7)期末，库存现金日记账、银行存款日记账和明细分类账的余额同有关总分类账的余额核对相符；

(8)期末，根据总分类账、明细分类账有关资料编制会计报表。

科目汇总表账务处理程序的一般程序如图 4-3 所示。

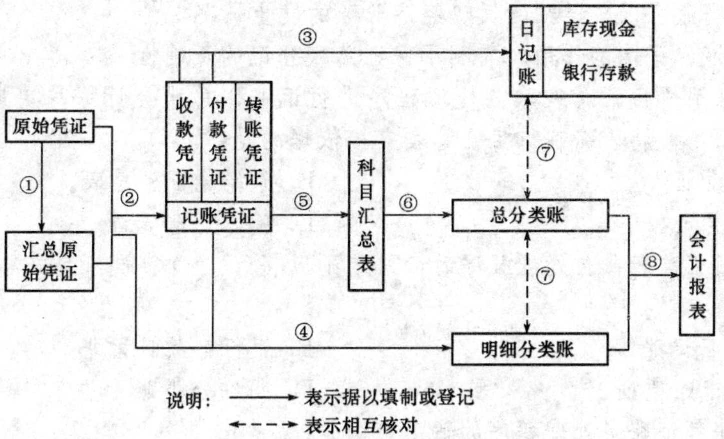

图 4-3　科目汇总表账务处理程序的一般程序图

(四)科目汇总表账务处理程序的优缺点及适用范围

科目汇总表账务处理程序的优点是减轻了登记总分类账的工作量，并可以做到试算平衡，简明易懂，方便易学；缺点是科目汇总表不能反映账户对应关系，不便于核对账目。

科目汇总表账务处理程序一般适用于经济业务较多的单位。

理论复习

一、单项选择题

1. 下列关于记账凭证账务处理程序、汇总记账凭证账务处理程序和科目汇总表账务处理程序一般步骤的表述中，不属于三者共有步骤的是(　　)。

   A. 根据记账凭证登记总分类账

   B. 根据原始凭证、汇总原始凭证和记账凭证，登记各种明细分类账

   C. 期末现金日记账、银行存款日记账和明细分类账的余额同总分类账的余额核对相符

   D. 期末根据总分类账和明细分类账的记录，编制会计报表

2. 关于记账凭证账务处理程序缺点的表述，下列选项正确的是(　　)。

   A. 记账程序非常复杂，难以理解

   B. 登记总分类账的工作量较大

   C. 总分类账无法详细地反映经济业务的发生情况

   D. 可以起到试算平衡的作用

3. 规模较大，经济业务量较多的单位适用的账务处理程序是(　　)。

A. 记账凭证账务处理程序　　B. 汇总记账凭证账务处理程序

C. 多栏式日记账账务处理程序　　D. 日记账账务处理程序

4. 下列各项中，属于记账凭证账务处理程序优点的是(　　)。

A. 记账程序简单明了，易于理解

B. 登记总分类账的工作量较小

C. 总分类账可以较详细的反映经济业务的发生情况

D. 具有试算平衡的作用，有利于保证总账登记的正确性

5. 某公司采用科目汇总表账务处理程序进行记账，总账会计每月定期编制科目汇表，下列各项中，属于编制科目汇总表直接依据的是(　　)。

A. 原始凭证　　B. 原始凭证汇总表

C. 记账凭证　　D. 汇总记账凭证

6. 采用科目汇总表账务处理程序时，月末不应将(　　)余额与有关总分类账的余额进行核对。

A. 现金日记账　　B. 银行存款日记账

C. 汇总记账凭证　　D. 明细分类账

7. 汇总记账凭证账务处理程序的适用范围是(　　)。

A. 规模较小、业务较少的单位　　B. 规模较大、业务较少的单位

C. 规模较大、业务较多的单位　　D. 规模较小、业务较多的单位

8. 汇总记账凭证账务处理程序的特点是根据汇总记账凭证逐笔登记(　　)。

A. 日记账和明细分类账　　B. 总分类账和明细分类账

C. 总分类账　　D. 明细分类账

9. 各种账务处理程序之间的区别主要在于(　　)。

A. 总账的格式不同　　B. 编制会计报表的依据不同

C. 登记总账的程序和方法不同　　D. 会计凭证的种类不同

10. 下列属于记账凭证核算程序主要缺点的是(　　)。

A. 不能体现账户的对应关系　　B. 不便于会计合理分工

C. 方法不易掌握　　D. 登记总账的工作量较大

二、多项选择题

1. 我国常采用的账务处理程序主要有(　　)。

A. 记账凭证账务处理程序　　B. 汇总记账凭证账务处理程序

C. 科目汇总表账务处理程序　　D. 通用日记账账务处理程序

2. 各种账务处理程序核算步骤的相同之处有(　　)。

A. 根据原始凭证或原始凭证汇总表填制记账凭证

B. 根据记账凭证和有关原始凭证登记明细账

C. 根据记账凭证和有关原始凭证登记日记账

D. 根据记账凭证登记总账

E. 根据总账和明细账资料编制会计报表

3. 在不同的账务处理程序下，登记总账的依据有(　　)。

A. 记账凭证　　B. 汇总记账凭证

C. 科目汇总表　　　　　　　　　　　　D. 转账凭证

4. 记账凭证汇总表账务处理程序的优点有(　　)。

A. 能大大减轻登记总账的工作量

B. 能够反映账户间的对应关系，便于查账对账

C. 凭证汇总工作较为简单，便于操作

D. 能进行记账前的试算平衡

5. 为便于汇总转账凭证的编制，日常填制转账凭证时，分录形式最好为(　　)。

A. 一借一贷　　　　　　　　　　　　B. 一借多贷

C. 多借多贷　　　　　　　　　　　　D. 多借一贷

6. 记账凭证核算程序的优点有(　　)。

A. 有利于进行试算平衡

B. 在总分类账上，能够比较详细地反映经济业务的发生情况

C. 总分类账登记方法易于掌握

D. 可以减轻总分类账登记的工作量

三、判断题

1. 各种账务处理程序的区别在于编制会计报表的依据和方法不同。(　　)

2. 各种账务处理程序下采用的总分类账均为借、贷、余三栏式。(　　)

3. 采用科目汇总表核算程序，总账、明细账和日记账都应根据科目汇总表登记。(　　)

4. 汇总记账凭证账务处理程序适用于规模较大、业务较多的单位；而科目汇总表账务处理程序适用于业务量较小的单位。(　　)

5. 无论采用何种账务处理程序，都应根据总分类账和明细分类账的记录编制会计报表。(　　)

6. 明细账必须逐日逐笔登记，总账必须定期汇总登记。(　　)

7. 科目汇总表也是一种具有汇总性质的记账凭证。(　　)

技能练习

实训 4.1

【实训目的】 实训科目汇总表和汇总记账凭证的编制。

【实训任务】

(1)根据实训资料编制 1 张科目汇总表(表 4-7)。

(2)根据实训资料编制 1 张“银行存款”科目的汇总付款凭证(表 4-8)和 1 张“原材料”科目的汇总转账凭证(表 4-9)。

【实训资料】 渤海公司 2014 年 12 月发生了 12 笔经济业务，并已填制了记账凭证(会计分录簿代替)，见表 4-6。

表 4-6　记账凭证　元

2014 年		凭证种类	摘要	会计科目	借方余额	贷方余额
月	日					
12	1	转账 1	（略）	在途物资	15 000.00	
				应付账款		15 000.00
	5	付款 1		在途物资	40 000.00	
				银行存款		40 000.00
	6	转账 2		原材料	15 000.00	
				在途物资		15 000.00
	8	转账 3		原材料	25 000.00	
				在途物资		25 000.00
	10	付款 2		应付账款	15 000.00	
				银行存款		15 000.00
	12	付款 3		库存现金	6 000.00	
				银行存款		6 000.00
	15	收款 1		银行存款	120 000.00	
				主营业务收入		120 000.00
	15	付款 4		管理费用	5 000.00	
				银行存款		5 000.00
	20	收款 2		银行存款	180 000.00	
				主营业务收入		180 000.00
	22	转账 4		应收账款	8 000.00	
				主营业务收入		8 000.00
	25	转账 5		生产成本	35 000.00	
				原材料		35 000.00
	28	转账 6		管理费用	5000.00	
				原材料		5 000.00

表 4-7　科目汇总表

年　月　日—　日　　　　汇字　号

会计科目	本期发生额		总账页数
	借　方	贷　方	
合　计			
附记账凭证　　张　　自第　　号起至第　　号止			

表 4-8　汇总付款凭证

<table>
<tr><td>贷方科目</td><td></td><td colspan="3">年　月</td><td colspan="2">第　号</td></tr>
<tr><td rowspan="2">借方科目</td><td colspan="3">金　额</td><td rowspan="2">合计</td><td colspan="2">总账页数</td></tr>
<tr><td>1～10 日付款
凭证第 1 号
至第 2 号</td><td>11～20 日付款
凭证第 3 号
至第　号</td><td>21～30 日付款
凭证第 4 号
至第　号</td><td>借方</td><td>贷方</td></tr>
<tr><td></td><td></td><td></td><td></td><td></td><td></td><td></td></tr>
<tr><td></td><td></td><td></td><td></td><td></td><td></td><td></td></tr>
<tr><td></td><td></td><td></td><td></td><td></td><td></td><td></td></tr>
<tr><td></td><td></td><td></td><td></td><td></td><td></td><td></td></tr>
<tr><td></td><td></td><td></td><td></td><td></td><td></td><td></td></tr>
<tr><td>本月合计</td><td></td><td></td><td></td><td></td><td></td><td></td></tr>
</table>

会计主管：　　　　记账：　　　　复核：　　　　制单：

表 4-9　汇总转账凭证

<table>
<tr><td>贷方科目</td><td></td><td colspan="3">年　月</td><td colspan="2">第　号</td></tr>
<tr><td rowspan="2">借方科目</td><td colspan="3">金　额</td><td rowspan="2">合计</td><td colspan="2">总账页数</td></tr>
<tr><td>1～10 日收款
凭证第 1 号
至第 2 号</td><td>11～20 日收款
凭证第 1 号
至第　号</td><td>21～30 日收款
凭证第　号
至第　号</td><td>借方</td><td>贷方</td></tr>
<tr><td></td><td></td><td></td><td></td><td></td><td></td><td></td></tr>
<tr><td></td><td></td><td></td><td></td><td></td><td></td><td></td></tr>
<tr><td></td><td></td><td></td><td></td><td></td><td></td><td></td></tr>
<tr><td></td><td></td><td></td><td></td><td></td><td></td><td></td></tr>
<tr><td></td><td></td><td></td><td></td><td></td><td></td><td></td></tr>
<tr><td></td><td></td><td></td><td></td><td></td><td></td><td></td></tr>
<tr><td>本月合计</td><td></td><td></td><td></td><td></td><td></td><td></td></tr>
</table>

会计主管：　　　　记账：　　　　复核：　　　　制单：

任务三　编制资产负债表

所有的业务均处理好，万事俱备，只欠“报表”。财务负责人开心地说：一起编制资产负债表吧。可是编制完成后，左右不平，怎么办？

一、资产负债表的概念与作用

(一)资产负债表的概念

资产负债表是指反映企业在某一特定日期(月末、季末、半年末、年末)的财务状况的会计报表。其是财务会计报告的主要内容，是根据“资产＝负债＋所有者权益”这一会计恒等式，按照一定的标准和顺序把企业一定日期的资产、负债和所有者权益适当排列，并对企业日常核算所形成的数据进行分析、整理后编制而成的，是一张静态会计报表。

(二)资产负债表的作用

资产负债表的核心是向会计报表的使用者们展示一个企业的财务状况。所谓财务状况是指一个企业的资产、负债、所有者权益结构及其相互关系。通过对财务状况的分析，能为报表使用者提供多方面的会计信息，具有十分重要的作用。

(1)通过编制资产负债表，可以反映企业资产的构成及其状况，分析企业在某一日期所拥有的经济资源及其分布情况。

(2)可以反映企业某一日期的负债总额及其结构，分析企业目前与未来需要支付的债务数额。

(3)可以反映企业所有者权益的情况，了解企业现有的投资者在企业资产总额中所占的份额。

(4)通过资产负债表，可以帮助报表使用者全面了解企业的财务状况，分析企业的债务偿还能力，从而为未来的经济决策提供参考信息。

二、资产负债表的格式

资产负债表的格式主要有账户式和报告式两种。所谓账户式资产负债表，又称平行式资产负债表，是指将资产和权益分列左右两方，左方列示资产项目，右方列示权益项目，左右平衡；报告式资产负债表是将资产和权益采用上下垂直分列的形式，上方列示资产项目，下方列示权益项目，上下平衡。账户式资产负债表的优点是报表格式与账户的结构相似，直观清晰，左右对应平行排列，便于对比分析。同时考虑到目前我国的习惯，现行会计准则及行业会计制度规定采用账户式资产负债表，左方反映资产状况，右方反映企业负债和所有者权益的情况。

资产负债表的整体框架由三部分组成，即表首、正表和附注。表首包括报表名称、编制单位、编制日期和金额单位四个要素；正表是资产负债表的基本内容，包括资产、负债和所有者权益各项目的金额；附注是对正表内容中说明事项或明细项目提供辅助补充说明。财政部《企业会计准则——应用指南》(2006)中所规定的资产负债表的格式见表 4-11。

1. 资产类项目

资产类项目按照其流动性排列，具体可分为流动资产和非流动资产两项。流动资产排列在前；非流动资产排列在后。按照最新《企业会计准则——基本准则》规定，资产负债表中的资产类至少应当单独列示反映下列信息的项目：

流动资产应反映货币资金、应收及预付款项、交易性金融资产、存货等；非流动资产应反映持有至到期投资、长期股权投资、投资性房地产、固定资产、生产性生物资产、递延所得税资产和无形资产等。

2. 负债及所有者权益类项目

负债类项目按照债务的偿还期限的长短分为流动负债和非流动负债两项，流动负债排列在前，非流动负债排列在后。按照最新《企业会计准则——基本准则》规定，资产负债表中的负债类至少应当单独列示反映下列信息的项目：流动负债应反映短期借款、应付及预收款项、应交税费和应付职工薪酬等；非流动负债应反映长期借款、长期应付款、应付债券、预计负债和递延所得税负债等。

资产负债表中的所有者权益类至少应当单独列示反映下列信息的项目：所有者权益类项目按照永久性顺序排列，包括实收资本(或股本)、资本公积、盈余公积和未分配利润等。

3. 资产负债表的合计项目

资产负债表中至少应当单独列示下列合计项目：

(1)资产负债表中的资产类至少应当包括流动资产和非流动资产的合计项目；

(2)资产负债表中的负债类至少应当包括流动负债、非流动负债和负债的合计项目；

(3)资产负债表中的所有者权益类应当包括所有者权益的合计项目；

(4)资产负债表应当列示资产总计项目，负债和所有者权益总计项目。而且资产总计＝负债和所有者权益总计。

三、编制资产负债表的方法

资产负债表为了反映企业财务状况的变化情况还提供年初数、期末数的比较资料。资产负债表“年初数”栏内各项数字，应根据上年年末资产负债表“期末数”栏内所列数字填列。如果本年度资产负债表规定的各个项目的名称和内容同上年度不相一致，应对上年年末资产负债表各项目的名称和数字按照本年度的规定进行调整，填入本表“年初数”栏内。

资产负债表“期末数”栏内各项数字，主要是根据资产类账户、负债类账户、所有者权益类账户的期末余额及其他资料填列的。具体填列方法可归纳为以下几种方式。

1. 根据总账账户余额直接填列

资产负债表中大部分项目都可以根据其对应的总账账户余额直接填列，这些项目包括“交易性金融资产”“应收票据”“应收股利”“应收利息”“固定资产清理”(如为贷方余额以“—”号填列)、“开发支出”“短期借款”“应付票据”“应付职工薪酬”(如为借方余额以“—”号填列)、“应付股利”“应付利息”“应交税费”(如为借方余额以“—”号填列)、“其他应付款”“长期借款”“预计负债”“实收资本(或股本)”“资本公积”“盈余公积”等项目。

2. 根据若干总账账户余额计算填列

资产负债表中某些项目需要根据若干个总账账户的期末余额计算填列，这些项目包括以下几项：

(1)“货币资金”项目，根据“库存现金”“银行存款”“其他货币资金”等账户期末余额的合计数填列。

(2)“存货”项目，根据“原材料”“在途物资”“周转材料”(或“包装物”“低值易耗品”)“库存商品”“委托加工物资”“生产成本”等账户期末余额，减去“存货跌价准备”期末余额后的金额填列。

(3)“长期股权投资”项目，根据“长期股权投资”账户的期末余额，减去“长期股权投资减值准备”账户余额后的金额填列。

(4)“固定资产”项目，根据“固定资产”账户期末余额减去“累计折旧”期末账户和“固定资产减值准备”账户期末余额后的金额填列。

(5)“在建工程”项目，根据“在建工程”账户的期末余额，减去“在建工程减值准备”账户期末余额后的金额填列。

(6)“无形资产”项目，根据“无形资产”账户的期末余额，减去“无形资产减值准备”账户期末余额后的金额填列。

(7)“未分配利润”项目，如果不是编制年末的资产负债表，一般“本年利润”账户余额尚未结转至“利润分配”账户，这时的“未分配利润”项目应根据“本年利润”账户与“利润分配”账户的期末余额之差(当两个账户余额借贷方向不同时)或之和(当两个账户余额借贷方向相同时)填列，如果编制年末的资产负债表，“本年利润”账户余额已结转至“利润分配”账户，这时“未分配利润”项目直接根据“利润分配”账户的余额填列，如果是未弥补亏损，以“—”号表示。

3. 根据明细账户余额计算填列

资产负债表中某些项目，不能根据总账账户的期末余额直接填列或若干个总账账户余额计算填列，需要根据有关账户所属的明细账户的期末余额计算填列，这些项目包括以下几项：

(1)“应收账款”项目，根据“应收账款”和“预收账款”总分类账户所属的各明细分类账户的借方期末余额合计数减去“坏账准备”账户期末余额中有关应收账款计提的坏账准备期末余额后的金额填列。

(2)“预收账款”项目，根据“应收账款”和“预收账款”总分类账户所属的各明细分类账户的贷方期末余额合计数填列。

(3)“其他应收款”项目，根据“其他应收款”账户的期末余额，减去“坏账准备”账户中有关其他应收款计提的坏账准备期末余额后的金额填列。

(4)“应付账款”项目，根据“应付账款”和“预付账款”总分类账户所属的明细分类账户贷方期末余额合计数填列。

(5)“预付账款”项目，根据“预付账款”和“应付账款”总分类账所属的各明细账户的借方期末余额合计数填列。

4. 根据总账账户和明细账账户余额分析计算填列

资产负债表中某些项目，不能根据总账账户的期末余额直接或计算填列，也不能根据有关账户所属相关明细账户的期末余额计算填列，需要根据总账账户和明细账账户余额分析计算填列，这些项目包括以下几项：

(1)“持有至到期投资”项目，根据“持有至到期投资”总账账户余额扣除该账户中反映的将在一年内到期的持有至到期投资后分析计算填列，其中，一年内到期的持有至到期投资金额应填列在“一年内到期的非流动资产”项目中。

(2)“长期待摊费用”项目，根据“长期待摊费用”账户的期末余额减去该余额中在一年内(含一年)摊销的数额后的金额填列，其中，一年内(含一年)摊销的数额应填列在“一年内到期的非流动资产”项目中。

(3)“长期借款”项目，该根据“长期借款”总账账户余额扣除“长期借款”账户中反映的将于一年内到期的长期借款部分分析计算填列，其中，一年内到期的长期借款部分应填列在“一年内到期的非流动负债”项目中。

(4)“应付债券”项目，应该根据“应付债券”总账账户余额扣除“应付债券”账户中反映的将于一年内到期的应付债券部分分析计算填列，其中，一年内到期的应付债券部分应填列在“一年内到期的非流动负债”项目中。

【训练 4-1】 大海公司 2014 年 12 月 31 日有关账户的期末余额见表 4-10。

表 4-10 账户期末余额表

2014 年 12 月 31 日 单位：元

账户名称	借方余额	贷方余额	账户名称	借方余额	贷方余额
库存现金	3 000.00		短期借款		86 000.00
银行存款	34 000.00		应付票据		32 000.00
交易性金融资产	50 000.00		应付账款——C 公司	7 000.00	
应收票据	26 000.00		——D 公司		57 600.00
应收账款——A 公司	65 000.00		预收账款——E 公司	4 300.00	
——B 公司		20 000.00	——F 公司		67 000.00
其他应收款	5 000.00		其他应付款		51 000.00
材料采购	61 000.00		应付职工薪酬		10 300.00
原材料	133 000.00		应交税费		3 955.00
周转材料	6 000.00		应付股利		130 000.00
库存商品	90 000.00		应付利息		72 000.00
预付账款——G 公司	9 000.00		长期借款		340 000.00
持有至到期投资	43 000.00		应付债券		212 000.00
固定资产	910 000.00		实收资本		510 000.00
减：累计折旧		260 000.00	资本公积		65 000.00
在建工程	260 000.00		盈余公积		64 200.00
无形资产	690 000.00		利润分配		499 245.00
长期待摊费用	74 000.00				

其中，持有至到期投资中，有一年内到期的债券投资 13 000 元，长期借款中，有一年内到期的长期借款 70 000 元。

根据上述资料，该企业编制的 2014 年 12 月 31 日的资产负债表期末数栏见表 4-11。

表 4-11 资产负债表

会企 01 表

编制单位：大海公司 2014 年 12 月 31 日 单位：元

资　产	年初数	期末数	负债和所有者权益（或股东权益）	年初数	期末数
流动资产：			流动负债：		
货币资金		37 000.00	短期借款		86 000.00
交易性金融资产		50 000.00	交易性金融负债		
应收票据		26 000.00	应付票据		32 000.00
应收账款		69 300.00	应付账款		57 600.00
预付款项		16 000.00	预收款项		87 000.00
应收利息			应付职工薪酬		10 300.00

续表

资　　产	年初数	期末数	负债和所有者权益（或股东权益）	年初数	期末数
应收股利			应交税费		3 955.00
其他应收款		5 000.00	应付利息		72 000.00
存货		290 000.00	应付股利		120 000.00
一年内到期的非流动资产		13 000.00	其他应付款		51 000.00
其他流动资产			一年内到期的非流动负债		70 000.00
流动资产合计		506 300.00	其他流动负债		
非流动资产：			流动负债合计		589 855.00
可供出售金融资产	（略）		非流动负债：	（略）	
持有至到期投资		30 000.00	长期借款		270 000.00
长期应收款			应付债券		212 000.00
长期股权投资			长期应付款		
投资性房地产			专项应付款		
固定资产		650 000.00	预计负债		
在建工程		260 000.00	递延所得税负债		
工程物资			其他非流动负债		
固定资产清理			非流动负债合计		482 000.00
生产性生物资产			负债合计		1 071 855.00
无形资产		690 000.00	所有者权益(或股东权益)：		
开发支出			实收资本(或股本)		510 000.00
商誉			资本公积		65 000.00
长期待摊费用		74 000.00	减：库存股		
递延所得税资产			盈余公积		64 200.00
其他非流动资产			未分配利润		499 245.00
非流动资产合计		1 704 000.00	所有者权益（或股东权益）合计		1 138 445.00
资产总计		2 210 300.00	负债和所有者权益（或股东权益）总计		2 210 300.00

资产负债表中部分项目填制说明：“货币资金”(37 000.00)＝库存现金(3 000.00)＋银行存款(34 000.00)；“应收账款”(69 300.00)＝应收账款——A公司(65 000.00)＋预收账款——E公司(4 300.00)；“预付账款”(16 000.00)＝预付账款——G公司(9 000.00)＋应付账款——C公司(7 000.00)；“持有至到期投资”(30 000.00)＝持有至到期投资(43 000.00)－一年内到期的债券投资(13 000.00)；“固定资产”(650 000.00)＝固定资产(910 000.00)－累

计折旧(260 000.00)；“应付账款”(57 600.00)＝应付账款——D公司(57 600.00)；“预收账款”(87 000.00)＝预收账款——F公司(67 000.00)＋应收账款——B公司(20 000.00)；“长期借款”(270 000.00)＝长期借款(340 000.00)－一年内到期的长期借款(70 000.00)。

课外学习：现金流量表。

理论复习

一、单项选择题

1. 资产负债表是反映企业在(　　)财务状况的会计报表。

A. 一年内　B. 一定期间　C. 某一特定日期　D. 一个月内

2. 编制资产负债表的理论依据是(　　)。

A. 复式记账　B. 记账规则　C. 会计等式　D. 试算平衡

3. 编制资产负债表中应付账款项目时，应考虑(　　)的期末余额。

A.“应付账款”总账　B.“应付账款”与“预付账款”明细账

C.“应付账款”和“预收账款”明细账　D.“预付账款”总账

4. 根据我国《企业会计制度》的规定，我国企业资产负债表采用(　　)结构。

A. 报告式　B. 账户式　C. 多步式　D. 表格式

5. 资产负债表的下列项目中，根据几个总账账户期末余额进行汇总填列的是(　　)。

A. 应交税费　B. 短期借款　C. 货币资金　D. 应收票据

6. 应收账款账户所属明细账期末有贷方余额，应在资产负债表中(　　)项目内反映。

A. 应收账款　B. 应付账款　C. 预付账款　D. 预收账款

7. 资产负债表中的“未分配利润”项目，应根据(　　)计算分析填列。

A.“本年利润”账户余额　B.“利润分配”账户余额

C.“资本公积”账户余额　D.“本年利润”和“利润分配”账户余额

8. 远方公司2010年3月“应付账款”总账月末贷方余额为30 000元，其中：应付A公司贷方余额为50 000元，应付B公司借方余额为20 000元。“预付账款”总账月末借方余额为10 000元，其中，预付C公司借方余额为25 000元，预付D公司贷方余额为15 000元。该公司月末资产负债表中“应付账款”项目的金额应填为(　　)元。

A. 65 000　B. 10 000

C. 45 000　D. 30 000

9. 预收账款所属明细账户期末有借方余额，应在资产负债表中(　　)项目内反映。

A. 应收账款　B. 应付账款　C. 预付账款　D. 预收账款

10. 资产负债表反映资产、负债和所有者权益各项目的(　　)。

A. 年初数、期末数　B. 上年数、本年数

C. 年初数、本年数　D. 上年数、本年计划数

11. 某企业“应收账款”账户所属甲、乙、丙明细账户的期末余额分别为：借方余额500元、贷方余额1 200元、借方余额4 000元。按照平行登记原则，“应收账款”总账账户期末余额应为借方(　　)元。

A. 5 700　B. 4 500　C. 3 300　D. 1 200

12. 资产负债表中负债项目的顺序是按(　　)排列。

A. 项目的重要性程度　　B. 项目的金额大小

C. 项目的支付性大小　　D. 清偿债务的先后

13. 部分账户期末余额如下：原材料 8 万元，材料采购 2 万元，固定资产 80 万元，生产成本 5 万元，材料成本差异贷方 1 万元，库存商品 25 万元，工程物资 10 万元，则资产负债表中的"存货"项目应填列的金额为(　　)万元。

A. 39　　B. 40　　C. 41　　D. 120

14. 以"资产＝负债＋所有者权益"这一会计等式作为编制依据的财务报表是(　　)。

A. 利润表　　B. 所有者权益变动表

C. 资产负债表　　D. 现金流量表

15. 在资产负债表中，资产按照其流动性排列时，下列排列方法正确的是(　　)。

A. 存货、无形资产、货币资金、交易性金额资产

B. 交易性金额资产、存货、无形资产、货币资金

C. 无形资产、货币资金、交易性金额资产、存货

D. 货币资金、交易性金额资产、存货、无形资产

二、多项选择题

1. 编制资产负债表的资料来源有(　　)。

A. 总账　　B. 明细账

C. 备查登记簿　　D. 上年度资产负债表

2. 资产负债表中的"存货"项目，是指(　　)等账户的余额合计数。

A. 原材料　　B. 制造费用

C. 库存商品　　D. 生产成本

E. 材料采购

3. 在编制资产负债表时，下列各项中可以直接根据有关总账账户的余额填列的有(　　)。

A. 应付职工薪酬　　B. 应付账款

C. 应收票据　　D. 实收资本

E. 短期借款

4. 编制资产负债表中的"预收账款"项目，应根据(　　)的明细账户分析填列。

A. 预收账款　　B. 应付账款　　C. 预付账款　　D. 应收账款

5. 资产负债表下列项目中，属于长期负债项目的有(　　)。

A. 应付债券　　B. 长期股权投资

C. 长期借款　　D. 长期应付款

6. 资产负债表中资产方各项目是按照资产的(　　)排列。

A. 流动性大小　　B. 清偿顺序　　C. 稳定程度　　D. 变现能力强弱

三、判断题

1. 将于一年内到期的非流动负债，在资产负债表中应作为流动负债单独列示。(　　)

2. 资产负债表是反映企业报告期间财务状况的报表。(　　)

3. 资产负债表是反映企业一定日期内的资产、负债和所有者权益情况的报表。(　　)

4. 资产负债表的期末数栏各项目主要是根据总账或有关明细账期末贷方余额直接填列的。(　　)

技能练习

实训 4.2

【实训目的】 实训资产负债表部分项目的填列方法。

【实训任务】 根据实训资料计算填列资产负债表中的“存货”“应收账款”“预付账款”“应付账款”“预收账款”“一年内到期的非流动负债”“长期借款”“应付债券”项目的金额。

【实训资料】 渤海公司 2014 年 12 月 31 日，相关账户的余额如下：

(1)“在途物资”账户借方余额为 46 000 元。

(2)“库存商品”账户借方余额为 35 700 元。

(3)“原材料”账户借方余额为 77 000 元。

(4)“周转材料”账户借方余额为 7 000 元。

(5)“应收账款”总账余额为 98 700 元，其中，“应收账款——红星公司”借方余额为 100 700 元，“应收账款——华美集团”贷方余额为 2 000 元。

(6)“应付账款”总账余额为 65 400 元，其中，“应付账款——友联公司”贷方余额为 85 000 元，“应付账款——南方制药”借方余额为 18 600 元。

(7)“预收账款”总账余额为 56 000 元，其中，“预收账款——A 公司”贷方余额为 86 000 元，“预收账款——B 公司”借方余额为 20 000 元。

(8)“长期借款”总账余额为 120 000 元，其中，45 000 元将于 2015 年 4 月偿还。

(9)“应付债券”总账余额为贷方 400 000 元，其中，280 000 元将于 2015 年 6 月 30 日到期。

实训 4.3

【实训目的】 实训资产负债表的编制。

【实训任务】 根据上述资料编制 2014 年 12 月 31 日的资产负债表(表 4-13)。

【实训资料】 盛兴公司 2014 年 12 月 31 日的全部总分类账户和部分明细分类账户的余额见表 4-12。

表 4-12 账户期末余额表

2014 年 12 月 31 日　　　　单位：元

账户名称	借方余额	贷方余额	账户名称	借方余额	贷方余额
库存现金	5 000.00		短期借款		530 000.00
银行存款	280 000.00		应付账款——C 公司	80 000.00	
交易性金融资产	440 000.00		——D 公司		255 000.00
应收账款——A 公司	207 000.00		其他应付款		5 500.00
——B 公司		40 000.00	应付职工薪酬		95 000.00
其他应收款	3 000.00		应付股利		23 000.00
在途物资	450 000.00		应付利息		15 500.00
原材料	750 000.00				

续表

账户名称	借方余额	贷方余额	账户名称	借方余额	贷方余额
周转材料	320 000.00		长期借款		200 000.00
库存商品	290 500.00				
待摊费用	1 200.00		实收资本		2 050 000.00
持有至到期投资	550 000.00		资本公积		439 700.00
固定资产	642 000.00		盈余公积		345 000.00
减：累计折旧		2 500 000.00	利润分配		—230 000.00

表 4-13　资产负债表

会企 01 表

编制单位：　　　　　　　　　　年　月　日　　　　　　　　　　单位：元

资　　产	年初数	期末数	负债和所有者权益（或股东权益）	年初数	期末数
流动资产：			流动负债：		
货币资金			短期借款		
交易性金融资产			交易性金融负债		
应收票据			应付票据		
应收账款			应付账款		
预付款项			预收款项		
应收利息			应付职工薪酬		
应收股利			应交税费		
其他应收款			应付利息		
存货			应付股利		
一年内到期的非流动资产			其他应付款		
其他流动资产			一年内到期的非流动负债		
流动资产合计			其他流动负债		
非流动资产：			流动负债合计		
可供出售金融资产	（略）		非流动负债：	（略）	
持有至到期投资			长期借款		
长期应收款			应付债券		
长期股权投资			长期应付款		
投资性房地产			专项应付款		
固定资产			预计负债		
在建工程			递延所得税负债		
工程物资			其他非流动负债		
固定资产清理			非流动负债合计		
生产性生物资产			负债合计		
无形资产			所有者权益(或股东权益)：		

续表

资　产	年初数	期末数	负债和所有者权益（或股东权益）	年初数	期末数
开发支出			实收资本（或股本）		
商誉			资本公积		
长期待摊费用			减：库存股		
递延所得税资产			盈余公积		
其他非流动资产			未分配利润		
非流动资产合计			所有者权益（或股东权益）合计		
资产总计			负债和所有者权益（或股东权益）总计		

任务四　编制利润表

财务负责人说：今天这个利润表，你就独立去编制一下吧！你该怎么处理？

一、利润表的概念与作用

利润表是指反映企业在一定会计期间（月份、季度、半年度、年度）的经营成果的会计报表。经营成果是根据会计核算的配比原则，把一定时期的收入和相对应的费用配比，从而计算出企业一定时期的各项利润指标。利润表是反映企业一定时期经营成果的动态报表。

利润表是财务报表中的一张基本报表，其作用主要表现在以下三个方面：

(1)通过利润表，可以从总体了解企业收入和费用、净利润（或亏损）等的实现及构成情况。

(2)通过利润表提供的不同时期的比较数字，可以分析企业的获利能力及利润的变化情况和未来发展趋势。

(3)通过利润表，可以了解投资者投入资本的保值增值情况，评价企业经营业绩。

二、利润表的格式

按照利润表各具体项目内容的排列方式的不同，利润表可分为单步式和多步式两种格式。单步式利润表通常采用左右对照的账户式结构，即把表格分为左右两个部分，左边反映企业各种收入及收益类项目，右边列示各种费用及支出类项目，左边总额减去右边总额即为企业利润数额。有时单步式利润表也列作垂直式，即收入及收益项目列在上半部分，费用及支出项目列在下半部分。多步式利润表一般采用上下加减的报告式结构，利润数额的计算采取多个步骤逐项列示。多步式利润表的主要优点是：注意收入与费用支出配比的层次性，明确揭示了利润各构成要素之间的内在联系；便于报表使用者对企业经营情况进行分析；有利于不同企业之间进行比较；有利于预测企业未来的盈利能力。因此，我国目前主要采用多步式利润表格式。

在多步式利润表中，净利润的计算分为四个步骤：

第一步，计算营业利润：

营业利润＝营业收入－营业成本－营业税金及附加－销售费用－管理费用－财务费用＋投资收益(损失以“－”号计入)

其中：

营业收入＝主营业务收入＋其他业务收入

营业成本＝主营业务成本＋其他业务成本

第二步，计算利润总额：

利润总额＝营业利润＋营业外收入－营业外支出

第三步，计算净利润：

净利润＝利润总额－所得税费用

第四步，计算每股收益：

每股收益＝净利润÷普通股股数(股份制企业计算这项指标)

利润表的具体格式及内容见表 4-15。

三、利润表的编制方法

按照财政部颁布的《企业会计准则——应用指南》(2006)利润表的格式，设有“本期金额”和“上期金额”两栏。利润表“上期金额”栏内各项数字，应根据上年度利润表“本期金额”栏内所列数字填列。如果上年度利润表规定的各个项目的名称和内容同本年度不相一致，应对上年度利润表各项目的名称和数字按本年度的规定进行调整，填入本表“上期金额”栏内。编制月份利润表时，“本期金额”是指“本月金额”，相应的“上期金额”是指“上年同月金额”；编制季度利润表时，“本期金额”是指“本季金额”，相应的“上期金额”是指“上年同季金额”；编制年度利润表时，“本期金额”是指“本年金额”，相应的“上期金额”是指“上年金额”。

利润表的“本期金额”栏内各项数字应根据本期损益类账户的本期发生额填列，其中各项目具体填列方法如下：

(1)“营业收入”项目，根据“主营业务收入”账户和“其他业务收入”账户的发生额合计填列。

(2)“营业成本”项目，根据“主营业务成本”账户和“其他业务成本”账户的发生额合计填列。

(3)“营业税金及附加”项目，反映企业经营业务应负担的消费税、城市维护建设税、资源税、土地增值税和教育费附加等。本项目根据“营业税金及附加”账户的发生分析填列。

(4)“销售费用”项目。根据“销售费用”账户的发生额分析填列。

(5)“管理费用”项目。根据“管理费用”账户的发生额分析填列。

(6)“财务费用”项目。根据“财务费用”账户的发生额分析填列。

(7)“资产减值损失”项目。根据“资产减值损失”账户的发生额分析填列。

(8)“公允价值变动收益”项目。根据“公允价值变动损益”账户的发生额分析填列。

(9)“投资收益”项目。根据“投资收益”账户的发生额分析填列，如为投资损失，以“－”

号填列。

(10)“营业利润”项目。根据“营业利润＝营业收入－营业成本－营业税金及附加－销售费用－管理费用－财务费用＋投资收益(损失以‘－’号计入)”的计算结果填列。

(11)“营业外收入”项目。根据“营业外收入”账户的发生额分析填列。

(12)“营业外支出”项目。根据“营业外支出”账户的发生额分析填列。

(13)“利润总额”项目。根据“利润总额＝营业利润＋营业外收入－营业外支出”的计算结果填列。

(14)“所得税费用”项目。根据“所得税费用”账户的发生额分析填列。

(15)“净利润”项目。根据“净利润＝利润总额－所得税费用”的计算结果填列。

(16)“每股收益”项目。根据“每股收益＝净利润÷普通股股数(股份制企业)计算这项指标”的计算结果填列。

下面我们仍以大海公司为例，来说明利润表的编制方法。

【训练 4-2】 大海公司 2014 年 12 月以及当年 1～11 月份各损益类账户的累计发生额见表 4-14。

表 4-14 损益类账户发生额

2014 年　　单位：元

账户名称	1～11 月份累计发生额	12 月份发生额
主营业务收入	3 670 000.00	356 700.00
主营业务成本	2 843 000.00	294 500.00
营业税金及附加	95 500.00	9 300.00
其他业务收入	453 200.00	65 000.00
其他业务成本	378 600.00	57 300.00
销售费用	79 000.00	5 600.00
管理费用	121 500.00	17 500.00
财务费用	42 000.00	7 200.00
投资收益(贷方)	44 500.00	900.00
营业外收入	78 200.00	4 400.00
营业外支出	66 400.00	5 300.00
所得税费用	154 970.00	7 570.00

(1)该公司编制的 2014 年 12 月份的利润表见表 4-15。

表 4-15 利 润 表

会企 02 表

编制单位：大海公司　　2014 年 12 月　　单位：元

项　目	行次	本期金额	上期金额
一、营业收入	1	421 700.00	(上年 12 月数)
减：营业成本	2	351 800.00	
营业税金及附加	3	9 300.00	
销售费用	4	5 600.00	

续表

项　　目	行次	本期金额	上期金额
管理费用	5	17 500.00	
财务费用	6	7 200.00	
资产减值损失	7		
加：公允价值变动收益(损失以"－"号填列)	8		
投资收益(损失以"－"号填列)	9	900.00	(略)
其中：对联营企业和合营企业的投资收益	10		
二、营业利润(亏损以"－"号填列)	11	31 200.00	
加：营业外收入	12	4 400.00	
减：营业外支出	13	5 300.00	
其中：非流动资产处置损失	14		
三、利润总额(亏损总额以"－"号填列)	15	30 300.00	
减：所得税费用	16	7 570.00	
四、净利润(净亏损以"－"号填列)	17	22 730.00	
五、每股收益：	18		
(一)基本每股收益	19		
(二)稀释每股收益	20		

(2)该公司编制的 2014 年利润表见表 4-16。

表 4-16　利 润 表

会企 02 表

编制单位：大海公司　　　　2014 年　　　　单位：元

项　　目	行次	本期金额	上期金额
一、营业收入	1	4 544 900.00	(上年全年数)
减：营业成本	2	3 573 400.00	
营业税金及附加	3	104 800.00	
销售费用	4	84 600.00	
管理费用	5	139 000.00	
财务费用	6	49 200.00	
资产减值损失	7		
加：公允价值变动收益(损失以"－"号填列)	8		
投资收益(损失以"－"号填列)	9	45 400.00	(略)
其中：对联营企业和合营企业的投资收益	10		
二、营业利润(亏损以"－"号填列)	11	639 300.00	
加：营业外收入	12	82 600.00	
减：营业外支出	13	71 700.00	

续表

项　　目	行次	本期金额	上期金额
其中：非流动资产处置损失	14		
三、利润总额(亏损总额以“—”号填列)	15	650 200.00	
减：所得税费用	16	162 540.00	
四、净利润(净亏损以“—”号填列)	17	487 660.00	
五、每股收益：	18		
(一)基本每股收益	19		
(二)稀释每股收益	20		

理论复习

一、单项选择题

1. 编制财务报表时，以“收入－费用＝利润”这一会计等式作为编制依据的财务报表是(　　)。

A. 利润表　　B. 所有者权益变动表
C. 资产负债表　　D. 现金流量表

2. 多步式利润表中的利润总额是以(　　)为基础来计算的。

A. 营业收入　　B. 营业成本　　C. 投资收益　　D. 营业利润

3. “利润表”中“本期数”栏各项目数字是根据损益类账户的(　　)填列的。

A. 期初余额　　B. 期末余额
C. 本期发生额合计数　　D. 累计发生额合计数

4. 通过利润表能了解企业的(　　)。

A. 经济资源及分布情况　　B. 资金来源渠道和构成
C. 固定资产的新旧程度　　D. 财务成果及其形成过程

5. 按照我国《企业会计准则　　基本准则》的规定，我国企业的利润表一般采用(　　)结构。

A. 账户式　　B. 报告式　　C. 多步式　　D. 单步式

二、多项选择题

1. 利润表提供的信息包括(　　)。

A. 营业收入　　B. 营业成本　　C. 营业利润　　D. 利润或亏损总额
E. 所得税费用　　F. 净利润

2. 关于利润表的表述，下列选项正确的有(　　)。

A. 是企业的主要财务报表之一
B. 可据以分析、评价企业的盈利状况和工作业绩
C. 可据以分析企业的获利能力和利润的未来发展趋势
D. 表中各项目是按照流动性排列的

3. 利润表是企业的(　　)。

A. 主要会计报表　　B. 经营成果报表

C. 动态报表　　D. 静态报表

4. 利润表中的“营业收入”项目是根据(　　)账户的发生额计算填列的。

A. 营业外收入　　B. 主营业务收入

C. 其他业务收入　　D. 投资收益

三、判断题

1. 通过利润表可以分析企业今后利润的发展趋势及获得能力。(　　)

2. 利润表中“营业成本”项目，是反映企业销售产品和提供劳务等主要经营业务的各项营业费用和实际成本。(　　)

3. 利润表是指反映企业一定会计期间经营成果的会计报表。(　　)

技能练习

实训 4.4

【实训目的】 实训利润表的编制。

【实训任务】

(1)根据实训资料编制 2014 年 12 月份的利润表(表 4-18)。

(2)根据实训资料编制 2014 年年度利润表(表 4-18)。

【实训资料】 渤海公司 2014 年 12 月份各损益类账户的本期发生额见表 4-17。

表 4-17　损益类账户发生额

2014 年 12 月

单位：元

账户名称	1～11 月份累计发生额	12 月份发生额
主营业务收入	3 770 000.00	800 000.00
主营业务成本	2 843 000.00	500 000.00
营业税金及附加	96 500.00	120 450.00
其他业务收入	443 200.00	96 000.00
其他业务成本	388 600.00	68 900.00
销售费用	98 000.00	43 000.00
管理费用	123 500.00	64 000.00
财务费用	42 000.00	9 800.00
投资收益	7 500.00	45 680.00
营业外收入	78 500.00	99 650.00
营业外支出	65 600.00	78 500.00
所得税费用	145 475.00	61 920.00

表 4-18 （整合后的利润表）

利 润 表

会企 02 表

编制单位： 年 单位：元

项 目	行次	本期(12 月)金额	本期(本年度)金额	上期(上年)金额
一、营业收入	1			
减：营业成本	2			
营业税金及附加	3			
销售费用	4			
管理费用	5			
财务费用	6			
资产减值损失	7			
加：公允价值变动收益(损失以"—"号填列)	8			
投资收益(损失以"—"号填列)	9			(略)
其中：对联营企业和合营企业的投资收益	10			
二、营业利润(亏损以"—"号填列)	11			
加：营业外收入	12			
减：营业外支出	13			
其中：非流动资产处置损失	14			
三、利润总额(亏损总额以"—"号填列)	15			
减：所得税费用	16			
四、净利润(净亏损以"—"号填列)	17			
五、每股收益：	18			
(一)基本每股收益	19			
(二)稀释每股收益	20			

附录　会计核算基础知识

说明：为了便于会计从业资格考试者系统复习掌握《会计基础》的知识内容，在本附录中补充了会计从业资格考试《会计基础考试大纲》会计核算的基础知识。

第一节　会计核算的基本假设与一般原则

会计核算的对象是资金运动，而在市场经济条件下，经济活动的复杂性决定了资金运动也是一个复杂过程。因此，面对变化不定的经济环境，摆在会计人员面前的一系列问题必须得到解决，例如，会计核算的范围有多大，会计为谁核算，给谁记账；会计核算的资金运动能否持续不断地进行下去；会计应该在什么时候记账、算账、报账；以及在核算过程中应该采用什么计量手段等。这些都是进行会计核算工作的前提条件。

一、会计核算的基本假设

会计核算的基本前提是指为了保证会计工作的正常进行和会计信息的质量，对会计核算的范围、内容、基本程序和方法所做的基本假定。由于这些假定都是以合理推断或人为的规定而做出的，所以也称为会计假设。会计假设是人们在长期的会计实践中逐步认识和总结形成的。结合我国实际情况，企业在组织会计核算时应遵循的会计假设包括：会计主体假设、持续经营假设、会计分期假设和货币计量假设。

1. 会计主体假设

会计主体是会计工作为其服务的特定单位或组织。会计主体假设是指会计核算应当以企业发生的各项经济业务为对象，记录和反映企业本身的各项生产活动。也就是说，会计核算是反映一个特定企业的经济业务，只记本主体的账。尽管企业本身的经济活动总是与其他企业、单位或个人的经济活动相联系，但对于会计来说，其核算的范围既不包括企业所有者本人，也不包括其他企业的经济活动。会计主体假设明确了会计工作的空间范围。

会计主体与法律主体不是同一概念。一般来说，法律主体必然是会计主体，但会计主体不一定就是法律主体。会计主体可以是一个有法人资格的企业，也可以是由若干家企业通过控股关系组织起来的集团公司，还可以是企业、单位下属的二级核算单位。独资、合伙形式的企业都可以作为会计主体，但都不是法人。

会计主体假设是持续经营假设、会计分期假设和全部会计原则的基础，如果不划定会计的空间范围，则会计核算工作就无法进行，指导会计核算工作的原则也就失去了存在的意义。

2. 持续经营假设

持续经营是指会计主体的生产经营活动将无限期地延续下去，在可以预见的未来不会因破产、清算、解散等而不复存在。持续经营假设是指会计核算应当以企业持续、正常的生产经营活动为前提，而不考虑企业是否破产清算等，在此前提下选择会计程序及会计处理方法，进行会计核算。尽管客观上企业会由于市场经济的竞争而面临被淘汰的危险，但只有假定作为会计主体的企业是持续、正常经营的，会计原则和会计程序及方法才有可能建立在非清算的基础之上，不采用破产清算的一套处理方法，这样才能保持会计信息处理的一致性和稳定性。持续经营假设明确了会计工作的时间范围。

会计核算所使用的一系列原则和方法都是建立在会计主体持续经营的基础之上的。例如，只有在持续经营的前提下，企业的资产和负债才区分为流动的和长期的；企业的资产计价才能采用历史成本原则；企业才有必要确立会计分期假设和配比、划分收益性支出和资本性支出、权责发生制等会计原则。

3. 会计分期假设

会计分期是指把企业持续不断的生产经营过程划分为较短的、相对等距的会计期间。会计分期假设的目的在于通过会计期间的划分，分期结算账目，按期编制会计报表，从而及时地向有关方面提供反映财务状况和经营成果的会计信息，满足有关方面的需要。从理论上来说，在企业持续经营情况下，要反映企业的财务状况和经营成果只有等到企业所有的生产经营活动结束后，才能通过收入和费用的归集与比较，进行准确的计算，但那时提供的会计信息已经失去了应有的作用，因此，必须人为地将这个过程划分为较短的会计期间。

会计分期假设是对会计工作时间范围的具体划分，主要是确定会计年度。中外各国所采用的会计年度一般都与本国的财政年度相同。我国以日历年度作为会计年度，即从每年的 1 月 1 日至 12 月 31 日为一个会计年度。会计年度确定后，一般按日历确定会计半年度、会计季度和会计月度。

会计分期假设有着重要的意义。有了会计分期，才产生了本期与非本期的区别，才产生了收付实现制和权责发生制、划分收益性支出和资本性支出、配比等原则。只有正确地划分会计期间，才能准确地提供财务状况和经营成果的资料，才能进行会计信息的对比。

4. 货币计量假设

货币计量是指会计主体在会计核算过程中应采用货币作为计量单位，记录、反映会计主体的经营情况。企业使用的计量单位较多，为了全面、综合地反映企业的生产经营活动，会计核算客观上需要一种统一的计量单位作为计量尺度。货币作为商品的一般等价物，能用以计量一切资产、负债和所有者权益，以及收入、费用和利润，也便于综合。因此，会计必须以货币计量为前提。需要说明的是，其他计量单位，如实物、劳动工时等，在会计核算中也要使用，但不占主要地位。

在我国，要求企业对所有经济业务采用同一种货币作为统一尺度来进行计量。若企业的经济业务有两种以上的货币计量，应该选用一种作为基准，称为记账本位币。记账本位币以外的货币则称为外币。我国有关会计法规规定，企业会计核算以人民币为记账本位币。业务收支以外币为主的企业，也可以选定某种外币作为记账本位币，但编制的会计报表应当折算为人民币反映。

货币本身也有价值，它是通过货币的购买力或物价水平表现出来的，但在市场经济条件下，货币的价值也在发生变动，币值很不稳定，甚至有些国家出现比较严重的通货膨胀，对货币计量提出了挑战。因此，一方面，在确定货币计量假设时，必须同时确立币值稳定假设，假设币值是稳定的，不会有大的波动，或前后波动能够被抵消。另一方面，如果发生恶性通货膨胀，就需要采用特殊的会计原则如物价变动会计原则来处理有关的经济业务。

综上所述，会计假设虽然是人为确定的，但完全是出于客观的需要，有充分的客观必然性，否则，会计核算工作就无法进行。这四项假设缺一不可，它们既有联系也有区别，共同为会计核算工作的开展奠定了基础，也是确定会计原则的基础。

二、会计核算的一般原则

会计核算的一般原则是在会计核算的基本前提下，对会计核算提供信息的基本要求，是处理具体会计业务的基本依据，也就是进行会计核算的标准和质量要求，简称会计原则。前已述及，会计假设是会计原则的基础。没有会计假设，就不能进行会计工作，也就不存在会计原则。但会计假设和会计原则的区别也比较明显：会计假设是进行会计工作的前提，会计原则是进行会计工作所应该遵循的规范。会计原则在我国的会计准则体系中居于指导性地位，为整个会计准则提供指导思想和理论基础，对具体会计核算行为具有指导作用。

根据我国最新颁布的《企业会计制度》的规定，我国会计核算的一般原则包括13项。根据这些原则在会计核算中的作用，大体上可以划分为三类：一是关于会计信息质量要求的原则；二是关于会计要素确认、计量方面的要求；三是关于会计惯例修订性要求的原则。

1. 关于会计信息质量要求的原则

(1)客观性原则。客观性原则，又称真实性原则，是指会计核算提供的信息应当以实际发生的经济业务及表明经济业务发生的合法凭证为依据，如实反映财务状况和经营成果，做到内容真实，数字准确，资料可靠。

客观性原则是对会计核算工作的基本要求。因为会计所提供的会计信息是国家宏观经济管理部门、企业外部相关方面及内部经营管理部门的决策依据。如果会计数据不能客观、真实地反映企业经济活动的实际情况，势必无法满足各有关方面了解企业财务状况和经营成果以进行决策的需要，甚至可能导致错误的决策。客观性原则要求会计核算的各个阶段，包括会计确认、计量、记录和报告，必须符合会计真实客观的要求，必须以实际发生的经济活动及表明经济业务发生的合法凭证为依据。

在会计实务中，有些数据只能根据会计人员的经验或对未来的预计予以计算。例如，固定资产的折旧年限，对制造费用分配方法的选择等，都会受到一定程度的个人主观意志的影响。不同会计人员对同一经济业务的处理出现不同的计量结果是在所难免的。但是，会计人员应在统一标准的条件下将可能发生的误差降低到最低程度，以保证会计核算提供的会计资料真实可靠。

(2)可比性的原则。可比性的原则是指会计核算应当按照规定的会计处理方法进行，会计指标应当口径一致，相互可比。可比性原则要求各个企业的会计报表应按照规定的程序和方法编制，以便在不同的企业之间进行横向比较。同时，也便于国家综合管理部门对各个企业提供的会计信息进行比较、分析和汇总，以利于国家的宏观调控。

(3)一贯性的原则。一贯性的原则是指会计处理方法前后各期应当一致，不得随意变更，以便于对前后时期会计资料进行纵向比较。需要注意的是，处理经济业务时所采用的会计处理方法不得随意变更，并不是绝对不许变更，如果因为客观环境的变化原选用的方法不再适用，则可以在允许的范围内变更会计处理方法，但应当将变更的情况、变更的原因及其对企业财务状况和经营成果的影响在财务报告中说明。

从对可比性和一贯性原则的阐述来看，可比性和一贯性实际上是一个问题的两个方面。可比性强调不同企业在同一会计期间的横向可比，一贯性强调同一企业在不同会计期间的纵向可比，两者都属于可比性要求。可比性原则要求不同企业尽可能采取统一的会计处理方法，一贯性原则要求同一企业在不同会计期间尽可能采取相同的会计处理方法。

(4)相关性的原则。相关性的原则，又称有用性原则，是指会计核算所提供的会计信息应当有助于信息使用者做出决策，也就是信息要与决策相关联。这条原则所表明的含义就是通常所说的会计目标。

会计的目标是要为决策者提供会计信息，而提供的会计信息最终必须能为其使用者所使用，也就是说信息必须是有用的。会计的目标体现在三个方面：一是会计信息应当符合国家宏观经济管理的要求；二是会计信息应当满足有关各方了解企业财务状况和经营成果的需要；三是会计信息应当满足企业加强内部经营管理的需要。

要充分发挥会计信息的作用，就必须使所提供的会计信息与会计信息使用者的要求相协调。而信息使用者从各自利益出发，对信息的要求和侧重点不同。这就要求在搜集、处理、传递信息的过程中，充分考虑有关各方对会计信息的不同要求，提供与使用者决策相关的有用信息。

(5)及时性的原则。及时性的原则是指会计核算要讲求时效，要求会计处理及时进行，以便于会计信息的及时利用。信息的使用价值不仅在于真实可靠，而且还在于必须保证时效，及时将信息提供给使用者使用。在社会主义市场经济体制下，市场竞争日趋激烈，市场变化越来越迅速，企业内外各有关方面对会计信息的及时性要求越来越高。任何信息如不及时提供，则必将丧失其使用价值或降低其有用性。及时的要求表现在：对会计信息及时搜集、及时加工处理和及时传递。

(6)明晰性的原则。明晰性的原则是指会计记录和会计报表必须清晰明了，以便于理解和利用。这一原则也可称为可理解性原则。提供会计信息的目的在于使用，要使用就必须了解会计信息的内涵，明确会计信息的内容，如果无法做到这一点，就谈不上对决策有用。

信息是否被使用者所理解，取决于信息本身是否易懂，也取决于使用者理解信息的能力。可理解性是决策者与决策有用性的连接点。如信息不能被决策者所理解，那么这种信息毫无用处。因此，可理解性不仅是信息的一种质量标准，也是一个与信息使用者有关的质量标准。会计人员应尽可能传递表达易被人理解的会计信息，而使用者也应设法提高理解信息的能力。

2. 关于会计要素确认、计量方面的要求的原则

(1)划分收益性支出与资本性支出原则。会计核算应当合理划分收益性支出和资本性支出。凡支出的效益仅与本会计年度(或一个营业周期)相关的，应当作为收益性支出；凡支出的效益与几个会计年度(或几个营业周期)相关的，应当作为资本性支出。

划分收益性支出和资本性支出的目的在于正确确定企业的当期(一般指一个会计年度)损益。具体来说，收益性支出是为取得本期收益而发生的支出，应当作为本期费用，计入当期损益，列于利润表中。例如，已销售商品的成本、期间费用、所得税等。资本性支出是为形成生产经营能力，为以后各期取得收益而发生的各种支出，应当作为资产反映，列于资产负债表中。例如，购置固定资产和无形资产的支出等。

如果一项收益性支出按资本性支出处理，就会造成少计费用而多计资产，出现当期利润虚增而资产价值偏高的现象；如果一项资本性支出按收益性支出处理，则会出现多计费用而少计资产，以致当期利润虚减而资产价值偏低的结果。

(2)配比原则。正确确定一个会计期间的收入和与其相关的成本、费用，以便计算当期的损益，这是配比原则的要求。

配比原则包括两方面的配比问题：一是收入和费用在因果联系上的配比，即取得一定的收入时发生了一定的支出，而发生这些支出的目的就是为了取得这些收入；二是收入和费用在时间意义上的配比，即一定会计期间的收入和费用的配比。

(3)权责发生制原则。权责发生制与收付实现制是确定收入和费用的两种截然不同的原则与方法。正确地应用权责发生制是会计核算中非常重要的一条规范。

(4)历史成本原则。历史成本原则，又称实际成本原则或原始成本原则，是指企业的各项财产物资应当按取得或购建时发生的实际支出进行计价。物价变动时，除国家另有规定者外，不得调整账面价值。

以历史成本为计价基础有助于对各项资产、负债项目的确认和对计量结果的验证和控制；同时，按照历史成本原则进行核算，也使得收入与费用的配比建立在实际交易的基础上，防止企业随意改动资产价格造成经营成果虚假或任意操纵企业的经营业绩。

用历史成本计价比较客观，有原始凭证作证明，可以随时查证和防止随意更改。但这样做是建立在币值稳定假设基础之上的，如果发生物价变动导致币值出现不稳定情况，则需要研究，使用其他的计价基础，如重置成本、公允价值、现值、可变现净值等。

3. 关于会计惯例修订要求的原则

(1)实质重于形式原则。如果要真实地反映所拟反映的交易或其他事项，那就必须根据它们的实质和经济现实，而不仅仅是根据它们的法律形式进行核算和反映。交易或其他事项的实质，不总是与它们的法律形式的外在面貌相一致。实质重于形式原则就是要求在对会计要素进行确认和计量时，应重视交易的实质，而不管其采用何种形式。

在这一方面，最典型的例子当数对融资租入固定资产的确认与计量。从形式上看，该项固定资产的所有权在出租方，企业只是拥有使用权和控制权。也就是说，该项固定资产并不是企业购入的固定资产，因此，不能将其作为企业的固定资产加以核算。但是，由于融资租入固定资产的租赁期限一般超过了固定资产可使用期限的75%，而且到期企业可以以一定的价格购买该项固定资产，因此，为了正确地反映企业的资产和负债状况，对于融资租入的固定资产一方面应作为企业的自有固定资产加以核算；另一方面应作为企业的一项长期负债加以反映。

再如，企业将一项资产处理给另一单位时，可以在文件中声称将法律所有权转让给该单位。然而，还可能存在协议，可以保证企业继续享有该项资产所包含的未来经济利益。在这种情况下，报告一项销售收入就不可能真实地反映所达成的交易。

(2)谨慎性原则。谨慎性原则，又称稳健性原则，是指在处理不确定性经济业务时，应持谨慎态度，如果一项经济业务有多种处理方法可供选择时，应选择不导致夸大资产、虚增利润的方法。在进行会计核算时，应当合理预计可能发生的损失和费用，而不应预计可能发生的收入和过高估计资产的价值。

谨慎性原则的要求体现于会计核算的全过程，在会计上的应用是多方面的。例如，对应收账款提取坏账准备，就是对预计不能收回的货款先行作为本期费用，计入当期损益，以后确实无法收回时冲销坏账准备；固定资产采用加速折旧法等。

实施谨慎性原则，对于企业存在的经营风险加以合理估计，对防范风险起到预警作用，有利于企业做出正确的经营决策，有利于保护投资者和债权人的利益，有利于提高企业在市场上的竞争能力。但是，企业在运用谨慎性原则时，不能滥用，不能以谨慎性原则为由任意计提各种准备，即秘密准备。例如，要求企业对可能发生的资产减值损失计提资产减值准备、对售出商品可能发生的保修义务等确认预计负债等。但是，在实际执行时，有些公司滥用会计制度给予的会计政策，在 2001 年度大量计提损失准备，待 2002 年度再予以转回。这种行为属于滥用谨慎性原则，计提秘密准备，是会计制度所不允许的。因此，《企业会计制度》规定，企业不得计提秘密准备，如果计提秘密准备的，作为重大会计差错，按重大会计差错更正的处理方法进行处理。

(3)重要性原则。重要性原则是指财务报告在全面反映企业的财务状况和经营成果的同时，应当区别经济业务的重要程度，采用不同的会计处理程序和方法。具体来说，对于重要的经济业务，应单独核算、分项反映、力求准确，并在财务报告中作重点说明；对于不重要的经济业务，在不影响会计信息真实性的情况下，可适当简化会计核算或合并反映，以便集中精力抓好关键。

重要性原则的意义在于：对会计信息使用者来说，对经营决策有重要影响的会计信息是最需要的，如果会计信息不分主次，反而会有损于使用，甚至影响决策。而且对不重要的经济业务简化核算或合并反映，可以节省人力、物力和财力，符合成本效益原则。

需要明确的是，重要性原则具有相对性，并不是同样的业务对不同的企业都是重要或不重要的事项。对某项会计事项判断其重要性，在很大程度上取决于会计人员的职业判断。一般来说，重要性可以从质和量两个方面进行判断。从性质方面来说，如果某会计事项发生可能对决策产生重大影响，则该事项属于具有重要性的事项；从数量方面来说，如果某会计事项的发生达到一定数量或比例可能对决策产生重大影响，则该事项属于具有重要性的事项。

第二节　会计确认与会计计量

一、会计确认

会计确认是按照规定的标准和方法，辨认和确定经济信息是否作为会计信息进行正式记录并列入财务报表的过程。

大量经济业务只有按一定的标准或规定确认之后，才能进入会计核算系统；已进入会计核算系统的信息要对外输出，又必须再经过确认才能保证其有效性。这样，提出问题即概述了会计确认的初次确认和再次确认。

初次确认是指对输入会计核算系统的原始经济信息进行的确认。其标准主要是发生的经济业务能否用货币计量。

再次确认是指对会计处理系统输出的经过加工的会计信息的确认。再次确认是对已初次确认过的账簿资料的进一步加工，还包括对已确认过的经济数据在日后的再次认定。

二者的关系：初次确认决定着经济信息能否转换成会计信息；再次确认是对经过加工的信息的提炼。经过初次确认和再次确认，可以保证会计信息的真实性和有用性。

二、会计计量

企业在将符合确认条件的会计要素登记入账并列报于会计报表及其附注时，应当按照规定的会计计量属性进行计量，确定其金额。会计计量属性主要包括：

(1)历史成本。在历史成本计量下，资产按照购置时支付的现金或者现金等价物的金额，或者按照购置资产时所付出的对价的公允价值计量。负债按照因承担现时义务而实际收到的款项或者资产的金额，或者承担现时义务的合同金额，或者按照日常活动中为偿还负债预期需要支付的现金或者现金等价物的金额计量。

(2)重置成本。在重置成本计量下，资产按照现在购买相同或者相似资产所需支付的现金或者现金等价物的金额计量。负债按照现在偿付该项债务所需支付的现金或者现金等价物的金额计量。

(3)可变现净值。在可变现净值计量下，资产按照其正常对外销售所能收到现金或者现金等价物的金额扣减该资产至完工时估计将要发生的成本、估计的销售费用以及相关税费后的金额计量。

(4)现值。在现值计量下，资产按照预计从其持续使用和最终处置中所产生的未来净现金流入量的折现金额计量。负债按照预计期限内需要偿还的未来净现金流出量的折现金额计量。

(5)公允价值。在公允价值计量下，资产和负债按照在公平交易中，熟悉情况的交易双方自愿进行资产交换或者债务清偿的金额计量。

第三节　会计工作组织的内容

会计工作的组织有宏观和微观两层意思。宏观会计工作组织指国家组织会计工作的方式、方法和内容，具体包括国家对会计管理体制的确定、国家宏观会计规范的制定与执行以及国家对会计人员的管理等内容。微观会计工作组织指各单位为顺利开展会计工作，根据会计工作的特点和国家对会计工作的管理规定，结合本单位的具体情况，设置会计机构、配备会计人员、制定会计政策和会计制度等工作的总称。

一、设置会计机构

会计机构是企业、事业单位按照会计制度组织、领导和处理会计工作的专职机构。企业、事业单位都应根据需要设置从事会计工作的职能部门，建立和健全会计机构是保证会计工作正常进行、充分发挥会计核算和监督功能的必要准备。

为了充分发挥会计的管理作用，根据《会计法》的规定：“各单位应当根据会计业务的需要，设置会计机构；对不单独设置会计机构的单位，应当在有关机构中设置会计人员并指定会计主管人员；对不具备设置条件的单位，应当委托经批准设立从事会计代理记账业务的中介机构代理记账。”从上述规定可以看出，各单位如何设置自己的会计机构可以根据本单位的规模，内部管理的需要和会计工作的繁简来决定。

二、配备会计人员

会计人员是指各企业、单位从事财务、出纳、会计核算、会计分析的专职人员。加强会计人员的队伍建设是做好会计工作的保证。《会计法》第三十八条规定，从事会计工作的人员，必须取得会计从业资格证书。

为了贯彻《会计法》关于实行会计人员从业资格管理制度的规定，财政部根据法律授权，制定了《会计从业资格管理方法》，对会计人员的从业资格做了以下具体规定：

(1)会计从业资格证书的性质。会计从业资格证书是证明能够从事会计工作的唯一合法凭证。凡是从事会计工作的人员都必须取得会计从业资格证书。会计从业证书将记载本人的各种信息，通过计算机管理。一经取得，全国范围内有效。

(2)会计从业资格证书的管理部门。会计从业资格证书的管理实行属地原则，由县级以上财政部门的会计管理机构根据属地原则进行所辖范围内的会计人员从业资格管理。

(3)会计从业资格证书的取得。国家实行会计从业资格考试制度。申请参加会计从业资格考试的人员，应当符合下列基本条件：

1)遵守会计和其他财经法律、法规；

2)具备良好的道德品质；

3)具备会计专业基础知识和技能。

会计从业资格考试科目为：财经法规与会计职业道德、会计基础与实务、初级会计电算化(或者珠算5级)。

(4)会计从业资格证书实行注册登记制度。为了加强对会计从业资格的有效管理，督促会计人员持证上岗，对会计从业资格证书实行登记制度。登记制度是指会计人员由于离退休、解聘、辞职等原因离开会计工作岗位的，应由本人在30日内到原发证机关申请变更备案。离岗后又重新从事会计工作的，应由本人到单位所在地财政部门进行注册变更登记。

(5)会计从业资格行为的处罚。为了督促会计人员持证上岗和依法履行职责，《会计法》要求必须加强对会计从业资格管理制度执行情况的监管。监管工作由会计从业资格管理部门组织实施，并实行全面检查和重点抽查相结合、政府检查和社会监督相结合。根据《会计法》规定：会计人员有下列行为情节严重的，由县级以上财政部门吊销其会计从业资格证书，自被吊销之日起2年内(含2年)不得重新申请；情节特别严重的，自吊销之日起5年内(含5年)不得重新申请，构成犯罪的，不得重新申请取得会计从业资格证书。这些行为是：

1)不依法设置会计账簿的；

2)私设账簿的；

3)未按规定填制、取得原始凭证或填制、取得的原始凭证不符合有关规定的；

4)以未经审核的会计凭证为依据登记会计账簿或登记会计账簿不符合规定的；

5)随意变更会计处理方法的；

6)向不同的会计资料使用者提供的财务会计报告编制依据不一致的；

7)未按规定使用会计记录文字或者记账本位币的；

8)未按规定保管会计资料，致使会计资料毁损，灭失的；

9)未按规定建立并实施单位内部会计监督制度或拒绝依法实施监督或者不如实提供有关会计资料及有关情况的；

10)任用会计人员不符合《会计法》规定的；

11)伪造、变造会计凭证、会计账簿，编制虚假财务会计报告的；

12)隐匿或故意销毁依法应当保存的会计凭证、会计账簿、财务会计报告的。

三、制定会计制度

会计制度是组织会计工作，处理会计事项的规范。为了科学地组织会计工作，保证会计工作的顺利开展，必须要有一套行之有效的会计制度。会计制度是实施会计管理的规范，它的制定要符合经济管理活动中对会计工作的要求。会计制度有宏观和微观之分。宏观会计制度是指国家以法的形式所颁布实施的适用于所有单位会计核算工作的统一会计规范，它是国家会计法规体系的重要组成部分。我国现行宏观会计制度即指国家统一制定的企业会计制度。微观会计制度是指各单位在国家统一会计制度和其他会计法规的指导和约束下，制定的仅适用于本单位会计核算工作的会计制度，对于企业而言，也称企业会计制度。人们习惯上所说的会计制度即指宏观会计制度。

根据我国会计工作“统一领导，分级管理”的原则，在我国会计制度的制定中要考虑既要有通盘考虑的统一性，也要有结合实际情况的灵活性。统一性体现在由财政部统一制定处理会计事项的基本准则；会计要素的确认和计量方法；财务会计报告的内容和形式。而各地方财政部门可以根据财政部统一的会计制度结合本地方特点制订一些辅助性规定或补充规定。灵活性体现在各单位可以在不违背财政部颁布的会计制度的基础上，根据本单位生产经营的特点具体制订会计工作实施的具体操作规范，如会计科目的设置，会计人员的岗位设置，会计核算的具体程序等。

第四节　会计档案

一、会计档案的概念

会计档案是指单位在进行会计核算等过程中接收或形成的，记录和反映单位经济业务事项的，具有保存价值的文字、图表等各种形式的会计资料，包括通过计算机等电子设备形成、传输和存储的电子会计档案。它是记录和反映单位经济业务的重要史料和证据。

《中华人民共和国会计法》第二十三条规定：“各单位对会计凭证、会计账簿、财务会计报告和其他会计资料应当建立档案，妥善保管。会计档案的保管期限和销毁办法，由国务院财政部门会同有关部门制定”。

二、会计档案的内容

会计档案的具体内容如下。

(1)会计凭证类：原始凭证、记账凭证、汇总凭证、其他会计凭证。

(2)会计账簿类：总账、明细账、日记账、固定资产卡片、辅助账簿、其他会计账簿。

(3)财务会计报告类：月度、季度、年度财务报告，包括会计报表、附表、附注及文字说明，其他财务报告。

(4)其他会计资料类：包括银行存款余额调节表、银行对账单、其他应当保存的会计核算专业资料、会计档案移交清册、会计档案保管清册、会计档案销毁清册等。

三、会计档案的归档

由于会计档案对于总结经济工作，指导生产经营管理和事业管理，查验经济问题，防止贪污舞弊，研究经济发展的方针、战略都具有重要意义。所以加强会计档案的管理也应纳入法制化的轨道。

根据财政部和国家档案局 2015 年修订的《会计档案管理办法》的规定：

(1)单位的会计机构或会计人员所属机构(以下统称单位会计管理机构)按照归档范围和归档要求，负责定期将应当归档的会计资料整理立卷，编制会计档案保管清册。

(2)当年形成的会计档案，在会计年度终了后，可由单位会计管理机构临时保管一年，再移交单位档案管理机构保管。因工作需要确需推迟移交的，应当经单位档案管理机构同意。单位会计管理机构临时保管会计档案最长不超过三年。临时保管期间，会计档案的保管应当符合国家档案管理的有关规定，且出纳人员不得兼管会计档案。

(3)单位会计管理机构在办理会计档案移交时，应当编制会计档案移交清册，并按照国家档案管理的有关规定办理移交手续。纸质会计档案移交时应当保持原卷的封装。电子会计档案移交时应当将电子会计档案及其元数据一并移交，且文件格式应当符合国家档案管理的有关规定。特殊格式的电子会计档案应当与其读取平台一并移交。单位档案管理机构接收电子会计档案时，应当对电子会计档案的准确性、完整性、可用性、安全性进行检测，符合要求的才能接收。

(4)单位可以利用计算机、网络通信等信息技术手段管理会计档案。

(5)同时满足下列条件的，单位内部形成的属于归档范围的电子会计资料可仅以电子形式保存，形成电子会计档案：

1)形成的电子会计资料来源真实有效，由计算机等电子设备形成和传输；

2)使用的会计核算系统能够准确、完整、有效接收和读取电子会计资料，能够输出符合国家标准归档格式的会计凭证、会计账簿、财务会计报表等会计资料，设定了经办、审核、审批等必要的审签程序；

3)使用的电子档案管理系统能够有效接收、管理、利用电子会计档案，符合电子档案的长期保管要求，并建立了电子会计档案与相关联的其他纸质会计档案的检索关系；

4)采取有效措施，防止电子会计档案被篡改；

5)建立电子会计档案备份制度，能够有效防范自然灾害、意外事故和人为破坏的影响；

6)形成的电子会计资料不属于具有永久保存价值或者其他重要保存价值的会计档案。

(6)满足第(5)条规定条件，单位从外部接收的电子会计资料附有符合《中华人民共和国电子签名法》规定的电子签名的，可仅以电子形式归档保存，形成电子会计档案。

四、会计档案的保管期限

会计档案的保管期限分为永久、定期两类。定期保管期限一般分为 10 年和 30 年。会计档案的保管期限，从会计年度终了后的第一天算起。各类会计档案的具体保管期限详见下表所示。(附表 1 所示的会计档案保管期限为最低保管期限，单位会计档案的具体名称如有同下表所列档案名称不相符的，应当比照类似档案的保管期限办理。)

序号	档案名称	保管期限	备注
一	会计凭证		
1	原始凭证	30年	
2	记账凭证	30年	
二	会计账簿		
3	总账	30年	
4	明细账	30年	
5	日记账	30年	
6	固定资产卡片		固定资产报废清理后保管5年
7	其他辅助性账簿	30年	
三	财务会计报告		
8	月度、季度、半年度财务会计报告	10年	
9	年度财务会计报告	永久	
四	其他会计资料		
10	银行存款余额调节表	10年	
11	银行对账单	10年	
12	纳税申报表	10年	
13	会计档案移交清册	30年	
14	会计档案保管清册	永久	
15	会计档案销毁清册	永久	
16	会计档案鉴定意见书	永久	

五、会计档案的查阅和复制

单位应当严格按照相关制度利用会计档案，在进行会计档案查阅、复制、借出时履行登记手续，严禁篡改和损坏。单位保存的会计档案一般不得对外借出。确因工作需要且根据国家有关规定必须借出的，应当严格按照规定办理相关手续。会计档案借用单位应当妥善保管和利用借入的会计档案，确保借入会计档案的安全完整，并在规定时间内归还。

六、会计档案的销毁

根据财政部和国家档案局2015年修订的《会计档案管理办法》的规定，保管期满的会计档案可以按照以下程序销毁：

(1)单位档案管理机构编制会计档案销毁清册，列明拟销毁会计档案的名称、卷号、册数、起止年度、档案编号、应保管期限、已保管期限和销毁时间等内容。

(2)单位负责人、档案管理机构负责人、会计管理机构负责人、档案管理机构经办人、会计管理机构经办人在会计档案销毁清册上签署意见。

(3)单位档案管理机构负责组织会计档案销毁工作，并与会计管理机构共同派员监销。监销人在会计档案销毁前，应当按照会计档案销毁清册所列内容进行清点核对，会计档案销毁后，应当在会计档案销毁清册上签名或盖章。

电子会计档案的销毁还应当符合国家有关电子档案的规定，并由单位档案管理机构、会计管理机构和信息系统管理机构共同派员监销。

(4)保管期满但未结清的债权债务会计凭证和涉及其他未了事项的会计凭证不得销毁，纸质会计档案应当单独抽出立卷，电子会计档案单独转存，保管到未了事项完结时为止。

单独抽出立卷或转存的会计档案，应当在会计档案鉴定意见书、会计档案销毁清册和会计档案保管清册中列明。

参 考 文 献

[1] 财政部会计资格评价中心．初级会计实务[M]. 北京：中国财政经济出版社，2015.

[2] 中华人民共和国财政部．会计基础工作规范[M]. 北京：经济科学出版社，1996.

[3] 陈勇．基础会计[M]. 北京：现代教育出版社，2012.

[4] 会计从业资格考试辅导教材编写组．会计基础[M]. 大连：东北财经大学出版社，2007.

[5] 刘兵，黄雅平．基础会计理论与技能教程[M]. 北京：化学工业出版社，2011.

[6] 中华人民共和国财政部．企业会计准则——应用指南[M]. 北京：企业管理出版社，2006.